本书为江苏省政府决策咨询研究重点课题

（江苏省社科基金重点项目）

"江苏加快培育'专精特新'企业对策建议"

（JSZY202206）的阶段性成果。

特别感谢江苏省政府研究室、南京市委宣传部对"高成长企业研究博士工作站"的大力支持！

创新 企业研究丛书

"专精特新" 企业成长之道

The Growth of Enterprise on Expertise,
Specialization, Uniqueness and Innovation

郑琼洁　李祎雯　等　著

中国社会科学出版社

图书在版编目（CIP）数据

"专精特新"企业成长之道/郑琼洁等著．—北京：中国社会科学出版社，
2022.10

（创新企业研究丛书）

ISBN 978 – 7 – 5227 – 0378 – 7

Ⅰ．①专…　Ⅱ．①郑…　Ⅲ．①企业成长—研究—江苏　Ⅳ．①F279.275.3

中国版本图书馆 CIP 数据核字（2022）第 106083 号

出 版 人	赵剑英
责任编辑	孙　萍　涂世斌
责任校对	周　昊
责任印制	王　超

出　　版	中国社会科学出版社
社　　址	北京鼓楼西大街甲 158 号
邮　　编	100720
网　　址	http://www.csspw.cn
发 行 部	010 – 84083685
门 市 部	010 – 84029450
经　　销	新华书店及其他书店

印　　刷	北京君升印刷有限公司
装　　订	廊坊市广阳区广增装订厂
版　　次	2022 年 10 月第 1 版
印　　次	2022 年 10 月第 1 次印刷

开　　本	710×1000　1/16
印　　张	18
字　　数	282 千字
定　　价	98.00 元

凡购买中国社会科学出版社图书，如有质量问题请与本社营销中心联系调换
电话：010 – 84083683

序

"专精特新"企业：经济高质量发展的坚实微观基础

沈坤荣[*]

习近平总书记在 2022 年全国"专精特新"中小企业发展大会贺信中指出，中小企业联系千家万户，是推动创新、促进就业、改善民生的重要力量，希望"专精特新"中小企业聚焦主业，精耕细作，在提升产业链供应链稳定性、推动经济社会发展中发挥更加重要的作用。走"专精特新"发展道路是广大民营企业转型升级、创新发展的必然要求，也是民营企业立足新发展阶段、贯彻新发展理念、构建新发展格局、推动经济高质量发展的现实需求。目前，我国"专精特新"企业有 4 万多家，"小巨人"企业达到 4762 家，制造业单项冠军企业达到 848 家，成为所在细分行业领域的标杆型企业，一大批创业创新型企业不断涌现和成长。

2017 年，我在《中国社会科学报》上发表了一篇题为《激发经济长期增长活力》的文章，提出从"四个关键领域"进一步深化供给侧结构性改革，拓展经济发展的新空间。即：一是以创新优化资源配置，增加中长期的经济增长潜力。要实行更加严格的知识产权保护制度，推动产学研深度融合，构建更加高效的科研体系。二是深化国企改革，加快金融体制改革。包括盘活国有资本存量，加快金融体制改革。三是以双向开放拓展经济增长的外部空间。四是增强市场主体对未来的正面预期。在新旧增长动力顺利转换前，宏观经济环境的不

---

* 沈坤荣，南京大学商学院教授、教育部长江学者特聘教授。

确定性增多，将导致市场主体预期出现波动，从而抵消改革的正向激励。因此要加强对宏观经济走势的预判，积极引导和增强市场主体的正面预期。同时应以提升经济增长质量与效益为核心目标，保持中长期政策的稳定性和可预期性。当前，在国际国内宏观环境日趋复杂、不确定性因素明显增加的背景下，"专精特新"企业作为中小企业的示范标杆和经济高质量发展的坚实微观基础，对于优化产业链、供应链、创新链，攻克关键核心技术和解决"卡脖子"问题具有重要意义。具体来看，走"专精特新"道路的现实意义主要体现在如下四个方面：

一是有利于优化产业结构，促进新兴业态发展。当前，我国经济已由高速增长阶段转向高质量发展阶段，正处在转变发展方式、优化经济结构、转换增长动力的关键期。"专精特新"企业注重研发，是我国科技创新的动力源泉，是创新驱动产业升级的重要依托。引导和培育"专精特新"企业的发展，有助于提升企业产品和服务质量，提高企业在资源约束下的效率，实现经济增长的新旧引擎更替。对于传统产业来说，科技创新是淘汰落后生产方式的重要手段，通过新的技术，不断提高劳动生产效率，节约劳动时间与物质成本，进而倒逼劳动力、原材料、土地等生产要素在各产业间重新配置，以促进产业结构向知识技术集约化的方向发展。同时，随着电子信息、大数据的广泛应用，新型产业得到迅速发展，新兴业态不断萌生。各地在人工智能、集成电路、生物医药、新能源汽车等高科技领域培育出一批高成长性、创新能力强的"专精特新"企业，在很大程度上促进了产业结构的优化和新兴产业的出现。

二是有利于夯实制造业发展基础，增强供应链自主可控能力。数据显示，占企业总数99%的中小企业是中国经济韧性、就业韧性的重要支撑，也是实现产业链供应链自主可控的关键主体。我国正由"制造大国"向"制造强国"转变，"专精特新"企业作为制造业的核心基础和关键支撑，对于推动制造业转型升级、实现"制造强国战略"具有重要意义。制造业高质量发展要求以提质增效为重点，专精特新"小巨人"企业能够加快制造业企业结构调整，推动其发展方式转变，从而实现新旧动能转换，为制造业企业的发展提供技术支撑和创新动能。近年来，一大批"专精特新"企业正在成为突破关键核心技术、提升产业链供应链稳定性和竞争力的重要力量。"专精特新"企业具有示范引领作用及杠杆效应，能够积极撬动社会资本，推动科技创新和技术研发，激发"链"上企业的创新活力和创新动能，从而促使我国产业链供应链高质量发展，增强产业链供应链的自主可控能力。

三是有利于促进区域联动，增强创新协同效应。随着我国城镇化步伐的不断加快，区域一体化已成为促进区域经济共同发展、加强地区间文化交流的必然趋势。自 2014 年以来，国家先后出台一系列政策文件，正式将长江经济带建设上升到国家战略高度。南京都市圈作为长江经济带城市群的重要成员，是江苏省近年来重点建设的三大都市圈之一，自被提出之日起就受到国家和地方政府的广泛重视。我国积极培育专精特新"小巨人"企业，旨在打造一批协同创新共同体、利益共同体，发展"飞地经济"模式，探索项目流转、区域合作利益共享和利益补偿机制。专精特新"小巨人"企业的发展壮大在一定程度上带动了区域的联动发展，提升了区域协同创新水平，具有辐射带动整个区域乃至国家发展的潜力。专精特新"小巨人"企业凭借"专""精""特""新"优势，持续资源开发和科技创新，不断强化科技民生供给，推动了互联网新理念、新技术、新产品、新业态、新模式与经济社会发展的深度融合，有利于建设资源整合高效的智慧产业集群，提高区域的核心竞争力。

四是有利于增强竞争优势，推动新发展格局构建。专精特新"小巨人"企业的灵魂是创新，其长期专注于某些细分领域，在技术工艺、产品质量上深耕细作，具有专业程度高、创新能力强、发展潜力大等特点，有助于示范引领广大中小企业创新转型，从而形成企业创新协同、产能共享、供应链互通的新型产业生态。近年来，我国培育了一大批"专精特新"中小企业，创新产出增长迅速，原始创新成果不断涌现，创新服务能力不断增强，一定程度上促进了中小企业核心竞争力提高。"专精特新"企业成为引领中小企业成长，推进产业基础高级化、产业链现代化的有力载体，同时为增强制造业竞争优势，推动构建新发展格局提供了有力支撑，未来将成为推动形成更强创新力、更高附加值、更安全可控产业链供应链的重要力量。

当前，我国正处于实现"两个一百年"奋斗目标的历史交汇期，鼓励和支持"专精特新"中小企业发展，既是党中央根据国内外经济情况发展的变化而做出的应对策略，是党中央、国务院促进中小企业高质量发展的一项重要举措，也是科技强国战略的重要组成部分。在这样的背景下研究"专精特新"企业成长之道正当时。郑琼洁副研究员长期关注企业创新发展，依托南京市委宣传部授牌的"高成长企业研究博士工作站"和江苏省政府研究室经济发展研究中心授牌的"江苏省高成长企业研究博士工作站"研究平台，带领团队持续开展高成长企业研究。郑琼洁于 2020 年 9 月进入南京大学经济学院博士后流动站，2022 年 9 月顺利出站。期间牵头推出系列专著《高成长企业发展研究（一）——以南京为例》和《高成长企业发展研究（二）——江苏省高成长企业空间集聚与关联》，产生了较好的社会反响。阶段性成果获省市领导批示 20 多项，同时获"江苏省哲学社会科学优秀成果"三等奖、"南京市哲学社会科学优秀成果"二等奖、"江苏省社科应用研究精品工程"一等奖等多项奖励。今年，工作站基于大量的企业调研、问卷调查，完成了《高成长企业发展研究（三）——"专精特新"企业成长之道》专著，从国际、国内多层视角分析了"专精特新"发展历程，从技术创新、市场创新、产品创新和管理创新四个方面深度解码"专精特新"企业成长之道，为推动中小企业高质量发展提出了具有创新性、针对性、可操作性的对策思路，是一本聚焦"专精特新"企业高质量发展的优秀著作。希望工作站再接再厉，推出更多的科研成果，为高成长企业高质量发展提供更多高价值的决策参考。

2022 年 9 月

前　　言

　　"专精特新"企业是指具有专业化、精细化、特色化、新颖化四大特征的中小企业，也是专注于产业链上某个环节的中小企业。"专精特新"企业的"专业化"强调从产品、服务、工艺、技术等方面追求专业性、专用性，突出专业化的特征；"精细化"体现在企业管理的精细化、产品生产的精细、精良；"特色化"突出强调的是基于消费群体的特色化需求，打造中小企业特色产品、特色服务；"新颖化"强调的是创新、新颖。纵观发达国家中小企业的发展路径，美国和日本"专精特新"企业被称为"利基"企业，韩国"专精特新"企业被称为中坚企业，尽管国情不同，但都选择了"专精特新"的发展道路。随着经济全球化不断深入，我国越来越多的中小企业在国际分工和全球价值链中扮演着重要角色，"专精特新"成为中小企业转型升级的重要成长之路。

　　本书重点研究了"专精特新"企业的创新成长之道。首先，从国际、国内、江苏省、南京市的多层视角介绍"专精特新"企业的发展历程、数量变化、行业变化、区域分布等。其次，基于"专精特新"上市企业数据，对"专精特新"企业的创新发展进行综合评价，分析制约其发展的因素并提出未来发展方向。再次，基于产业链视角，结合国际国内案例，对"专精特新"企业的技术创新、市场创新、产品创新和管理创新进行阐述，综合体现"专精特新"企业的创新成长之路。最后，本书介绍了国际、国内"专精特新"企业的典型培育模式，并结合问卷调查数据分析"专精特新"企业在发展过程中面临的挑战和需求，进而阐述了"专精特新"企业未来的发展趋势，并提出相应的对策建议。

　　本书的特色在于：一是比较研究贯穿始终。采用历时态比较和共时态区域比较的双重比较方法，对中国"专精特新"企业发展进行多方面、多层次的比较研究，综合研判"专精特新"企业培育的重难点，以实现分类培育、精准施策。二是研究方法科学多维。课题组成员长期跟踪企业发展，擅长社会调研和统计分析，获取"专精特新"企业的一手材料，同时将定性分析与定量分析、实证分析与规范分析、静态分析与动态分析、理论分析与模型分析相结合，探寻不同行业、不同性质的"专精特新"企业成长之道和成长之痛，并采取上市公司数据进行实证验证。三是对策建议务实落地。"专精特新"企业培育涉及各部门的整合协调，需要进行系统设计和周密部署。课题组在新发展思路指导下确立总体目标、重点项目和行动计划，并将其作为支撑，从不同维度提出创新制度和政策建议，结合典型地区的特色和模式，探讨"专精特新"企业成长之路，具有很强的针对性和可操作性。

目　　录

第一章 "专精特新"企业的基本概述

中小企业是促进经济增长、保障就业、稳定民生的重要力量，"专精特新"企业是中小企业中的优质群体。近年来，国际、国内营商环境发生巨大转变，面对内需收缩、供给冲击及预期转弱的重重压力，国内一大批传统中小企业惨遭重创。与此同时，特殊大环境推动大批拥有高新技术、突破重围创新发展的"专精特新"企业成为关注焦点。那么，何为"专精特新"企业？新的时代背景赋予这类企业什么新的发展使命和要求？"专精特新"企业发展的基础理论是什么？本章将从这些视角逐一进行深度剖析。

第一节 "专精特新"企业发展的时代背景

习近平总书记高度重视中小企业，强调"中小企业能办大事"，而"专精特新"企业是中小企业的排头兵，是推动经济社会发展的重要力量。国外最早提出培育中小企业并定义了"隐形冠军"的概念。2012 年 4 月 26 日，在《国务院关于进一步支持小型微型企业健康发展的意见》的文件中，官方首次使用了"专精特新"概念。2013 年 7 月，工信部正式提出发展"专精特新"中小企业。近年来，国家出台了一系列支持"专精特新"中小企业发展的政策措施。2020 年 7 月，十七部门共同印发《关于健全支持中小企业发展制度的若干意见》，明确指出要完善支持中小企业"专精特新"发展机制。2021 年 1 月，财政部、工业和信息化部联合印发《关于支持"专精特新"中小企业高质量发展的通知》，着眼于推进中小企业高质量发展和助推构建双循环新发展格局。2021 年 7 月，中共中央政治局二季度会议首次将"专精特新"和"补链强链""卡脖子"联系在一起，提出要强化科技创新和产业链供应链韧性，发展"专精特新"中小企业。2021 年 11 月，国务院正式公布《为"专精特新"中小企业办实事清单》，提出了加大财税支持力度、完善信贷支持政策、畅通市场化融资渠道等 10 项实事、31 条具体任务，旨在带动更多中小企业走"专精特新"发展之路。2022 年 3 月，政府工作报告指出，要推进科技创新，促进产业优化升级，突破供给约束堵点，依靠创新提高发展质量，着力培育"专精特新"企业。因此，新的发展背景下，"专精特新"企业承载了新的任务和使命。

一　"专精特新"中小企业是畅通国际国内双循环的先行军

2020 年 4 月 10 日，中央财经委员会第七次会议提出，要构建以国内大循环为主体、国内国际双循环相互促进的新发展格局。构建新发展格局是党中央正确把握国内国际形势作出的重大战略决策。从国际上看，欧美国家自 2007 年起针对中国陆续制订了长期技术封锁的战略方针，导致我国在各领域由于缺少关键技术或零部件而发展受阻。在这样的背景下，要充分意识到如果不能拥有高精尖技术的掌握权，在诸多领域将面临"卡脖子"问题。从国内看，产业链供应链自主可控水平亟待提升，特别是关键基础性行业亟须补短板、锻长板。国内生产、分配、交换、消费循环不畅，要素流动成本高。"专精特新"企业常年保持高强度的研发投入和创新水平，是创新的主力军和重要源泉。"专精特新"企业能够利用专业化生产、灵活创新、强力配套等优势，助力解决"卡脖子"难题，同时能够通过海外并购、技术合作、市场开拓、资源开发等措施，畅通国际循环。

二　"专精特新"企业是我国经济高质量发展的生力军

当前，我国进入新发展阶段，其特点是以创新驱动为核心，创新源头由"外"向"内"转移；发展方式由"依赖规模和速度"向"注重质量和内涵"转变，由粗放式发展向集约型发展转变。新发展阶段是贯彻落实创新、协调、绿色、开放、共享五大发展理念的阶段，这对中小企业发展提出了新的要求。尤其在"双碳"背景下，可持续发展更是重中之重，而拥有专业化、精细化、特色化与新颖化特征的"专精特新"企业将成为推动我国高质量发展的重要力量。此外，从高质量的现代产业体系构建来看，培育"专精特新"企业解决的是现代产业发展理论最核心的问题。"专精特新"企业对市场的敏锐度极强，能够依据市场需求研发产品，从而完善市场分工、强化专业化能力，进而提升产业基础能力、推动数字化重构、加快产业转型升级。因此，"专精特新"是中小企业发展的必然方向，做大"专精特新"中小企业群体是经济高质量发展的必要途径。

三　"专精特新"企业是提升产业链供应链稳定的主力军

从产业链视角来看，在国际国内复杂形势和新冠肺炎疫情反复影响下，全球产业链供应链遭受重大冲击，培育"专精特新"企业有助于提升产业链供应链稳定性和竞争力。尤其随着经济全球化及国际分工格局的演进，国际分工的边界正从产业层次转换为价值链层次。在这个链条上，每个企业需要根据自身的核心技术和优势资源，从事价值链上的某一工序或某一环节，只有融入某一价值链并在价值链中不可替代，才能获得更好的生存与发展。随着贸易全球化加速、改革开放深化，我国积极参与到了国际上各个产业的分工中，也努力在此基础上打造自己的全产业链。但是，我国在国际分工中一直处于链条的中低端，缺乏本土的全产业链。"专精特新"企业大多处于产业链的关键环节，支持其发展有利于突破关键核心技术、关键环节和重要产品设备的"补短板"问题，能够提升产业链、供应链自主可控能力。

第二节　"专精特新"企业发展的理论基础

一　"专精特新"企业的基本概念
（一）"专精特新"企业的内涵

"专精特新"内涵最先受德国"隐形冠军"概念的启发，我国将其与本土特色融合后凝练提出。早在1986年，德国著名管理学家赫尔曼·西蒙发现联邦德国经济总量不足美国的四分之一，但是出口总额却雄踞世界第一。通过对成千上万的中小企业调研考察发现，德国经济及贸易发达的基石并不是那些大型企业，而是在一个个细分市场默默耕耘的中小企业。由此，赫尔曼提出"隐形冠军"概念来形容在制造业、实体业具有强大竞争力但不广为人知的企业。后来，这一概念被引入中国，中国政府依据自身制造业发展的特点，先是提出了"单项冠军"的概念，来引导企业专注于产品及技术质量提升，推动制造业向中高端迈进。随后，又将这一概念深化、细化、具象化，以"专""精""特""新"这四个重要特征来指导中小企业成为"单项冠军"或"隐形冠军"，这也成为中小企业开辟新市场的重要原则。①因此，"专精特新"成为国家为中小企业下一个40年发展铺就的黄金之路。②

"专精特新"主要指那些具有专业化、精细化、特色化、新颖化发展特征的企业，③它们立足本土，专注于某些细分市场，利用先进独创的关键基础材料、核心基础零部件（元器件）、先进基础工艺和产业基础技术，为众多大型龙头企业提供配套技术支持与特色服务。专精特新"小巨人"是"专精特新"中小企业中的杰出代表、领先者及佼佼者。④据统计可知，目前90%以上的国家级专精特新"小巨人"企业成为行业龙头的配套企业，80%以上至少为三家龙头企业进行直接或间接配套。虽然这些企业的体量较小，但它们凭借主营业务突出、竞争力强、成长性好的优势，成为产业链中重要且必要的环节，并成为各个细分领域的单项冠军。"专""精""特""新"是这类企业有别于其他普通企业的四个标志性特征，具体含义及意义可见表1.1。

---

① 刘彦华：《"隐形冠军"加速崛起》，《小康》2022年第10期。
② 《"专精特新"的新世界》，新浪财经，2022年1月14日。详见 https://finance.sina.com.cn/hy/hyjz/2022-01-14/doc-ikyakumy0329570。
③ 毛小柒：《完善配套政策 助力"专精特新"企业发展》，《中国工业和信息化》2021年第10期。
④ 林江：《培育和扶持更多专精特新"小巨人"企业》，《人民论坛》2021年第31期。

表 1.1　　　　"专""精""特""新"的具体含义及意义

简称	详称	具体含义	意义
专	专业化	主营业务专注且专业	其产品和服务在产业链某个环节中处于优势地位；可为大企业、大项目提供优质零部件、元器件、配套产品及服务。
精	精细化	经营管理精细而高效	拥有精细高效的制度、流程和体系；实现了生产精细化、管理精细化、服务精细化。
特	特色化	产品及服务独具特色	针对特定市场或者特定消费群体；具有特色资源、传统技艺、特色文化或特色配方；可提供独具特色的产品或服务。
新	新颖化	创新成效新颖别致	企业产品或者服务属于新经济、新产业领域或具有新技术、新工艺、新思想、新模式；拥有自主知识产权、较高技术含量或附加值、较广应用场景及前景。

（二）"专精特新"企业的基本特征

理论内涵上，"专精特新"企业具有专业化、精细化、特色化及新颖化这四个核心内容。实践层面上，观察这类企业的市场表现，发现它们具有如下几个共同特征：

1. 大多集中于数智化实体业且市场占有率高

通过研究国内外的"专精特新"类的企业发现，这类企业虽然大多不广为人知，但基本是在自身领域精耕细作多年的企业。据统计，我国超过70%的"专精特新"企业已在市场上深耕超十年，并且这类企业超60%都在工业制造的实体领域，大多配套先进的数字智能化科技，其中，装备工业、能源、化工、电子信息、生物医药等五大行业数量较多。从细分行业来看，主要集中于中高端装备制造、新材料、新一代信息技术、新能源、医疗器械等中高端制造领域。此外，专精特新"小巨人"企业中，仅约1/5的企业主导性产品，其国内市场占有率却超过50%。不仅如此，据工信部发布数据可知，2021年"专精特新"中小企业的营收增速是规模以上中小企业的2.2倍，发明专利成果占有量及利润率达到 3.4 倍及 1.4 倍。

2. 研发投入巨大、高层次人才云集

与大多数企业相比,"专精特新"企业的研发投入巨大。2021 年专精特新"小巨人"企业中 50% 以上的研发投入超 1000 万元,远高于市场上的大部分企业。已上市的"专精特新"企业研发投入更是平均达到了约 5600 万元,超过市场上 20% 的企业,研发人员共计约 5.4 万人,平均每家公司近 190 人,占比超过市场上 50% 的企业。巨大的研发投入及大量的科研人才是这类企业的共性,也是这类企有所成就的关键要素。以国家级专精特新"小巨人"企业太极环保公司为例,公司每年至少投入总营收的 4% 作为研发经费,2021 年比例曾高达 6.6%。此外,企业的高层次科研人员比例始终保持在 30% 以上,该特征又进一步加速企业专业化、精细化、特色化、新颖化经营的实现与发展。

3. 政府高度重视、多项激励措施并举

不管是国外还是我国本土的"专精特新"类企业,国家及地方政府都给予了各方面的帮扶与激励。例如在美国,有专门的中小企业服务体系,为这些企业提供创业支持、行政管理及金融理财服务。同时,组织专业机构、协会、商会等部门或团体的专家提供技术咨询与帮助。在我国国家层面,明确了各项补贴优惠、激励帮扶措施,涉及资金补贴、荣誉称号、企业推广、一企一策、优先上市等各方面的具体方案。目前,全国累计 19 个省区市推出专项政策来支持"专精特新"中小企业发展,其中资金支持已超 40 亿元。不仅如此,2022 年国家会继续实行小微企业融资担保降费奖补,新增一批国家级专精特新"小巨人"企业。地方政府更是出台多项方案,积极提高中小企业奖励及纾困资金。例如福建省对新认定的省"专精特新"中小企业奖励资金由原来 10 万元增加到 20 万元,并通过降低技改投资门槛额、扩大支持范围,引导"专精特新"企业实施技术改造,解决企业所面临的问题并加速升级关键技术。

二 "专精特新"企业的相关理论

根据"专精特新"企业所具备的专业化、精细化、特色化、新颖化特点可知:首先,这类企业需在原产业链上找到其专业领域,或拓展产业链，寻得其用武之地，因此，依托产业链理论，企业可结合自身特点在链条上精准定位、精细耕耘。其次，要形成具有自身特色的产品或服务，拥有识别度且不可替代性，这类企业需要通过理解细分市场理论的内核，在细分市场中寻得竞争优势，才可避免盲目跟风而平庸无为。最后，企业异军突起，创新发展的根源需依托其核心技术，这就需结合技术创新理论，积极探索、深入革新，以形成企业特有的核心技术或基础产品，改变原有老旧落后的生产方式或运行机制。具体理论框架见图 1.1。

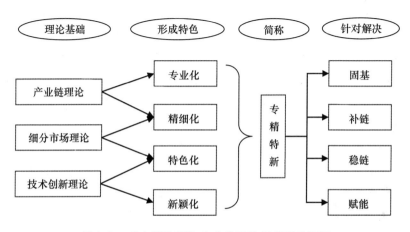

图 1.1　"专精特新"企业发展的相关理论框架

1. 产业链理论

产业链（Industry Chain）是产业经济学中的一个概念，是各个产业部门之间基于一定的技术经济关联，并依据特定的逻辑关系和时空布局关系客观形成的链条式关联形态。这一概念用于描述一个具有某种内在联系的企业群结构，其中存在着大量的上下游关系及价值交换，上游环节向下游环节输送产品或服务，下游环节向上游环节反馈信息。它包含了价值链、供需链、企业链和空间链四个维度。由于现阶段我国急需固基、补链，因而各个企业需针对自身特点在产业链上发光发热，专业化、精细化经营，打通原先堵塞的链条，或者拓展链条维度。"专精特新"企业在产业链中充当了其中最关键、最不可取代的环节。由于产业链中可能被"卡脖子"的某些核心技术、关键产品大多都是由"专精特新"企业提供，且约 90% 的专精特新"小巨人"企业集中在核心基础零部件（元器件）、关键基础材料、先进基础工艺、产业技术基础这重要的"四基"领域①，因此，依托这些"专精特新"企业，产业链才得以形成或完善，链条的韧性才得以强化。基于产业链的理论概念，企业可以通过寻得原先链条中短缺或者被垄断者把控的环节，进一步打通或延伸上下游，成为"专精特新"企业，在激烈的国内外市场竞争中突破重围。

2. 细分市场理论

1956 年，市场细分（Market Segmentation）概念由美国市场学家温德尔·史密斯（Wendell R. Smith）提出。他指出企业应该依据消费者需求、购买习惯等将市场划分为若干消费者群的细分市场，依据每一个细分市场的需求倾向来定位企业发展方向，并根据倾向变动来动态调整应对方案。这阐明了企业要关注到细分市场，拓展市场领域，寻得自身的精准定位而非盲目跟从市场潮流。将这一理论运用并拓展，企业一方面要能够根据市场需求变化快速改变经营方案，提供专属服务；另一方面，要能够根据细分市场来精准定位目标市场或拓展其他市场，集中人力、物力资源投入这一领域，从而夺取目标市场、获得经济利益。

依据该原理与思想，在培育"专精特新"企业时，这类企业家普遍摒弃规模崇拜，拒绝多元化诱惑，专注在细分领域建立竞争优势。当然，许多企业家内心深处都有规模崇拜，但培育"专精特新"企业最重要的一点是要术业专攻，"人有我专、人专我精"，瞄准"缝隙市场"。大国竞争需要大公司，但同样需要具备拥有国际竞争力的"单打冠军"。这类企业不以追求规模化和多元化为目标，而是凝聚有限资源于一个细分领域，形成竞争优势，将其培育成整个市场中不可或缺、不可取代的关键要素。

3. 技术创新理论

技术创新理论（Technical Innovation Theory）最初由熊彼特在《经济发展理论》中系统提出，他阐明创新就是一种新的生产函数的建立，不是局限于某项技术或工艺的发明，而是将其引入一种不

---

① 韩晶：《推动"专精特新"中小企业持续健康发展》，《人民论坛》2022 年第 7 期。

停运转的生产体系中使其整体效能发生质的提升。技术创新具体包含了五方面的创新：（1）制造新的产品；（2）采用新的生产方法；（3）开辟新的市场；（4）获得新的原材料或半成品的供应商；（5）打破原有垄断，形成新的组织形式。依托技术创新理论，"专精特新"企业积极运用新的技能、生产方式或服务方式，通过改变原有的生产或运行机制，使得创新成果成为提升产业整体效能的关键部分，这类企业也依托技术创新成果成为行业乃至产业结构中的不可替代的部分。"专精特新"企业普遍具有特色新颖的核心技术或产品，并凭借技术创新改进生产方式，提供创新配套服务，由此打破了原先企业对这些关键环节的垄断。依据这样的经验，其他中小企业特色化成长之路应该从这些方面入手，积极投入研发，培育自身优势技术或服务。

我国作为一个发展中国家，从早期技术创新理论中的引进型创新，经过"引进—消化—再创新"的艰辛之路，正向自主创新稳步迈进。这一创新过程需要大批如"专精特新""高成长""小巨人"等企业的努力，他们通过自主研发，不仅打造特色化、新颖化的产品、服务，更是将一种创新思维及机制引入企业的生产运行中，并能够带动周边企业共同革新技术，实现整体效能的提高。

第三节 "专精特新"企业发展的研究回顾

一 国内外文献述评

（一）国外相关研究

1986 年，德国管理学教授赫尔曼·西蒙首次提出"隐形冠军"理论并不断完善，他认为符合"隐形冠军"大致有三条标准：（1）企业产品排名不能低于世界市场前三或者大洲第一；（2）企业年营业额不超过 50 亿欧元；（3）企业不为普通消费者所熟悉。[①] 根据这样的标准，赫尔曼·西蒙将二十多年来收集的全世界 2734 家"隐形冠军"公司的数据，通过测算得出德国"隐形冠军"数量最多，拥有 1307

---

① ［德］赫尔曼·西蒙：《隐形冠军：未来全球化的先锋》，杨一安等译，机械工业出版社 2019 年版，第 35 页。

家，美国有 366 家，日本有 220 家，中国有 68 家。其中，德国是通过培育"隐形冠军"来支持中小企业国际化，使其成为细分行业的强者。日本则实施"一町一品"计划来造就大批坚守本业、持续创新和执着耕耘的"长寿企业"。

研究国外文献发现，这类发展较快的中小型创新企业专注于品牌唯一性及声誉质量建设，[①] 专注于价值链的某个阶段，并在该阶段寻求卓越、建立声誉，[②] 这类企业往往以客户为中心或以产品为中心，积极开发自己的网络来共享信息，以增加信息透明度来降低风险。[③] 此外，除企业独创力及品牌打造外，还不断利用及组合多种资源，持续创造可被产业链上其他企业利用及引入的技术或产品。[④] 最后，这些公司积极投资于研发以创造专业知识及技能，并将之利用于国际市场。[⑤] 但是，很多中小企业面对融资及抵押贷款困难、金融支持体系不完善等问题，急需政府实行贷款激活计划支持企业进行技术研发，引导整个产业的良性循环。[⑥] 从国际发达国家尤其是德国、日本培育"专精特新"类企业的经验可知，这类"隐形冠军"或者"小巨人"企业的发育和成长需要有长期稳定的社会经济条件和文化生态环境。宏观上需要和谐包容的社会氛围、鼓励创新创业的文化，以及开放有序的市场条件；微观上则需要有一大批具有创新内核的企业家队伍，始终能够秉持开拓创新、质量至上、精益求精的精神。不过，国外市场不同于中国市场，培育适合我国"专精特新"企业发展的土壤，还需结合我国的市场环境、企业特点、政策方案，探索中国特色的

---

① Swaminathan A. , "Resource Partitioning and the Evolution of Specialist Organizations: The Role of Location and Identity in the US Wine Industry", *Academy of Management Journal*, June 2001.

② Mascarenhas B. , "The Founding of Specialist Firms in a Global Fragmenting Industry", *Journal of International Business Studies*, January 1996.

③ Echols A. , Tsai W. , "Niche and Performance: The Moderating Role of Network Embeddedness", *Strategic Management Journal*, March 2005.

④ Collis D. J. , Montgomery C. A. , "Competing on Resources", *Harvard Business Review*, April 1995.

⑤ Briance M. , "The Industry-focused International Strategy", *Management International Review*, February 2013.

⑥ Khoe, Kyung-ll. , "The Activation Plan of Government Supporting Loan for Development of Digital Contents Industry and Case Study", *Journal of CEO and Management Studies*, February 2015.

"专精特新"企业。

（二）国内相关研究

我国积极借鉴国际上评价及培育"专精特新"企业的经验做法。近些年，国内学者在此方面展开了丰富研究，表1.2对国内相关代表性研究涉及的内容进行了梳理，主要集中在发展现状、评价体系、困境难题和政策建议等四个方面。

表1.2　　　　　国内学者关于"专精特新"的相关研究

视角	研究内容	文献
发展现状	品质放于首位，坚持创新，拥有核心技术，追求持续增长	（林江，2021）
	直接支持中小微企业创新的"专精特新"政策效果显著，税收优惠政策虽全面但针对性不强，不同类型的财政补贴效果差异较大	（李琼等，2022）
	不少"小巨人"企业还处在产业链中低端，部分"小巨人"企业创新能力不够，缺乏对供应链的塑造和掌控能力	（李金华，2021）
评价体系	总体扶持政策效力、供给型扶持政策效力、需求型扶持政策效力、环境型扶持政策效力	（张瑶等，2022）
	战略定位、资源应用力、技术创新力、生产质控力	（张兵等，2014）
	企业成长情况、研发创新能力、科技人才情况、科技成果转化和政策支持力度	（高春南等，2021）
	专业化水平、精细化管控力、产品或服务特色化、创新力	（朱天一等，2018）
困境难题	国际化受阻、人才—融资—监管遇瓶颈、知识产权维权艰难	（张卓群，2022）
	创新机制不健全、应用基础研究服务能力弱、数字化转型面临"数字鸿沟"、创新生态体系中主体间协作活力不足	（董志勇和李成明，2021）
	融资约束持续束缚，帮助政策系统性差、具体落实方案跟不上	（陆岷峰和徐阳洋，2022）
	融资难、融资贵，新三板的定位职能并没有充分发挥	（张晓燕，2021）

续表

视角	研究内容	文献
政策建议	直接补贴政策、税收优惠政策适当前移、打造共性技术平台	（李琼和汪德华，2022）
	核心企业主导开展重点产业链及供应链梳理工作、建立"专精特新"企业示范区、质量品牌建设、评价体系建设等	（刘志彪和徐天舒，2022）
	构建国家、省、市联动的培育政策体系，加强产业链、创新链、资本链、政策链互动，加强全国层面对工业"专精特新"文化的宣传	（张睿等，2017）
	推进政府做产业链的"链长制"，从需求侧支持企业技术创新，产业链支持体系建设等	（刘志彪，2022）

1. 从"专精特新"企业的发展现状来看，"专精特新"中小企业专注于产业链上的某个细分环节。[①] 它们强调从产品、服务、工艺、技术等方面追求专业专用性；强调企业管理精细化、产品生产精良性；并基于消费群体的特色化需求，打造中小企业特色产品、特色服务，非常注重产品或服务的创新。这类企业将品质放在首位，坚持创新，拥有核心技术，追求持续增长。[②] 目前，"专精特新"企业中有不少"小巨人"企业还处在产业链的中低端，创新能力不够，缺乏对供应链的重塑和掌控。[③] 虽然直接支持中小微企业创新的"专精特新"政策效果显著，税收优惠政策全面，但同时也面临针对性不够强、不同类型的财政补贴效果差异较大的问题。

2. 从对"专精特新"企业的评价体系来看，张兵（2014）通过战略定位、资源应用力、技术创新力、生产质控力来评价企业的"专精特新"总能力。朱天一（2018）通过绩效表现、专业化、精细化、特色化和创新性5个一级指标和18个二级指标构建了"专精特新"

---

① 毛小柴：《完善配套政策 助"专精特新"企业发展》，《中国工业和信息化》2021年第10期。

② 牛娇：《中小企业"专精特新"发展路径的探索》，《中小企业管理与科技（上旬刊）》2021年第7期。

③ 李金华：《我国"小巨人"企业发展的境况与出路》，《改革》2021年第10期。

企业的综合评价指标体系。此外，评价指标主要还有企业成长情况、研发创新能力、科技人才情况、科技成果转化和政策支持力度。①

3. 从"专精特新"企业的困境难题来看，"专精特新"企业发展主要面临来自政策、经济与社会环境等各方面的困难和问题。具体包括：国际化受阻、人才—融资—监管遇瓶颈、知识产权维权艰难；② 创新机制不健全、应用基础研究服务能力弱、数字化转型面临"数字鸿沟"、创新生态体系中主体间协作活力不足；③ 融资难、融资贵，新三板的定位职能并没有充分发挥；④ 帮助政策系统性差、具体落实方案跟不上；⑤ 等等。

4. 从"专精特新"企业发展的政策建议来看，"专精特新"企业是国家经济可持续稳定增长的动力源。在当前面对国内外机遇与挑战形势下，首先，政策上应当将直接补贴政策、税收优惠政策适当前移、打造共性技术平台，⑥ 从政策支持、企业服务和政府引导三个方面开展建设⑦。其次，以核心企业为主导开展重点产业链及供应链的梳理工作、建立"专精特新"企业示范区、质量品牌建设、评价体系建设；⑧ 再次，积极构建国家、省、市联动的培育政策体系，加强产业链、创新链、资本链、政策链互动，加强全国层面对工业"专精

---

① 高春南、王娟、徐广磊：《科技型企业"专精特新"发展评价体系研究——以南京企业为例》，《中小企业管理与科技（上旬刊）》2021 年第 9 期。

② 张卓群：《后疫情时代"专精特新"企业高质量发展路径研究》，《商场现代化》2022 年第 4 期。

③ 董志勇、李成明：《"专精特新"中小企业高质量发展态势与路径选择》，《改革》2021 年第 10 期。

④ 张晓燕、殷子涵、王艺熹：《北京证券交易所新规对中小企业融资影响分析》，《多层次资本市场研究》2021 年第 4 期。

⑤ 陆岷峰、徐阳洋：《构建我国中小企业高质量发展体制与机制研究——基于数字技术应用的角度》，《西南金融》2022 年第 1 期。

⑥ 李琼、汪德华：《支持中小微企业创新的财政税收政策梳理与借鉴》，《财经问题研究》2022 年第 3 期。

⑦ 李晓峰：《美日韩"专精特新"企业建设经验及启示》，《中国中小企业》2019 年第 8 期。

⑧ 刘志彪、徐天舒：《培育"专精特新"中小企业：补链强链的专项行动》，《福建论坛》（人文社会科学版）2022 年第 1 期。

特新"文化的宣传;① 强化知识产权等技术创新方面的推进培育工作②。最后,推进政府实施产业链的"链长制",从需求侧支持企业技术创新、产业链支持体系建设。③

综上,针对国内"专精特新"企业的研究,首先,缺少从各维度对各类"专精特新"企业特色与差别的比较,对其成长之路内在机制的研究不够系统。其次,缺乏依托调研数据或公开数据对"专精特新"企业发展情况及关键制约因素的探究。最后,由于对内在机制分析不够透彻,因而针对"专精特新"企业所面临的困境提出的一些政策建议可落实性及针对性不足。

二 文献述评与本书贡献

综合国内外研究发现,学者们针对国际上各类"隐形冠军""长寿企业""小巨人"及"专精特新"企业的研究主要集中于企业具备的特点、所面对的困境以及政策如何引导。但是,目前国内外学者对这一课题的研究缺乏一定的系统科学性,本书拟在如下几个方面进行突破,具体表现在:

第一,目前的学术研究缺乏从不同国家、地区以及产业链全链视角进行多维多角度分析,对"专精特新"企业创新道路的剖析和阐述缺乏一定系统性。本书从学术视角、企业内在发展逻辑、政府政策建议等维度,对"专精特新"企业创新发展做了全面、系统的研究。不仅从国际、国内、江苏省、南京市的多层视角展示了"专精特新"企业的发展历程、数量变化、行业变化、区域分布等情况,而且基于产业链视角,结合国际国内案例,对"专精特新"企业的技术创新、市场创新、产品创新和管理创新进行阐述,深入剖析了"专精特新"企业的创新成长之道,对现有研究做了有益的补充。

---

① 张睿、石晓鹏、陈英武:《"专精特"小巨人企业培育路径研究——以苏南地区为例》,《中国工程科学》2017年第5期。
② 丁刚、郭瑶瑶:《科技小巨人企业培育的地区典型经验及其启示》,《长春工程学院学报》(社会科学版)2018年第2期。
③ 刘志彪:《产业政策转型与专精特新中小企业成长环境优化》,《人民论坛》2022年第3期。

第二，目前大多数研究对"专精特新"企业发展过程中面临的问题和困难的分析停留在宏观层面的人、财、物分析，针对不同地区、不同行业企业所面临的不同实际困难的剖析鲜有研究。本书基于126家"专精特新"企业的实地调研，结合200多位企业家的深入访谈，对"专精特新"企业面临的需求和瓶颈进行梳理和总结，探究不同行业企业存在的共性问题与个性问题。

第三，目前鲜有文献研究"专精特新"企业创新发展的内在机制，尤其从实际数据出发，深入探讨内外部因素影响的研究较少。本书以311家"专精特新"上市公司作为研究对象，从经营能力、盈利能力、成长能力和创新能力四个主要方面对"专精特新"上市公司进行深入研究，对制约"专精特新"企业创新发展的因素进行实证分析，并提出相关建议。

第四，目前的研究尚未系统深入地对多个国家或地区"专精特新"经典培育案例进行分析与总结，本书系统梳理了国际、国内"专精特新"企业的典型培育模式，提炼出可供其他地区借鉴的经验做法。同时，课题组结合2000多份问卷调查数据，深入分析"专精特新"企业在发展过程中面临的挑战和需求，最后结合"专精特新"企业未来的发展趋势，提出了具有针对性、务实性、系统性的对策建议。

第二章 "专精特新"企业发展的多层视角

纵观发达国家中小企业的发展路径，美国和日本"专精特新"企业被称为"利基"企业，韩国"专精特新"企业被称为中坚企业，尽管国情不同，但都选择了"专精特新"的发展道路。随着经济全球化不断深入，我国越来越多的中小企业在国际分工和全球价值链中扮演着重要角色，"专精特新"成为中小企业转型升级的重要成长之路。本章重点从国际视角、国内视角选取不同地区培育和支持"专精特新"企业发展的典型做法，并选取江苏作为中国的区域代表进行研究和分析。

第一节 "专精特新"企业的国际视角

一 国外"专精特新"企业总体情况概述

中小企业"专精特新"化是我国为了助力实体经济尤其是制造业的发展，以增强产业链供应链韧性、提升竞争力而提出的策略。实际上，世界各国为了提升自身企业创新力，获得市场竞争优势，早已开始颁布相关政策法规扶持相关中小企业。其中，"隐形冠军"企业的培育可为我国"专精特新"企业的发展提供经验借鉴。

随着经济全球化、区域一体化的发展和交通信息技术的进步，中小企业的国际化进程加速。其中，一些中小企业通过深耕利基市场、专注专业细分领域、提供专业化或定制化的产品和服务吸引大批客户，从而在区域或全球占据了领先的市场地位，而它们并不为公众所熟知，① 这类企业被称为"隐形冠军"。② "隐形冠军"概念由德国企业经济学家赫尔曼·西蒙在20世纪90年代率先提出，并对相关国家展开研究。西蒙所定义的隐形冠军需要满足三个标准：（1）世界同业市场的前三强或者至少是某个大洲的第一名公司；（2）年营业额低于50亿欧元；（3）不为外界周知，公众知名度比较低。

截至2019年，西蒙收集了2734家隐形冠军公司的数据，图2.1展示了数量排名前十的国家，其中德国拥有隐形冠军数量最多，共计1307家，美国有366家，日本有220家，中国有92家。③ 2013年德国创新调查数据显示，德国隐形冠军企业总量上仅占到0.6%，但其在就业、出口和新产品创新等方面贡献重大，其中出口和新产品创新比例大于等于15%。④ 此外，隐形冠军企业能够在金融危机和市场衰

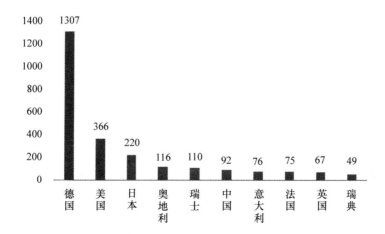

图 2.1 全球隐形冠军企业数量前十强国家

① 李森、吴德龙、夏恩君等：《国外隐形冠军研究综述与展望》，《技术经济》2020年第39期。

② Simon H. , *Hidden Champions of the Twenty-first Century：The Success Strategies of Unknown World Market Leaders*, New York：Springer Science & Business Media, 2009.

③ ［德］赫尔曼·西蒙：《隐形冠军：未来全球化的先锋》（第2版），机械工业出版社2019年版。

④ Frietsch R. , "Global Champions und Hidden Champions：Internationale Konzerne und KMU im Innovationswettbewerb", *Karlsruhe：Fraunhofer Institute for Systems and Innovation Research*, 2015.

退时期稳定经济，并有效抵御全球产业整合带来的威胁。① 因此，充分借鉴国外 "隐形冠军" 企业成功经验，对加快国内相关中小企业转型升级，弥补企业发展短板具有重要意义。

二　德国 "专精特新" 企业研究

（一）德国企业情况概述

德国是世界高端品质的代表，其制造业在全球拥有强大的竞争力，国际市场占比常年处于全球前四位。除了大众汽车、西门子、宝马、戴姆勒等大型高端制造企业使得德国在汽车、机械制造、电子等多个大众领域行业表现突出外，德国制造业也一直以 "精细" 立足于市场，有着众多精耕于细分领域市场的中小企业。目前，全球近 3000 家隐形冠军企业，德国以 1300 多家的数量和 47% 左右的占比稳居榜首。

根据德国经济研究院赫尔曼·西蒙和耶儿恩·布洛克的研究结果和德国联邦统计局的数据，德国 "隐形冠军" 企业呈现南多北少、西多东少的地区分布状况。从各州分布来看（如图 2.2），北莱茵·威斯特法

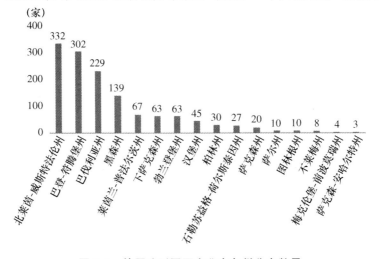

图 2.2　德国隐形冠军企业在各州分布数量

① Simon H. , *Hidden Champions of the Twenty-first Century*: *The Success Strategies of Unknown World Market Leaders*, New York: Springer Science & Business Media, 2009; Noy E. , "Niche Strategy: Merging Economic and Marketing Theories with Population Ecology Arguments", *Journal of Strategic Marketing*, Vol. 18, No. 1, 2010, pp. 77 – 86.

伦州以 332 家企业数量位居全国首位,占比接近全国总量的 1/4,巴登·符腾堡州和巴伐利亚州分别以 302 家和 229 家企业数量位居全国的二、三位。

工业制造领域是德国"隐形冠军"企业的主战场。如图 2.3 所示,2019 年德国的"隐形冠军"企业主要涉及工业领域,其余 14% 均属于服务业。进一步细分工业领域,有近 25% 为机械制造业;其次是占比约为 10.5% 的电子电气行业;另有占比约 6% 的企业从属于金属加工、医疗技术、化学工业、塑料加工和金属生产行业。

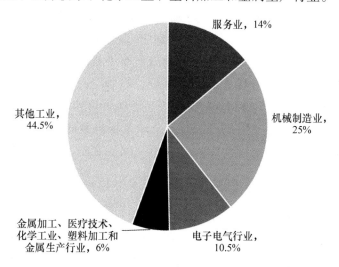

图 2.3 德国隐形冠军所属行业分布

德国"隐形冠军"企业历史悠久、积淀深厚。据统计,企业年龄的中位数为 66 年,不乏"百年老店"。其中,生产造纸工业相关设备的施瓦本钢铁厂早在 1365 年成立,拥有最为悠久的历史。此外,阿亨巴赫公司于 1452 年成立,是一家拥有 570 年历史的家族经营企业,生产了全球近 75% 的铝板轧机。总体来看,有占比 38% 的"隐形冠军"企业存续超过百年,这一比例充分反映其存续能力远超过大型企业。

德国"隐形冠军"企业已成为地方经济支柱。虽然有众多"隐形冠军"企业远未达到世界 500 强的标准,且 2020 年世界 500 强榜单中仅仅有 27 家德国企业上榜，但德国的 GDP 仍居于全球前列，正是作为佼佼者的"隐形冠军"企业支撑起全国经济的"大半江山"。据统计，德国企业里有 99.4% 的中小企业提供了 56% 的就业机会，并创造了超 40% 的经济附加值。2019 年，隐形冠军的平均营业额达 3.26 亿欧元，48% 的公司营业额超过 15000 万欧元①。

精耕专注单一种类产品是多数德国"隐形冠军"企业的选择。众多德国企业选择精耕于某一领域产品的生产。例如，德国伍尔特（Würth）公司，只生产螺母、螺丝等基础配件，但其产品应用于汽车、建筑、航空等近乎所有行业领域，该企业在全球 80 多个国家设立了 400 多家分公司，年销售额达到 70 多亿欧元。又如，德国的旺众（Wanzl）公司是全球最大的购物及行李手推车生产商，凭借其高端的技术水平和享有盛誉的质量保证，占领全球市场份额的 50%。再如，德国的福莱希（Flexi）公司专注于生产可伸缩犬链，从设计到产品都在同一个地方完成，占据了全球市场份额的 70%，追求精益求精的质量品质，塑造其成为"世纪品牌"之一，产品远销全球约 100 个国家。

（二）德国典型企业案例及经验

海瑞克（Herrenknecht）公司是一家专业定位的家族企业，于 1977 年成立，总部设于德国施瓦瑙，主要业务是定做隧道掘进设备，用于挖掘各种交通以及公用事业隧道。国内和海外共成立约 70 家子公司和联营公司，员工超过 5000 人，2020 年订单额达到 11.53 亿欧元，年度营业收益共 10.69 亿欧元。海瑞克公司是机械隧道掘进领域中的技术和市场领导者，是全球唯一一家能提供适应各种地质条件的、直径从 0.1 米到 19.0 米的全系列尖端隧道掘进设备的供应商，多次位列德国"隐形冠军"企业品牌排名榜首位。我国汕头海湾隧道、欧亚隧道、伦敦横贯铁路工程等项目均由该公司的设备完成②。

德国"隐形冠军"的成功培育依靠政府、协会和企业三重力量。

---

① 邱石、康萌越、张昕嫱、黄诗喆：《探寻德国"隐形冠军"成长之路》，《中国工业和信息化》2021 年第 12 期。

② Biesalski A. *Studien Trailer：Die Marken der Hidden Champions 2015*，Munich：Biesalski & Compang，2015.

从政府角度，德国通过出台《反垄断法》等法律加强立法保护，从而保障了中小企业在市场中的平等竞争；通过提供信贷支持进而减轻了企业的融资风险；通过完善职业教育培训保障了优质人才供应。从协会角度，德国一方面完善了行内标准规范维护了企业的公平竞争，另一方面提供政策支持降低企业研发成本并巩固竞争优势。从企业角度，德国"隐形冠军"企业明确自身专长，专注于提升主导产品的核心竞争力；企业倾向制定长期目标，重视技术、创新、信誉、质量、知名度等方面的全面发展；企业精益求精，不断开拓市场和创新技术以实现突破发展。

三 日本"专精特新"企业研究

（一）日本企业情况概述

日本为提升基础制造能力，在全球竞争市场和产品供应链中占据有利地位，在 2013 年《日本再兴战略》中明确提出"政府要从资金、人才等方面支持企业以全球顶尖企业为目标积极进取，对在特定领域表现优秀的全球顶尖企业给予支持"，强调"对全球顶尖企业的海外扩张给予资金支持，并利用政府金融机构补充、协调"。为落实相关部署，日本经济和产业省（简称"经产省"）将定期评选隐形冠军企业并给予相应表彰，做隐形冠军成为大多数日本中小企业的追求，全社会营造了一种隐形冠军企业发展的良好氛围，由此评选出诸多隐形冠军企业，如 YKK、西村铁工所和堀场制作所（HORIBA）。

日本将"隐形冠军"企业定义为全球利基市场的头部企业即 GNT（Global Niche Top），并依据《中小企业基本法》划分为中小企业、中坚企业和大企业。2014 年 3 月，日本公布了第一批隐形冠军企业名单及 7 家"next 利基"企业名单，按企业规模来分，中小企业数量最多共计 69 家占比超过 60%，中坚企业和大企业分别为 25 家和 6 家。按专业领域来分，机械、制造领域企业数量位列第一，共计 52 家；材料、化学领域和电气、电子领域分别位列第二和第三，共计 20 和 15 家；其余企业属于消费品及其他领域，共计 13 家（如图 2.4）。

2020 年 6 月，日本经济省公布第二批隐形冠军企业 113 家表彰名单，按企业规模来分，中小企业数目最多，共计 55 家占比约 49%，中

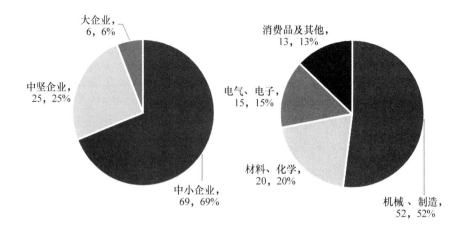

图2.4　日本第一批隐形冠军企业规模及领域分布

坚企业和大企业分别为21家和37家。按专业领域来分，机械、制造领域以61家企业位列第一，占比超过50%；材料、化学领域和电气、电子领域位列第二和第三，分别为24家和20家；剩余8家企业属于消费品及其他领域（如图2.5）。第二批隐形冠军企业其各行业全球市场占有率为43.4%，营业利润率12.7%，海外销售额占比45%（如表2.1），企业盈利能力较强。

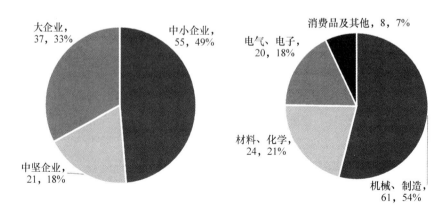

图2.5　日本第二批隐形冠军企业规模及领域分布

表 2.1　　　　　　　　　日本第二批隐形冠军企业的相关信息

行业分类	全球占有率	利润率	海外销售占比
机械·加工行业	39.80%	11.20%	41.40%
材料·化学行业	50.60%	13.90%	47.40%
电气·电子行业	42.90%	11.60%	55.80%
消费品及其他行业	50.50%	23.90%	40.80%
各行业平均	43.40%	12.70%	45%

（二）日本典型企业案例及经验

YKK 公司的全名是吉田工业株式会社，成立于 1934 年，其生产主产品为拉链，由一开始只有几个人的小企业起步，成长为现在的跨国集团。在 YKK 公司成立初期，拉链行业处于一个起步阶段，在技术上还未实现机械生产，需要通过手工生产；在市场上，全球市场处于快速增长时期，未达到饱和状态；在产品生产上，当时日本国内其他企业生产的拉链质量良莠不齐，因而该行业存在很大的发展空间，属于一个典型的利基市场。于是 YKK 公司采用利基战略，只专注拉链这一主要业务，实现拉链手工制造向机械化制造转变，并采用垂直一体化发展，建立起竞争优势，把高质量发展放在第一位的同时不断追求创新，使得 YKK 公司成长为全球最大、最著名的拉链制造商[①]。目前，该企业旗下拥有 113 家子公司和 3 家持股公司，2020 年营业额达到 480 亿元人民币。

在日本政府培育隐形冠军企业之前，日本在全球并不缺少有竞争力的产品和服务，但随着海外市场竞争进一步加剧，为了能够继续保持日本在全球产品供应链中的地位，日本通过表彰和培育隐形冠军来突破发展瓶颈。一方面，日本政府颁布大量法律和配套政策，支持隐形冠军企业发展。在日本《2020 年度中小企业政策》中，在国家层面的相关政策就超过了 230 项，涉及经费补贴、知识产权保护和人才培育等方面。另一方面，日本中央和地方政府还通

过战略引导同时配以科技投入，打造以"企业为主体"的创新体制。2019 年日本企业投入的研发经费总额为 1264 亿美元，占日本国家研发总投入的 73%。

四 韩国"专精特新"企业研究

（一）韩国企业情况概述

韩国 99% 的企业为中小企业（SMEs），就业人口中 88% 受雇于中小企业，许多引领全球市场的中小企业对韩国经济增长有着举足轻重的作用。韩国政府针对中小企业"隐形冠军"展开多项培育计划。2009 年 11 月成立韩国进出口银行，宣布着手韩国隐形冠军开发项目，对企业的进出口融资和海外投资融资提供支持；2010 年 1 月政策性金融公司提出"培育工程"和"前沿冠军工程"，通过融资基金会引领国内中小企业成长；2010 年 8 月韩国交易所引进并推广"贸易冠军业务"和"科斯达克型隐形冠军"，次年 2 月经济部推出了类似的项目，例如"世界级 300 强项目"，联合多家机构对各种中型企业的出口保险和 IPO 咨询等提供支援[①]。截至 2019 年，韩国拥有 23 家"隐形冠军"企业，位列全球第十三，亚洲第三，仅次于中国和日本。

（二）韩国典型企业案例及经验

韩国汽车零部件制造公司（CAP）成立于 1995 年，以生产雨刮器而闻名，早期该公司专注于向韩国三星汽车供应设备部件，三星汽车是 CAP 的主要商业贸易伙伴，占公司销售额的 90%，因而在成立初期 CAP 在汽车零部件制造商行业中鲜为人知。两次金融危机改变了 CAP 对外和对内战略。在 1997 年亚洲金融危机的席卷下，CAP 公司积极发展除三星以外的业务合作伙伴，在原先积极销售的战略方法上推行全球化战略，2008 年 CAP 的销售额达到 7440 亿韩元，其中 70% 来自全球市场；2008 年的金融危机使得 CAP 公司重

---

① Suk L. S., Kyaei C. Y., "A Study on Development Strategy of Korean Hidden Champion Firm: Focus on SWOT/AHP Technique Utilizing the Competitiveness Index", *Journal of International Entrepreneurship*, Vol. 16, 2018, pp. 547 – 575.

点专注于研发部门,以开发新技术和广泛的雨刷产品线,2008 年 CAP 在研发方面的投资高达其年销售额的 8%,约为韩国上市公司平均比例的 3.36 倍。该企业管理团队的领导力、对全球市场的远见和对创新的坚定承诺,使 CAP 成为全球第五大雨刮器和亚洲第一大雨刮器制造商。

韩国隐形冠军企业的成功,一方面,离不开企业自身高层管理人员的管理能力、领导力和企业在危机时刻专注于企业产品技术开发,以顾客为导向积极拓展海外市场的决策;另一方面,政府为企业提供海外市场趋势和技术信息,扶持企业创新技术开发事业,支持企业融资计划并提供相关资金帮助。

五 美国"专精特新"企业研究

（一）美国企业情况概述

针对特定细分领域的"专精特新"企业在美国被称为"利基"企业,"利基"市场则是指经常被大众企业所忽略的细分市场,美国将小企业专注专业化经营从而占领"利基"市场获取最大限度收益的策略称作"利基"战略。"利基"企业集中力量于某特定目标市场,或重点经营某一产品和服务,或严格专注一个细分领域,以此实现单一产品的市场优势和高质量服务的竞争优势。[①]

小企业是美国经济的"脊梁",为现代市场经济注入创造活力,同时提升了其在全球市场的影响力与竞争力。美国小企业管理局（SBA）统计的数据显示,采用 1953 年《小企业法》以员工人数少于 500 人的公司定义小型企业,截至 2019 年美国中小企业数量共 3070 万家,约占全美企业总数的 99.9%,小企业创造了国内生产总值 43.5%。小企业每年为美国新增 150 万个就业岗位,创造了 64% 的私营部门新增就业岗。私营部门员工的 46% 受雇于小企业,39.7% 的工资总额由其提供。除了经济贡献外,美国中小企业又是技术创新的

---

① 赵奉杰:《境外"专精特新"企业发展经验借鉴》,《中国中小企业》2014 年第 4 期。

重要力量, 高科技员工的 37% 在小企业工作, 中小企业实现了 70% 的技术创新成果, 相较大公司缩短了 1/4 的科技投资回收期。"隐形冠军" 企业是指在利基市场中的占据领先位置但鲜为人知的中小企业, 是 "利基" 企业的代名词。根据德国企业经济学家西蒙的研究, 截至 2019 年, 美国以 366 家 "隐形冠军" 企业的数量仅次于德国, 位列全球第二位。由于刻板印象, 可口可乐、迪士尼、微软、苹果、谷歌等全球知名公司成为美国品牌形象, 但美国有着众多聚焦细分领域默默无闻却带来重大贡献的企业, 例如, 老牌工具制造品牌史丹利 (STANLEY), 其发展历史已有 179 年, 为全球工业市场提供了数以万计的产品, 包括机械工具、液压工具、紧固工具、风动装配工具, 全球销售额近千亿人民币; 以低价、货优的连锁零售商美元店 (Dollar General) 精准聚焦低层消费者, 75% 的门店设立于 20 万人以下的小镇, 2020 年毛利率与净利率达到 31.8% 和 7.9%, 超过了沃尔玛等主流零售商。

(二) 美国典型企业案例及经验

登士柏西诺德 (Dentsply Sirona) 就是一家典型的利基企业, 是牙科设备制造商和牙科耗材生产商, 其总部位于美国北卡罗来纳州夏洛特, 由登士柏和西诺德这两家拥有 100 多年历史的公司合并而成。长期以来, 它专注于研发和生产牙医用品, 在该领域形成巨大的市场优势, 2021 年总营业收入达 42.5 亿美元。该公司在全世界 40 多个国家拥有约 15000 名员工, 在 120 多个国家拥有销售机构。

美国利基企业的发展得益于政府的一系列扶持政策: 一是建立了专业化的中小企业服务体系。小企业管理局在全国设立了由 1 万多名经验丰富的退休人员组成的经理服务公司和将近 1000 个利基企业发展中心, 通过自愿签订合同的方式为小企业家提供创业准备、行政管理等全方位的咨询服务。二是重视发挥社会组织的帮扶作用。美国联邦政府提供 80% 的费用开支, 鼓励各类专业协会、联合会、商会等社会组织定期聘请一些行业专家为中小企业发展提供咨询服务并进行经营诊断和技术指导。三是制定专项计划支持企业的发展。美国制定了 "小企业出口流动资本项目" 以帮助利基企业积极开拓海外市场,同时借助该项目使得利基企业可以从多数商业银行获得短期出口信贷。

第二节 "专精特新"企业的中国视角

一 中国"专精特新"企业发展历程与数量变化

自 2011 年国家工业和信息化部首次提出将"专精特新"作为中小企业转型升级的重要途径以来,国家相关部门颁布多项培育"专精特新"中小企业的政策,给予多重资金奖补。截至 2021 年 7 月,工信部于 2019 年、2020 年、2021 年认定并发布了 248 家、1744 家和 2930 家专精特新"小巨人"企业。在"十四五"期间,财政部将以中央财政中小企业发展专项基金的方式安排 100 亿元以上的奖补资金,从而加大对"专精特新"企业创新的支持力度。目前,我国正加快推进制造强国建设,"专精特新"企业对我国产业发展、工业强基工程和制造强国建设意义重大。[①]

2016 年,工信部发布的《促进中小企业发展规划(2016—2020 年)》提出"专精特新"中小企业培育工程,"专精特新"企业被阐释为具备专业化、精细化、特色化、新颖化优势的中小企业,专业化是指"拥有专项技术或生产工艺,使其产品和服务在产业链某个环节中处于优势地位";精细化是指"精细化生产、管理和服务,以美誉度好、性价比高、品质精良的产品和服务在细分市场中占据优势";特色化是指"采用独特的工艺、技术、配方或特殊原料进行研制生产,提供特色化、含有地域文化元素的产品和服务,形成具有独特性、独有性、独家生产特点,具有较强影响力和品牌知名度的特色产品、特色服务等";新颖化是指企业"持续投入、持续创新,拥有自主知识产权"。工信部认定的 4922 家"专精特新"企业成立时间从 1955 年到 2022 年不等,时间跨度长达 67 年,总体可以划分为四个时期(如图 2.6):1955—1989 年平稳起

---

① 李金华:《我国"小巨人"企业发展的境况与出路》,《改革》2021 年第 10 期。

步期、1990—2003 年快速增长期、2004—2010 年高位波动期和
2011—2022 年收缩发展期。

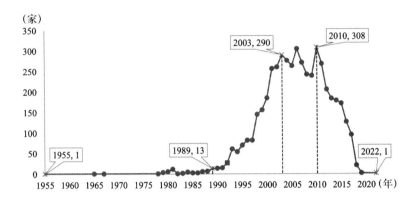

图 2.6 中国"专精特新"企业成立时间图

改革开放以前受计划经济体制影响民营企业数量较少，1978 年
以前成立的"专精特新"企业仅有 3 家，改革开放以后有利的政策
环境和营商环境使得"专精特新"类民营企业数量与日俱增。
1978—1989 年期间"专精特新"企业成立数量开始逐步增加，平
均每年企业成立数目在 5 家上下浮动，属于企业成立的一个平稳起
步期。1990 年以后企业成立数量呈直线式上升，2003 年企业成立
数量相较 1990 年上涨了近 20 倍，1993 年企业成立规模第一次大幅
增速，企业数量相较上一年增加了 126%，第二年企业成立数量虽
然存在短暂下跌，但整体而言 1990—2003 年期间"专精特新"企
业成立规模在快速扩大。2004 年和 2005 年开始连续两年出现企业
成立数量下降的现象，之后 2006 年企业成立数量有所回升，2010
年更是达到顶峰，当年企业成立数量达到 308 家，在此期间企业成
立数量虽然起伏不定，但每年均保持 200 家以上的成立数目，处于
一个高位波动时期。2011 年以后"专精特新"企业成立数量呈急
剧下降趋势，相较 2010 年高位时期的企业成立数量 2013 年下跌了
40% 左右，2014 和 2015 年企业数量保持短暂的缓慢下降后迅速减
少至 1，"专精特新"企业的成立数目经历了高位增长后步入了收

缩发展期。

二 中国"专精特新"企业的行业变化

从三大产业分布数量来看（如图2.7），4922家"专精特新"企业以第二产业居多，比重高达近66%，第三产业企业数量次之，共1665家，占比约为34%，第一产业企业数量最少，仅有15家。分阶段而言（如图2.8），四个时期第二产业的"专精特新"企业数量一直远超其他两个产业，但所占比重在不断下降，从平稳起步期占比86.36%下降至收缩发展期50.16%；而四个时期的第三产业"专精特新"企业数量和占比均在不停上涨，第三产业"专精特新"企业比重从平稳起步期的13.64%一路上升至收缩发展期49.60%；相比之下，隶属于第一产业的"专精特新"企业数量份额一直位居末位。

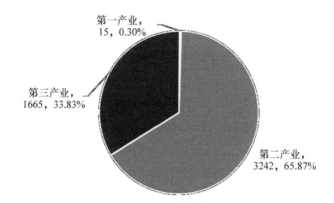

图2.7 中国"专精特新"企业三大产业分布图

从11个产业细分来看（如图2.9），除了房地产企业数量为0外，4922家"专精特新"企业分布于其余十大不同产业，这其中隶属于工业的"专精特新"企业数目居于首位，总数量高达3214家。"专精特新"企业所属的主导产业为工业，这与国家扶持"专精特新"企业"锻长板""补短板"和助力工业"四基"目标相一致。公共服务及管理组织，批发和零售业，信息传输、软件和信息

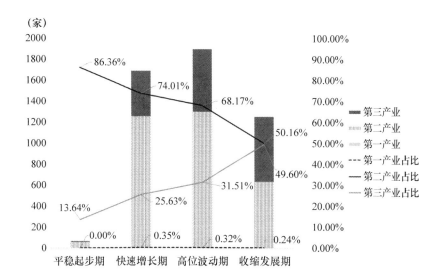

图 2.8   不同时期中国"专精特新"企业三大产业变化图

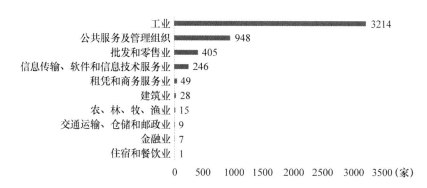

图 2.9   中国"专精特新"企业 11 大产业分布图

技术服务业分别占据产业企业数量排名的第二、第三和第四，交通运输、仓储和邮政业，金融业，住宿和餐饮业企业数量均不超过 10 家。从不同时间段来看（见表 2.2 和图 2.10），工业企业所占比重呈现下降趋势，但仍然占据了近一半的企业数量，公共服务及管理组织企业数量与比重均保持上升态势，两个产业囊括了超过 80% 的"专精特新"企业。

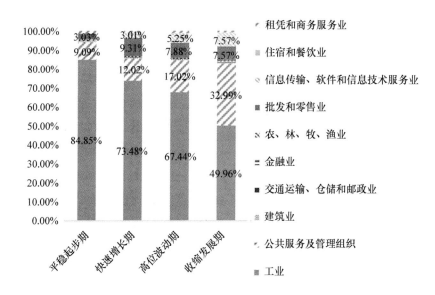

图 2.10 不同时期中国"专精特新"企业产业细分变化图

表 2.2　　　　　不同时期中国"专精特新"企业产业细分表

所属行业	平稳起步期	快速增长期	高位波动期	收缩发展期
工业	56	1247	1284	627
公共服务及管理组织	6	204	324	414
建筑业	1	9	14	4
交通运输、仓储和邮政业	0	3	2	4
金融业	0	3	2	2
农、林、牧、渔业	0	6	6	3
批发和零售业	2	158	150	95
信息传输、软件和信息技术服务业	0	51	100	95
住宿和餐饮业	0	1	0	0
租赁和商务服务业	1	15	22	11

　　进一步将工业划分为采矿业、制造业、电力、热力、燃气及水生产和供应业，在 3214 家工业企业中 99% 左右为制造业企业，共计 3187家，进一步将制造业细分上游高耗能制造业、中游先进制造业、下游消

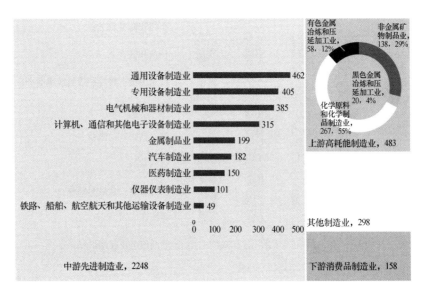

图 2.11　中国"专精特新"企业制造业分布图

费品制造业和其他制造业共计 31 个产业。具体来说，如图 2.11 所示，以通用设备制造业、专用设备制造业、电气机械和器材制造业与计算机、通信和其他电子设备制造业等为代表的中游先进制造业为制造业主体产业，占比约为 70%，共计 2248 家企业，上游高耗能制造业由化学原料和化学制品制造业、非金属矿物制品业、黑色金属冶炼和压延加工业与有色金属冶炼和压延加工业组成，共计 483 家企业，其中一半以上为化学原料和化学制品制造业企业，下游消费品制造业则以纺织品、食品制造业和农副食品加工业企业为主（图2.12）。所有制造业企业中数量排名前 5 为通用设备制造业，专用设备制造业，电气机械和器材制造业，计算机、通信和其他电子设备制造业，化学原料和化学制品制造业，这 5 个产业涉及核心的基础零部件、先进的基础工艺、关键的技术材料和关键的产业基础技术即工业"四基"，成为工业发展的基础动力，是推动工业高质量发展的坚实支撑。

从不同时期来看，如图 2.13 至图 2.16 所示，平稳起步期上中下游制造业企业成立数量较少，上游高能耗制造业仅由化学原料和化学

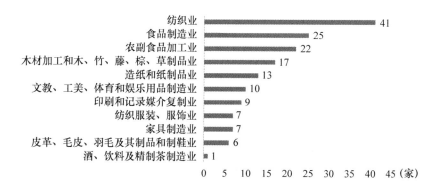

图 2.12 中国"专精特新"企业下游制造业分布图

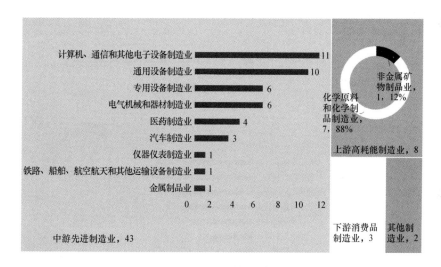

图 2.13 平稳起步期中国"专精特新"企业制造业分布图

制品制造业和非金属矿物制品业两者组成，相比之下快速增长期和高位波动期企业成立数上涨超过了 20 倍，中游先进制造业企业成立数量均在 900 家左右，两个时期内通用设备制造业、专用设备制造业企业成立数一直位列一二，均超过 100 家，步入收缩发展期在中游先进制造业企业数量整体下降的情况下，电气机械和器材制造业与计算机、通信和其他电子设备制造业企业数排名上升。

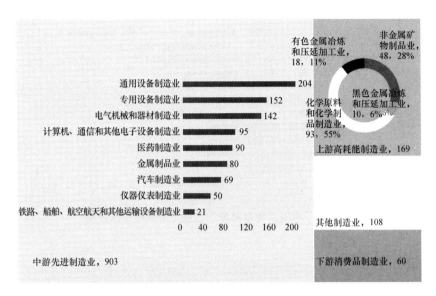

图 2.14 快速增长期中国 "专精特新" 企业制造业分布图

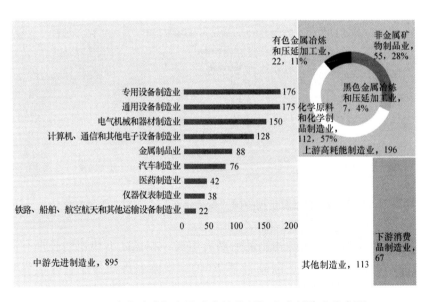

图 2.15 高位波动期中国 "专精特新" 企业制造业分布图

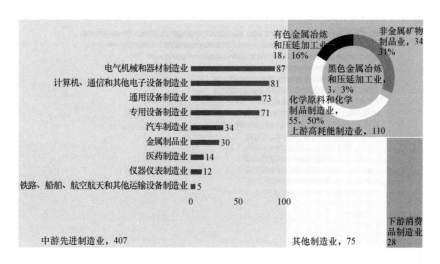

图 2.16 收缩发展期中国"专精特新"企业制造业分布图

三 中国"专精特新"企业的地区分布

4922 家"专精特新"企业分布在 31 个省（自治区、直辖市），以省份为主体的全国基尼系数为 0.46。采用戴靓等的多中心性测度，[①] 计算得到多中心度为 0.66。以地级市为主体的全国基尼系数为 0.63，多中心度为 0.67。前者基尼系数小于 0.5 且多中心度大于 0.6，表明各省"专精特新"企业分布呈现出多中心性；而后者基尼系数大于 0.5，表明各城市间"专精特新"企业分布数量差异较大，且相对均衡地集中于少数城市。

各省"专精特新"企业分布数量大致可以分为三个梯队，数量排名前五位的省级行政单位为第一梯队，分别为浙江、广东、山东、江苏、上海和北京数量上均超过 250 家（如图 2.17），形成了北京—山东—江苏—上海—浙江—广东纵贯南北城市的"专精特新"经济带。沿海城市"专精特新"经济带。浙江省以 475 家专精特新企业位居榜首，早期浙江模式和传统经商文化培育了一大批民营中小企业，在机械加工、电气、装备制造、化学制品等领域积淀深厚。早在 2006 年，

---

① 戴靓、曹湛、朱青、殷亚若：《中国城市群知识多中心发展评价》，《资源科学》2021 年第 5 期。

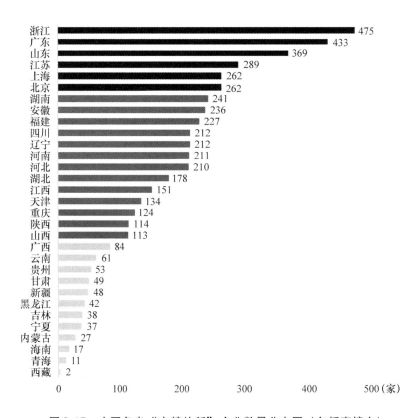

图 2.17 中国各省 "专精特新" 企业数量分布图（包括直辖市）

就提出中小企业 "七化战略"，即专业化、精细化、高新化、集约化、信息化、品牌化和国际化，在国家提出培育 "专精特新" 企业以后。从 2012 年开始，浙江省便连续出台重磅文件，采取相关针对性强的措施，通过瞄准打造隐形冠军，鼓励、引导中小企业走 "专精特新" 发展道路。从全国直辖市除外的 "专精特新" 企业数量排名来看（图 2.18），浙江省宁波市更是以 182 家专精特新企业力压深圳市，位列全国城市第一，浙江省杭州和温州分别位列 12 和 14；第二梯队城市企业数量小于 250 家大于 100 家，以内陆城市居多；第三梯队城市企业数量低于 100 家，以边界城市为主。

将排名一二的产业进行具体地区分布，从主导产业工业企业的各省分布数量来看（如图 2.19），浙江省依旧一骑绝尘，位列全国第

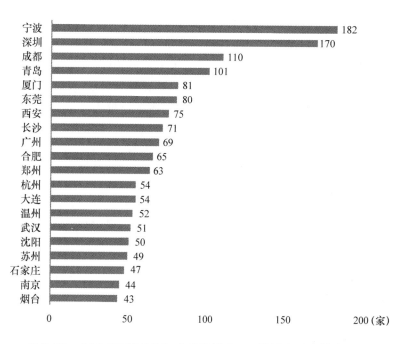

图 2.18 中国"专精特新"企业数量 Top20 的城市（直辖市除外）

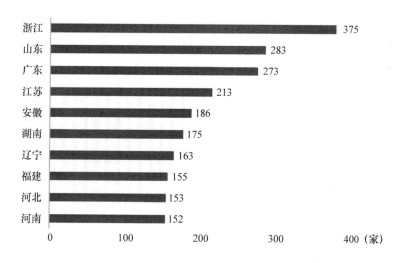

图 2.19 中国工业"专精特新"企业数量 Top10 的省份

一，山东省稍次之。公共服务及管理组织则偏好分布于北京、上海和天津这类直辖市（如图 2.20）。进一步分析各省制造业结构情况（图 2.21），各省以中游先进制造业为主，相较之下山西、宁夏和内蒙古的上游高耗能制造业企业数量比重超过了其他省份，达到了 30% 以上，云南、黑龙江和新疆的下游消费品制造业比重高于其他省份，超过了 10%。

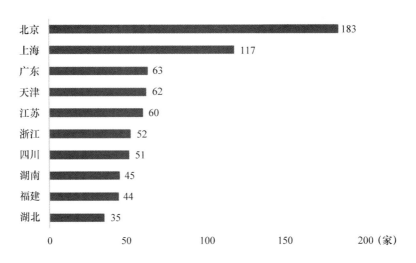

图 2.20　中国公共服务及管理组织"专精特新"企业数量 Top10 的省份

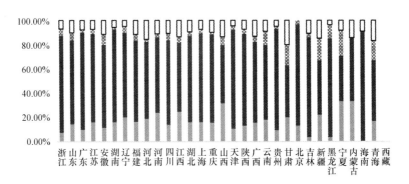

图 2.21　中国各省制造业"专精特新"企业分布比例图

第三节 "专精特新"企业的区域视角

江苏省坚持创新驱动战略，在"专精特新"企业培育方面一直走在全国前列，早在"十二五"开局之际，省经济和信息化委员会就启动了《江苏省中小企业创新工程行动计划（2011—2015 年）》，引导中小企业走上内生增长、创新驱动的发展轨道在促进中小企业发展方面具有一定的典型性和代表性。十年来江苏省持续引导支持广大中小企业坚持"专精特新"发展道路，重点培育专精特新"小巨人"企业，建立省市县三级联动的梯度培育体系，以此有力有序地推动了中小企业的高质量发展。

一 江苏"专精特新"企业发展研究

（一）江苏"专精特新"企业发展历程与数量变化

江苏中小企业数量超过 300 万家，占全省企业总数超九成，不仅是市场重要的主体、构建新发展格局的中坚力量，更是开启社会主义现代化新征程的有力支撑。江苏省委、省政府高度重视引导中小企业走"专精特新"发展道路，早在"十三五"期间，江苏省就明确提出要"发展一批专精特新科技小巨人企业"。经过多年发展培育，江苏的中小企业专精特新"小巨人"已经成为"江苏制造""产业强省""产业强链"等重点经济工作的重要支撑。① 国家工信部网站公示的第一、二、三批"专精特新小巨人企业名单"显示，4922 家国家级专精特新"小巨人"中，江苏省共有 289 家，企业总量位居全国第四，与排名前三的浙江省、广东省、山东省分别差距 186 家、144家和 80 家。

江苏省级专精特新"小巨人"企业共有 1998 家，长期专注于细分领域，其中有超过 10 年期限的 1483 家企业持续深耕于细分行业产品的

①　赵中星：《江苏中小企业及"专精特新"发展调研与对策》，《江南论坛》2022 年第 3 期。

研发生产,占比将近75%。另有20年期限以上的企业310家,平均营收规模高达6.8亿元。省内有671家"小巨人"企业的主导产品在细分行业领域市场占有率排名全国前三,其中高居榜首的企业有342家。当前有296家国家级专精特新"小巨人"企业在国内A股上市,其中江苏省以62家的数量排名全国第一。江苏省在2022年政府工作报告中明确提出了"专精特新"培育计划,计划到2025年,形成营业收入超百亿元工业企业160家,省级以上专精特新"小巨人"企业达到3000家。江苏省也将继续响应国家对培育"专精特新"中小企业的号召,通过政策倾斜和实施"千企升级"等行动计划引导今日的"小巨人"向未来的"巨无霸"发展,培育更多制造业"单项冠军"。

国家工信部认定的江苏省289家国家级"专精特新"企业的成立时间从1979年跨度到2018年,时间跨度长达39年,根据每年新增企业数量总体上可以划分四个时期(如图2.22):1979—1989年平稳起步期、1990—2001年快速增长期、2002—2011年高位波动期和2012—2018年收缩发展期,江苏省的发展趋势和全国四个阶段的划分整体上相吻合。1978年改革开放以来,在国家的政策支持和经济发展的推动下,中小企业的数量大幅度增加。江苏省首批"专精特新"企业正是在此背景下诞生,1979年两个"专精特新"企业的成立开启了江苏省为期10年的平稳起步期,该阶段企业数量增长缓慢,到1989年江苏省共计成立5家"专精特新"企业。1989年之后江苏

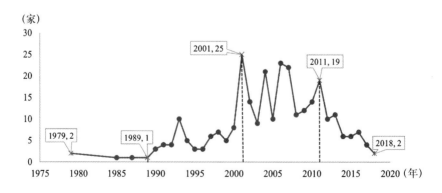

图2.22 江苏"专精特新"企业成立时间图

省"专精特新"企业的新增数步入快速增长期，企业的新增数量整体呈现逐年增加的趋势，这期间1993年成立了10家企业，新增数是上一年的2.5倍，出现了一个增长小波峰。进入21世纪，我国经济持续高速发展，全国中小企业也随之迅速崛起与成长，在2001年江苏省新增25家"专精特新"企业，也呈现出断崖式拉涨趋势，达到江苏省新增企业数量的顶峰，涨幅是上一年的3.125倍。江苏省在为期11年的快速增长期内每年都有"专精特新"企业成立，且以平均每年新增多于7个企业的幅度增加，累计到2001年该阶段共成立83个企业。2002年开始江苏省"专精特新"企业新增数目连续两年有所回落，但每年新增企业数量仍不低于9家，2004—2011年间企业增加数量在高位数值区间波动起伏，2002—2011年的9年高位波动期内江苏省平均每年新增企业17家，累计共成立155家"专精特新"企业，占据全省总数的53.63%。2012—2018年江苏省新增"专精特新"企业数量开始呈现逐年减少的趋势，进入收缩发展期，2012年企业增幅断崖式减少，相较2011年增幅减少52.63%，7年累计增加企业46家。

（二）江苏"专精特新"企业的行业变化

从三大产业分布数量来看（如图2.23），江苏省289家国家级"专精特新"企业中不涉及第一产业；第二产业的企业最多，共213家，比重高达73.70%；第三产业企业数量次之，共76家，占比为26.30%。分阶段而言（如图2.24），前三个阶段第二产业和第三产业的"专精特新"企业的新增数量都呈现大幅度增加趋势，且第二产业企业的新增数量在前三个阶段都遥遥领先于第三产业，但其占比一直处于下降趋势，从平稳起步期的100%下降至收缩发展期的43.48%。与此同时，第三产业新增企业的占比在不断上升，从平稳起步期的0.00%上升至收缩发展期的56.52%。到第四个阶段，第二产业和第三产业的企业新增数量呈断崖式减少，且第三产业的企业数量和占比实现了对第二产业的反超，两个产业的比重相对均衡。

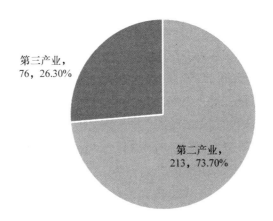

图 2.23 江苏"专精特新"企业三大产业分布图

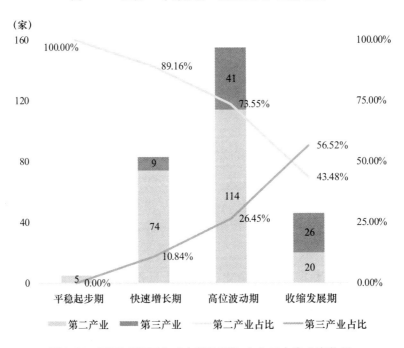

图 2.24 不同时期江苏"专精特新"企业三大产业变化图

　　具体从产业细分数量来看（如图 2.25），江苏省 289 家"专精特新"企业涉及 6 类产业，集中于工业，次之为公共服务及管理组织，企业数量分别为 213 家和 60 家，占比分别为 73.70% 和 20.76%。工业的数量与占比遥遥领先，这与江苏省把培育专精特新"小巨人"

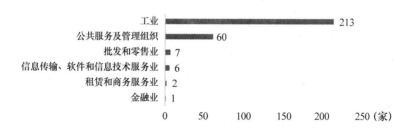

图 2.25 江苏"专精特新"企业产业细分图

作为工业强省建设重点工作相符合。制造业隶属于工业大类，"专精特新"企业长期专注于制造业某些特定细分产品市场，是制造业创新发展的基石。[①] 江苏省 213 家从事工业的"专精特新"企业中 100% 所属于制造业。

从制造业划分的角度来看（如图 2.26），江苏省 213 家从事制造业的企业分为上游高耗能制造业 34 家、中游先进制造业 155 家、下游消费品制造业 8 家和其他制造业 16 家。中游先进制造业数量占

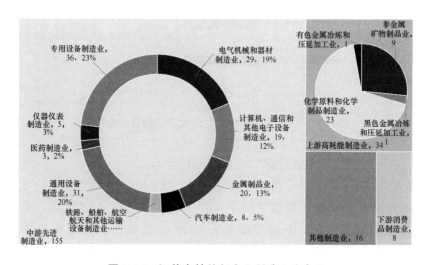

图 2.26 江苏专精特新企业制造业分布图

———————————

① 张睿、石晓鹏、陈英武：《"专精特"小巨人企业培育路径研究——以苏南地区为例》，《中国工程科学》2017 年第 5 期。

据首位，比重高达 72.77%，其中专用设备制造业、通用设备制造业、电气机械和器材制造业企业数量最多，数量分别为 36 家、31 家和 29 家。上游高耗能制造业次之，占比 15.96%，产业集聚于化学原料和化学制品制造业，涉及企业 23 家。下游消费品制造业占比低，仅有 3.76%，具体产业方向集中于食品制造业和纺织业（如图 2.27）。综上可以看出，江苏省"专精特新"企业大都集中在高附加值、高技术含量、高行业地位和成长性好的企业，且专注细分领域、扎根在各个细分行业，这有助于提升全省中小企业的创新创业能力和专业化水平，并助推解决省内一些关键领域的"卡脖子"问题。

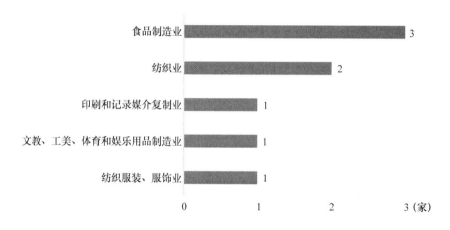

图 2.27　江苏"专精特新"企业下游制造业分布图

（三）江苏"专精特新"企业的地区分布

江苏省国家级"专精特新"企业有 289 家，鼓励市、县（区）层面加强培育扶持，形成了国家、省、市、县（区）多形式、多层次梯度的培养格局。企业全覆盖省内 13 个地级市，以城市为主体的企业数量分布的基尼系数为 0.32，多中心度为 0.62，基尼系数小于 0.5 且多中心度大于 0.6，表明省内各市"专精特新"企业分布呈现出多中心性，企业数量在城市间分布均衡。具体从企业在省内各城市分布的数量来看（如图 2.28），苏州市共 49 家企业和南京市共 44 家企业，这两个龙头城市以 32.18% 的比例遥遥领先于省内其他城市。

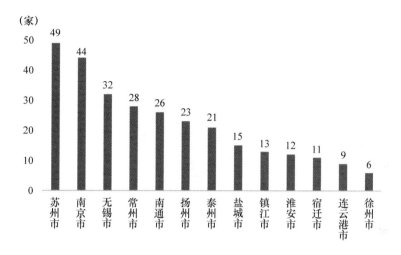

图 2.28　江苏各市"专精特新"企业数量分布图

从地域划分看，江苏省可分为苏北、苏中和苏南地区，其中苏南地区包括江苏省南部的南京市、苏州市、镇江市、常州市和无锡市，是省内现代化程度最高、经济最发达的区域。具体从企业在三个地区的数量和占比情况来看（如图 2.29），地区间"专精特新"企业数量分布较为均衡，且基尼系数为 0.26，但主要聚集在苏南地区，共有企业数量 166 家，占比 58%。苏南地区历来重视专精特新"小巨人"企业培育工作，为企业提供良好发展环境和要素支持，同时引导和支持企业注重研发与创新。改革开放以来，苏南地区不断探索、多次转型，一直走在改革的前列，培育和造就了一批主营业务突出、竞争力强、成长性高的专精特新"小巨人"企业，为全国实现产业转型升级、振兴民族基础工业做出了贡献。

从江苏省各城市"专精特新"企业的三产分布来看（如图 2.30），所属第一产业的企业数量为 0，所属第三产业的企业集中分布在南京市、苏州市和无锡市，企业数量均大于 10 家。江苏省是工业大省，13 个地级市均有所属第二产业的企业，其中无锡市和宿迁市中所属第二产业和第三产业的企业数量相当。除去这两个市，其他

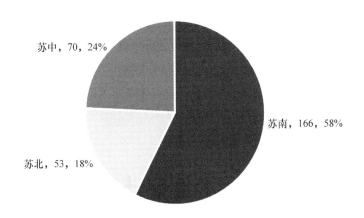

苏中, 70, 24%

苏南, 166, 58%

苏北, 53, 18%

图 2.29　江苏三大区域 "专精特新" 企业分布图

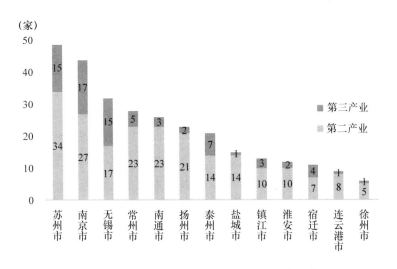

图 2.30　江苏各市 "专精特新" 企业三产分布图

11 个城市中从事第二产业的企业数量都远多于第三产业。专注公共服务及管理组织的企业数量位居江苏省从事第三产业细分行业之首，13 个城市均有相关企业，但集中分布在无锡市、苏州市和南京市（如图 2.31）。

江苏省 213 家工业企业全部专精于各制造业领域，这些 "小巨人"实力雄厚，在提升产业链、供应链竞争力过程中发挥着 "脉络"

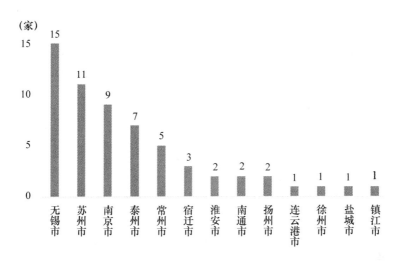

图2.31　江苏各市公共服务及管理组织"专精特新"企业数量图

和"骨骼"的作用。[①] 从各城市四类制造业占比情况来看（如图2.32），中游先进制造业占比在各城市均处于领先地位，除连云港市占比37.50%，其他城市占比均在50%以上。其中，专用设备制造业、通用设备制造业与电气机械和器材制造业是全省中游先进制造业的主攻方向。根据这三类产业聚集各城市企业的数量来看（如表2.3），总体上除了连云港市、宿迁市、徐州市只涉及某类方向以外，其他10个城市均拥有上述三类企业，其中专用设备制造业成为常州市的优势方向，并以9家企业数量占据全省首位；通用设备制造业集中在苏州市和南通市，分别设有7家和6家企业；电气机械和器材制造业是扬州市的主攻方向，以7家企业的数量领先省内其他城市。

表2.3　　**江苏各市前三类制造业"专精特新"企业数量**

城市	专用设备制造业	通用设备制造业	电气机械和器材制造业
苏州市	4	7	4
南京市	5	3	3

---

① 宗禾：《追逐"专精特新"江苏迈向制造强省》，《风流一代》2022年第3期。

城市	专用设备制造业	通用设备制造业	电气机械和器材制造业
常州市	9	0	2
南通市	1	6	4
扬州市	3	1	7
盐城市	4	4	2
无锡市	3	3	0
镇江市	1	3	2
泰州市	1	1	3
淮安市	2	1	1
连云港市	3	0	0
宿迁市	0	1	1
徐州市	0	1	0

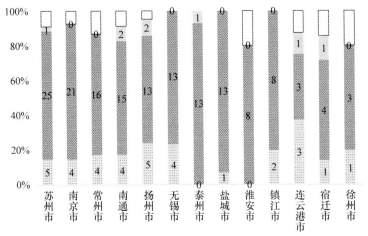

图 2.32　江苏各市制造业"专精特新"企业分布比例图

二　南京"专精特新"企业发展研究

作为江苏省会城市、东部地区重要中心城市和长三角特大城市，南京一直高度重视"专精特新"中小企业培育发展。2021年，南京市制定并发布了《南京市推动专精特新中小企业高质量发展行动方案》和《关于加快发展专精特新中小企业的若干措施》，通过全面实施"梯度培育""创新驱动发展""产业链强链补链"等工程，促进创新要素加速集聚、发展动能不断增强、企业素质显著提升、发展环境持续优化，使南京市专精特新中小企业高质量发展工作走在全国前列。

（一）南京"专精特新"企业发展历程与数量变化

南京市国家级"专精特新"企业共计44家，企业成立时间从1990年至2018年（如图2.33）不等，时间跨度长达28年，平均每两年成立三家企业。1994年和2007年企业成立数量均为4家，是南京市"专精特新"企业成长发展最为迅速的时间节点。1994年成立的企业为南京洛普股份有限公司、蓝深集团股份有限公司、南京宝色股份公司和南京康友医疗科技有限公司，2007年成立的企业为新立讯科技股份有限公司、南京中新赛克科技有限责任公司、南京欧陆电气股份有限公司和南京高精船用设备有限公司。上述8家企业以工业企业为主，有6家企业专注于各类精细的制造业，主要坐落于南京市郊区。

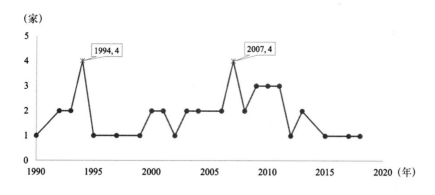

图 2.33 南京"专精特新"企业成立时间图

（二）南京"专精特新"企业的行业变化

南京市国家级"专精特新"企业主要集中在第二和第三产业（如图2.34），不涉及第一产业，其中第二产业企业数共计27家，占

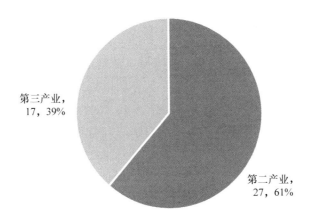

图 2.34　南京"专精特新"企业三大产业分布图

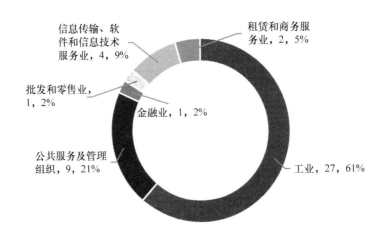

图 2.35　南京"专精特新"企业产业细分图

比超过 60%，第二产业企业数共计 17 家，占比为 39%。将三大产业
进一步为具体的产业来看，南京市国家级"专精特新"企业一共涉
及 6 个产业（如图 2.35），其中第二产业均为工业企业，第三产业中
包括公共服务及管理组织，信息传输、软件和信息技术服务业，租赁
和商务服务业，批发和零售业，金融业，其中公共服务及管理组织企
业数量最多共计 9 家，比重为 21%，信息传输、软件和信息技术服务
业企业共计 4 家，占比 9%，租赁和商务服务业共计 2 家，占比 5%，

批发和零售业与金融业各仅有 1 家企业。

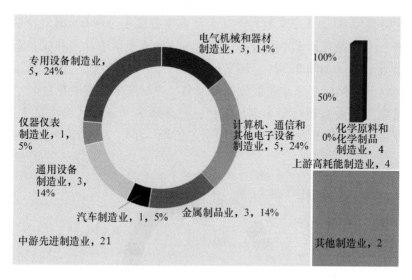

图 2.36 南京"专精特新"企业制造业分布图

南京市 27 家工业企业均属于制造业，进一步分析南京"专精特新"企业制造业分布情况（如图 2.36），南京 27 家制造业包含上游高耗能制造业、中游先进制造业和其他制造业共计 9 个产业，不存在下游消费品制造业。中游先进制造业为主体产业共 21 家，占比约 78%。其中，专用设备制造业与计算机、通信和其他电子设备制造业企业数位列中游先进制造业第一，通用设备制造业、电气机械和器材制造业与金属制品业企业数均为 3 家，位列第二，汽车制造业和仪器仪表制造业企业数均仅有 1 家。南京上游高耗能制造业仅涉及化学原料和化学制品制造业这一关键的技术材料产业，共计 4 家企业。

（三）南京"专精特新"企业的地区分布

南京 44 家国家级"专精特新"企业分布在南京 9 个区，分别是鼓楼区、建邺区、秦淮区、雨花台区、栖霞区、江宁区、江北新区、浦口区和六合区。其中，江北新区为直管区，范围涉及浦口区泰山街道、顶山街道、沿江街道、盘城街道和六合区大厂街道、长芦街道、葛塘街道共计 7 个街道,① 浦口区和六合区则为江北新区直管区以外的区域。南京"专精特新"企业在各区分布数量的基尼系数为 0.59,多中心度 0.33,基尼系数大于 0.5 且多中心度小于 0.6,南京"专精特新"企业呈现出单中心分布,超过五成企业坐落于江宁和江北新区两个近郊区(如图 2.37)。江宁区以 15 家"专精特新"企业遥遥领先,江北新区以 9 家企业数位列第二名,主城区中只有雨花台区"专精特新"企业数超过了 5 家,鼓楼区、建邺区和秦淮区均不足 3 家,雨花台区的经济开发区和软件谷吸引了相当一部分"专精特新"企业。

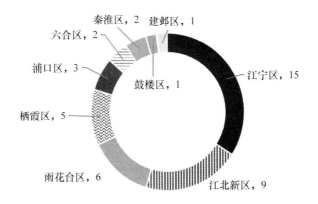

图 2.37 南京各区"专精特新"企业分布图

从南京市各区"专精特新"企业的三产分布看(图 2.38),这些企业均没有涉及第一产业,有 8 个区的"专精特新"企业位于第三产业。其中,雨花台区、秦淮区、鼓楼区、建邺区第三产业的企业数量多于第二产业,可见南京主城区企业更倾向于投资少、效益高、就业容量大的第三产业。而江宁区和江北新区的"专精特新"企业集中于第二产业,江宁区以 12 家第二产业企业居于首位,江北新区次之,有 6 家第二产业企业,浦口区和栖霞区第二、第三产业的企业数量相当。

从 11 类具体产业的地区分布来看,工业是南京市"专精特新"

---

① 江北新区直管区范围参考南京江北新区管理委员会官网(http://njna. nanjing. gov. cn/zjxq/xinqugaikuang/)。

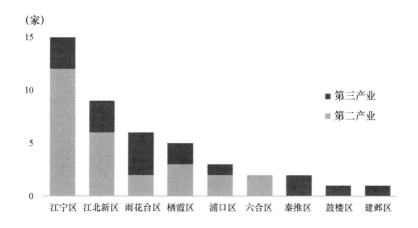

图 2.38 南京各区"专精特新"企业三产分布图

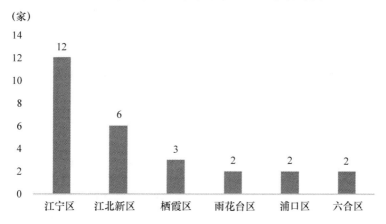

图 2.39 南京各区工业"专精特新"企业分布图

企业的主攻方向,企业覆盖江宁区、江北新区、栖霞区、六合区、浦口区和雨花台区(如图 2.39)。其中,江宁区和江北新区是工业企业聚集地,两个区域的占比均超过60%,且江宁区共有12家工业企业,占据南京全域工业企业数量的44.44%,成为南京工业产业的聚集中心。第三产业中专精公共服务及管理组织领域的企业数量位居首位,该方向企业分布在鼓楼区、秦淮区、雨花台区、江宁区、浦口区和栖霞区,数量分布总体在各区较为均衡(如图 2.40)。

南京市 27 家工业企业均专精于各类精细的制造业行业,进一步分

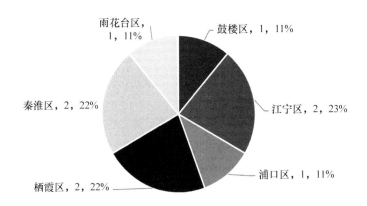

图 2.40　南京各区公共服务及管理组织专精特新企业分布图

析制造业产业的"专精特新"企业在全市各区分布情况（如图 2.41），上游高能耗制造业分布在江北新区、栖霞区和浦口区三个近郊区；中游先进制造业企业全覆盖设有"专精特新"企业的 6 个区，其中江宁区 11 家企业优势明显，集中了全市超过半数的中游先进制造业。江宁区制造业涉及专用设备制造业、金属制品业、通用设备制造业、电气机械和器材制造业、汽车制造业、橡胶和塑料制品业和仪器仪表制造业 7 个细分行业，种类众多且主要集中在科技含量高的中高端产业，这有助于南京市补短板、锻长板、补断点、实现强链补链创新发展。

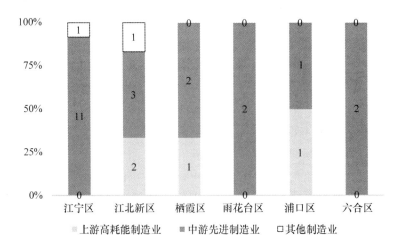

图 2.41　南京各区制造业"专精特新"企业分布比例图

第三章 "专精特新"企业发展的综合评价

作为中小企业的先进代表，"专精特新"企业的发展可谓独领风骚。本章重点以 311 家"专精特新"上市公司作为研究对象，首先从企业经营规模的角度出发，初步分析了"专精特新"企业的发展现状及其历史发展情况。其次，从经营能力、盈利能力、成长能力和创新能力四个主要方面对"专精特新"上市公司数据进行了分析，并进一步构建指标体系，利用主成分分析法综合评价"专精特新"企业的创新发展状况。最后，在相关理论和文献梳理的基础上，对制约"专精特新"企业创新发展的因素进行了实证分析，并提出了相关建议。

第一节 "专精特新"上市企业创新发展概况

截至 2021 年 7 月，工业和信息化部认定并发布了三批专精特新"小巨人"企业名单。其中，第一批企业共 248 家，A 股上市的公司有 35 家；第二批企业共 1744 家，A 股上市的公司有 157 家；第三批企业共 2930 家，A 股上市的公司有 119 家。三批共计 4922 家企业，其中 A 股上市的共计 311 家。

对于企业而言，营业收入、利润总额、总资产和净资产是最能体现其发展状况的指标。2020 年"专精特新"企业中上市公司平均营业收入为 92753.09 万元，最大值为 650731.6 万元，最小值为 12408.62 万元；平均利润总额为 17933.95 万元，最大值为 306943.1 万元，最小值为 –90186.44 万元；平均总资产为 235465.4 万元，最大值为 2055059 万元，最小值为 43233.73 万元；平均净资产为 164913.8 万元，最大值为 1109759 万元，最小值为 28104.37 万元。

图 3.1 展示了"专精特新"企业中上市公司及全国上市公司平均业绩水平的对比情况。可以发现,"专精特新"上市公司在营业收入、利润总额、总资产和净资产方面均显著低于全国上市公司的平均水平。其中,"专精特新"上市公司的平均总资产同全国上市公司的平均水平差距最大,二者之比为 4.5∶100。由于总资产在一定程度上反映了公司的规模,这表明,相较于全国上市公司的平均水平而言,"专精特新"上市公司的规模整体偏小。从年限比较看,以企业的成立日期计算,"专精特新"上市公司的平均年龄为 19.58 年,而全国上市公司平均年龄为 23.00 年;以企业的首发上市日期计算,"专精特新"上市公司的平均年龄为 5.66 年,而全国上市公司平均年龄为 12.72年。平均而言,"专精特新"上市公司发展的年限较短,相对年轻。

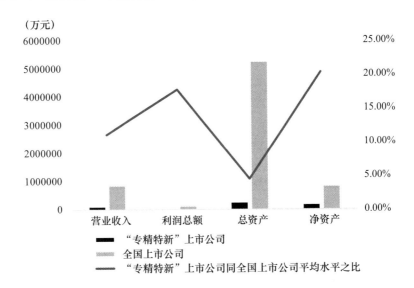

图 3.1　2020 年"专精特新"上市公司及全国上市公司业绩情况(均值)对比

资料来源:中国研究数据服务平台(CNRDS)基础数据库(下同)。

图 3.2 进一步给出了 2007—2020 年我国"专精特新"企业中上市公司主要业绩指标的均值变化情况。由图可知,2007—2020 年间"专精特新"上市公司的各项业绩指标均呈持续上升趋势,其中总资产和净资产增长最为迅猛,营业收入和利润总额增长则相对较为平缓。综合来看,在整个分析期间,"专精特新"上市公司的资产规模

和经营规模均在不断扩张。

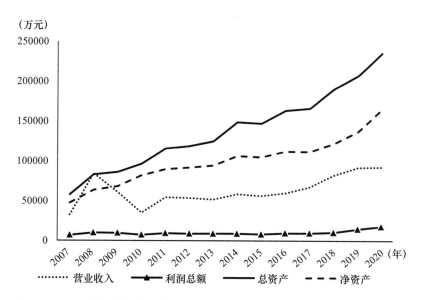

图 3.2 "专精特新"上市公司 2007—2020 年主要业绩指标（均值）变化

第二节 "专精特新"上市企业创新发展综合评价

上一节从企业经济规模的角度对"专精特新"企业中上市公司的发展情况进行了初步分析。本节则基于上市公司的数据，从经营能力、盈利能力、成长能力和创新能力四个主要方面对"专精特新"上市公司的表现展开多维度评价。

一 "专精特新"企业的经营能力评价

（一）"专精特新"上市公司与全国上市公司比较

企业的经营能力可以用存货周转率、营运资本周转率、固定资产周转率、总资产周转率和营业周期等指标来反映。其中，存货周转率指一定时期内企业营业成本与存货平均资金占用额的比率，用于反映存货的周转速度；营运资本周转率为营业收入与营运资本平均余额的比率，用于反映营运资本的运用效率；固定资产周转率为营业收入与固定资产净值的比率，它反映了企业对固定资产的利用程度；总资产周转率指一定时期企业的营业收入与平均资产总额之比，其体现了企业经营期间全部资产从投入到产出的流转速度，反映了企业全部资产的管理质量和利用效率；营业周期为存货周转天数与应收账款周转天数之和，净营业周期为营业周期与应付账款周转天数之差，这二者反映了企业资金周转速度的快慢。

图 3.3 展示了 "专精特新" 上市公司与全国所有上市公司经营能力指标平均水平的对比。从存货及其他各类资产的运用效率上来看，

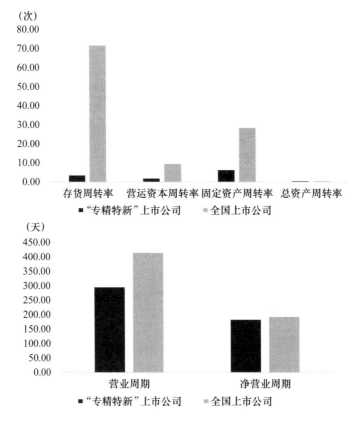

图 3.3　"专精特新" 上市公司与全国上市公司经营能力对比

(2018—2020 年均值) ①

① 由于新冠肺炎疫情的影响，2020 年上市公司部分经营能力指标数据出现了异常波动，为更好地比较 "专精特新" 上市公司同全国上市公司经营能力水平，此处对各项指标取 2018—2020 年三年平均值。

"专精特新"上市公司的存货周转率、营运资本周转率、固定资产周转率和总资产周转率平均值分别为 3.53 次、1.91 次、6.35 次和 0.53 次，均分别低于全国上市公司平均水平的 71.74 次、9.56 次、28.59 次和 0.62 次。从营业周期长短来看，"专精特新"上市公司的营业周期和净营业周期分别为 296.40 天和 183.89 天，均小于全国上市公司平均水平的 415.43 天和 193.65 天，表明"专精特新"上市公司的平均资金周转速度相较于全国上市公司平均水平更快。综合来看，"专精特新"上市公司在存货及其他各类资产的运用效率上低于全国上市公司的平均水平，但在资金周转速度上，则略高于全国上市公司的平均水平。

（二）"专精特新"上市公司经营能力的发展趋势

图 3.4 进一步给出了 2005—2020 年"专精特新"上市公司经营能力指标的变化情况。结果显示，"专精特新"上市公司的平均营业周期呈现出先升再降后趋于稳定的态势，除固定资产周转率波动较大以外，专精特新"上市公司其他各项经营能力指标逐渐趋于稳定。

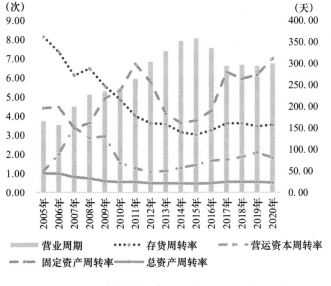

图 3.4 "专精特新"上市公司经营能力指标变化
情况（2005—2020 年）

二 "专精特新"企业的盈利能力评价

(一)"专精特新"上市公司与全国上市公司比较

企业的盈利能力可以由资产收益率、销售费用率、管理费用率、财务费用率、营业成本率、营业利润率和主营业务比率等指标来反映。其中,资产收益率为企业净利润与资产总额之比;销售费用率、管理费用率、财务费用率分别为企业销售费用、管理费用和财务费用与营业总收入之比;营业成本率和营业利润率分别为营业成本和营业利润与营业收入之比;主营业务比率为营业利润与利润总额之比。

图3.5展示了2020年"专精特新"上市公司与全国上市公司经营能力指标的均值对比情况。结果表明:一是"专精特新"上市公司的平均资产收益率(5.87%)显著高于全国上市公司的平均资产收益率水平(1.35%)。二是"专精特新"上市公司的各类成本费用率(销售费用率7.88%、管理费用率15.21%、财务费用率0.55%、营业成本率60.58%)远低于全国上市公司的平均水平(销售费用率13.05%、管理费用率16.72%、财务费用率4.95%、营业成本率70.55%)。三是"专精特新"上市公司的平均营业利润率(16.39%)和主营业务比率(100.83%)均不同程度高于全国上市公司的平均水平(-69.97%和99.38%)。综合来看,"专精特新"上市公司的平均盈利能力显著高于全国上市公司的平均水平。

(二)"专精特新"上市公司盈利能力的发展趋势

图3.6进一步给出了2005—2020年"专精特新"上市公司盈利能力指标平均变化情况。可以看到,"专精特新"上市公司的平均资产收益率和营业成本率在整个分析期间基本保持稳定,销售费用率和管理费用率则呈现出波动中上升的趋势,主营业务比率在整个分析期间也存在着较大的波动。综合来看,"专精特新"上市公司的盈利能力基本保持在较高水平。

三 "专精特新"企业的成长能力评价

(一)"专精特新"上市公司与全国上市公司比较

企业的成长能力可以用营业收入增长率、利润总额增长率、净利

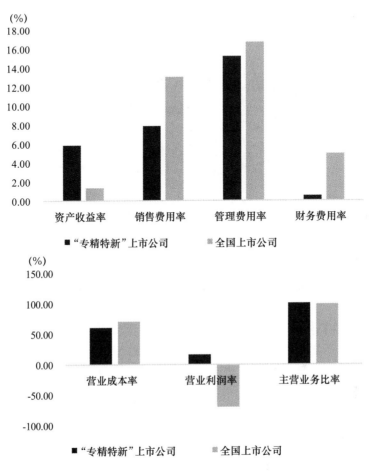

图 3.5 2020 年"专精特新"上市公司与全国上市公司盈利能力指标对比

润增长率、总负债增长率、总资产增长率、货币资金增长率和固定资
产增长率等指标来反映。图 3.7 给出了 2020 年"专精特新"上市公
司与全国上市公司成长能力指标平均水平的对比。总体而言,"专精
特新"上市公司的成长能力相较于全国上市公司的平均水平而言要更
高。具体来看,除营业收入增长率略低外,"专精特新"上市公司
2020 年的利润总额增长率（193.83%）、净利润增长率（36.84%）、
总负债增长率（42.05%）、总资产增长率（49.33%）、货币资金增
长率（142.16%）和固定资产增长率（65.51%）均显著高于国内上

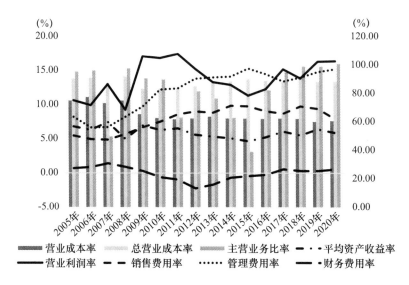

图 3.6 "专精特新"上市公司盈利能力指标变化情况（2005—2020 年）

市公司的平均水平，后者相应的各项指标值分别为 - 3.63%、-171.8%、29.44%、20.02%、84.66% 和 51.20%。由于资产规模很大程度上反映了企业规模，上述分析表明"专精特新"上市公司的平均成长能力十分可观，其规模正在迅速扩大。

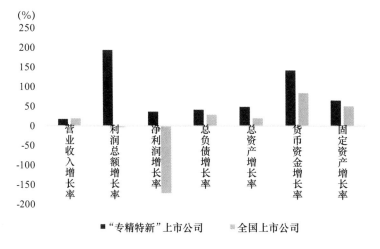

图 3.7 2020 年"专精特新"上市公司与全国上市公司成长能力指标对比

（二）"专精特新"上市公司成长能力的发展趋势

图 3.8 进一步给出了 2005—2020 年"专精特新"上市公司成长能力指标的平均变化情况。结果表明：一是"专精特新"上市公司的营业规模持续稳步扩大，其平均营业收入增长率在整个分析期间始终处于较高水平，最低值为 2012 年的 7.83%；二是"专精特新"上市公司平均的利润增长在不同年份间呈现出较大的波动，但无论是平均利润总额增长率还是净利润增长率，绝大多数年份都为正值；三是"专精特新"上市公司的平均企业规模在稳步扩张，平均总资产增长率、总负债增长率和固定资产增长率在整个分析期间均为正值，其中固定资产增长率大都高于总资产增长率，反映出"专精特新"上市公司固定资产增长更为迅猛。以上分析共同表明，"专精特新"上市公司成长能力十分可观，且具有较好的发展持续性。

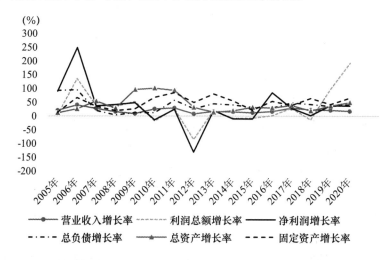

图 3.8 "专精特新"上市公司成长能力指标变化情况（2005—2020 年）

四 "专精特新"企业的创新能力评价

（一）"专精特新"上市公司与全国上市公司比较

企业的创新能力可以由创新投入和创新产出两个方面的指标来衡量。其中，创新投入主要选取人员和资金的投入；创新产出主要选取企业获得的专利发明数量。图 3.9 展示了 2020 年"专精特新"上市公司与全国上市公司创新能力指标的均值对比情况。从研发投入的绝对量上

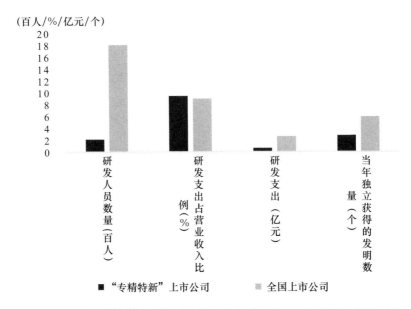

（百人/%/亿元/个）

■ "专精特新"上市公司　　■ 全国上市公司

图3.9　2020年"专精特新"上市公司与全体上市公司创新能力指标对比

来看，"专精特新"上市公司的平均水平（研发人员210人、研发支出0.65亿元）低于全国上市公司的平均水平（研发人员1808人、研发支出2.66亿元）；从研发强度（研发支出/营业收入）上来看，"专精特新"上市公司的平均水平（9.44%）略高于全国上市公司的平均水平（9.00%）；从研发产出角度来看，"专精特新"上市公司平均水平（当年独立获得的发明量2.81个）也低于全国上市公司的平均水平（当年独立获得的发明量5.97个）。因此，"专精特新"上市公司在创新投入和创新产出的绝对量上要低于全国上市公司的平均水平，但是就研发强度而言，"专精特新"上市公司平均水平更高。这一定程度上可以从企业规模和企业定位两个方面来解释。从企业规模上看，全国上市公司的平均规模要大于"专精特新"上市公司的规模，因此在创新投入和产出的绝对量上，"专精特新"上市公司有所不如。但从企业定位上来看，"专精特新"公司更加注重细分领域的创新，因此其平均研发强度反而高于全国上市公司的平均水平。

（二）"专精特新"上市公司创新能力的发展趋势

图3.10和图3.11分别给出了2005—2020年"专精特新"上市

公司创新投入指标和创新产出指标的平均变化情况。结果显示：无论是从创新投入还是从创新产出角度来看，"专精特新"上市公司的平均创新能力在整个分析期间均保持持续上升态势。具体来看，一方面，

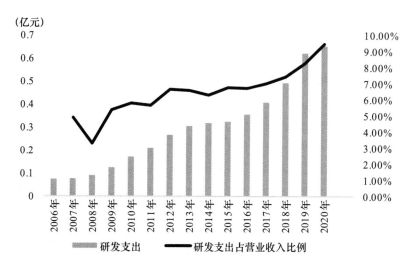

图 3.10 "专精特新"上市公司研发投入指标变化（2006—2020 年）

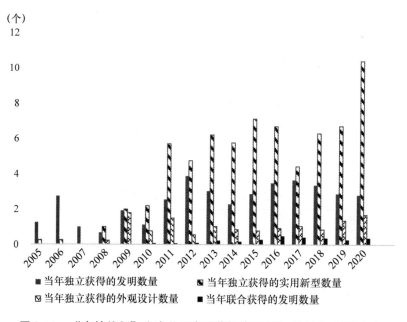

图 3.11 "专精特新"上市公司专利获得情况变化（2005—2020 年）

"专精特新"上市公司的平均研发支出和研发强度均在稳步提升，且近年来增速加快；另一方面，"专精特新"上市公司获得的发明、实用新型和外观设计数量虽然在不同年份间有所波动，但是总体上也呈现出持续增长的趋势。综合来看，"专精特新"上市公司的平均创新能力始终处于不断增强的态势。

五 "专精特新"企业创新发展的整体评价

前文从经营能力、盈利能力、成长能力和创新能力四个方面选取了一系列指标，从横向对比和纵向演化两个视角对"专精特新"上市公司创新发展的表现进行了多维度评价。企业创新发展的内涵丰富，单维度单指标只能反映企业创新发展的一个侧面，不能反映企业创新发展的丰富内涵。而主成分分析法能够将多个单项指标合成为一个综合指标，在一定程度上克服了单项指标的局限性，从而使得评价结果更加科学和全面。本部分采用主成分分析法，在尽量减少原有信息损失的前提下，将原来个数较多且彼此相关的指标用线性组合的方法转换为新的个数较少且彼此独立不相关的综合指标，起到一种"降维"的作用，且这些综合指标都是原指标的线性函数。

本研究在前文的基础上选取最能体现"专精特新"上市公司经营能力、盈利能力、成长能力和创新能力四个方面的八个具体指标（见表3.1），利用主成分分析法将多个指标合成为一个综合性指标，以更清晰地对"专精特新"企业创新发展的整体表现作出综合性的评价。

表 3.1　　　　　　　　企业创新发展综合评价指标体系

维度	指标
成长能力	营业收入增长率
	总资产增长率
经营能力	存货周转率
	营业周期

续表

维度	指标
盈利能力	营业利润率
	主营业务比率
创新能力	研发支出占营业收入比例
	当年独立获得的发明、实用新型、外观设计总数量

（一）KMO 检验和 Bartlett 球性检验

在进行主成分分析之前，要先对变量进行 KMO 检验和 Bartlett 球性检验，以判断是否可以采用主成分分析法。检验结果显示：KMO 值为 0.607 > 0.5，Bartlett 球性检验 p 值为 0.000 < 0.05。KMO 检验和 Bartlett 球性检验结果均表明可以采用主成分分析法进行分析。

（二）主成分分析结果

对 2006—2020 年的数据进行主成分分析，得到各主成分的方差贡献率，见表 3.2 所示。

表 3.2　　　　　　　　　主成分及方差贡献率

主成分	方差贡献	方差贡献率	累计方差贡献率
Comp1	2.3607	0.2951	0.2951
Comp2	1.7557	0.2195	0.5145
Comp3	1.2249	0.1531	0.6677
Comp4	0.8727	0.1091	0.7767
Comp5	0.8120	0.1015	0.8782
Comp6	0.4620	0.0577	0.9360
Comp7	0.3140	0.0393	0.9752
Comp8	0.1980	0.0248	1.0000

按照累计方差贡献率不低于 0.85 的原则选取五个主成分来构造综合指标，可以计算出"专精特新"上市公司 2010—2020 年创新发展的综合得分。在此基础上，本研究进一步计算出全国上市公司总体得分，并将结果与"专精特新"上市公司的得分进行对比，结果如

图 3.12 所示。

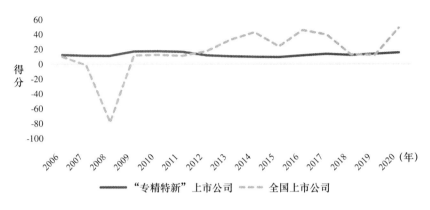

**图 3.12　"专精特新" 上市公司及全国上市公司创新
发展综合得分 （2010—2020 年）**

　　图 3.12 表明：一方面，"专精特新" 上市公司的平均综合创新发展能力在整个分析期间呈先降后升的态势，总体上较为稳定。具体来看，2010—2014 年间，"专精特新" 上市公司的平均综合创新发展能力得分有所下降，直到 2015 年以后，"专精特新" 上市公司的平均综合创新发展能力得分又逐渐开始上升。另一方面，"专精特新" 上市公司的平均综合创新发展能力得分总体上低于全国上市公司平均水平。值得注意的是，全国上市公司平均综合创新发展能力得分相对波动较大，这部分是因为全国上市公司样本量更大，所涉及的行业更广，从而各项指标相对更容易受宏观经济波动以及其他冲击的影响。

第三节　"专精特新" 上市企业创新
发展因素分析

　　对于企业的发展，已有研究主要从两方面展开：一是对企业的发展状况进行评价，通过构造各类指标体系，利用上市公司公开数据或者其他调查数据评估企业的发展情况。二是分析企业发展的制约因素，这类研究既有从纯理论角度来进行探讨的，也有利用微观企业数据展开实证分析的。本章第二节已经对 "专精特新" 上市公司创新发展状况进行了较为充分的评价和分析，接下来本节展开对"专精特新"企业创新发展制约因素的研究和分析。

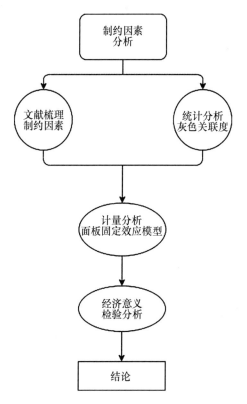

**图 3.13 "专精特新"企业创新发展的制约
因素研究框架**

一 制约企业发展研究的文献综述

对于企业发展的制约因素，因企业类型和企业发展方向等的不同，不同学者的观点也存在着一些差异。但总体而言，企业发展的制约因素大致可以归为两类：一类是内部因素，包括技术因素、制度因素（如企业组织结构、治理结构、产权结构）、人才因素、观念因素、企业竞争力（企业规模、企业管理水平）等；另一类是外部因素，包括市场环境和政府支持等。

对于企业发展内部制约因素的研究，不同学者基于不同视角也得出了各种各样的结论。张兵等运用探索性因子分析法、多元回归分析法对来自镇江市中小企业的问卷数据进行分析，其研究结果表明，战略定位、资源应用能力、技术创新能力、生产质控能力和政策法规对中小企业的"专精特新"发展有显著正向影响，组织管理柔性对其有一定正向影响，社会环境对其没有显著影响。[①] 李金华分析了"小巨人"企业的发展境况与出路，认为"小巨人"企业要想实现进一步发展需要提升专业化水平、数字化水平和智能化水平，并采用更加精细化的管理方案。[②] 总的来看，已有研究认为专业化程度、数字化程度、经营管理水平、融资约束是企业实现发展的主要内部制约因素。

对于企业发展的外部制约因素，已有研究的观点基本一致：政府因素（如税收负担）、市场因素、外部融资约束等是制约企业发展的主要外部因素。代表性研究如：董志勇和李成明专门研究了"专精特新"中小企业发展的制约因素问题，其认为应从体制机制、基础投入、营商环境和数字赋能四方面着力推动"专精特新"中小企业高质量发展。[③] 刘志彪和徐天舒从宏观视角分析了"专精特新"中小企业的培育发展问题，认为政府应该实施政务服务、资金扶持、质量品牌建设、评价体系建设等强链补链措施。[④] 张璠等以中小企业板民营上市公司为研究样本，实证检验了政府扶持政策对中小企业"专精特新"发展转型的影响。[⑤] 高保中则考察了各类制约因素对不同规模和不同性质中小企业的差异化影响，其通过调查分析认为：融资约束和制度约束对中小企业的发展有着很大程度的影响，其中融资约束对小

---

① 张兵、梅强、李文元：《江苏省中小企业专精特新发展影响因素研究——以镇江市为例》，《科技管理研究》2014 年第 11 期。

② 李金华：《我国"小巨人"企业发展的境况与出路》，《改革》2021 年第 10 期。

③ 董志勇、李成明：《"专精特新"中小企业高质量发展态势与路径选择》，《改革》2021 年第 10 期。

④ 刘志彪、徐天舒：《培育"专精特新"中小企业：补链强链的专项行动》，《福建论坛（人文社会科学版）》2022 年第 1 期。

⑤ 张璠、王竹泉、于小悦：《政府扶持与民营中小企业"专精特新"转型——来自省级政策文本量化的经验证据》，《财经科学》2022 年第 1 期。

规模企业的影响尤其严重；以税收负担为代表的制度约束对企业的影响仅次于融资约束。[①]

综合已有研究，学者们分别从微观层面和宏观层面上对影响企业发展的内部因素和外部因素进行了分析，这些分析大都基于企业问卷调查数据等进行定性分析，亦有部分研究分析了某一种特定因素对企业发展的影响，而少有利用上市公司数据同时对多种影响企业发展的因素进行定量分析的研究。本研究则使用"专精特新"上市公司的数据，定量考察了可能对"专精特新"企业发展构成影响的多种因素，弥补了现有研究的不足。

二 模型与数据

（一）模型选择

1. 灰色关联度分析（GRA）

灰色关联度分析（Grey Relation Analysis，GRA）是一种多因素统计分析方法。其基本思想是将研究对象及影响因素的因子值视为一条线上的点，与待识别对象及影响因素的因子值所绘制的曲线进行比较，比较它们之间的贴近度，并分别量化，计算出研究对象与待识别对象各影响因素之间的贴近程度的关联度，通过比较各关联度的大小来判断待识别对象对研究对象的影响程度。

企业作为一种抽象系统，其发展是多种因素共同作用的结果。灰色关联度分析方法则为分析多种因素对企业发展的影响程度提供了一种较为简洁而方便的途径。灰色关联度分析的具体步骤如下：

①确定分析序列及预处理

母序列——反映企业创新发展特征的变量：

$$Y_k = Y_k(t), k = 1, 2, \cdots, K; t = 1, 2, \cdots, T \qquad (3-1)$$

子序列——影响企业创新发展的变量：

$$X_i = X_i(t), i = 1, 2, \cdots, I; t = 1, 2, \cdots, T \qquad (3-2)$$

对各变量进行标准化处理，以消除量纲的影响：

---

① 高保中：《中小企业发展制约因素的结构性影响：一种经验评判》，《经济学家》2012 年第 12 期。

$$z_i(t) = \frac{x_i(t)}{\overline{x_i(t)}} \qquad (3-3)$$

其中,$\overline{x_i(t)}$ 表示 x_i 在所有年份的均值。

②计算灰色关联系数

灰色关联系数:

$$\xi_i(t) = \frac{\min\limits_i \min\limits_t |y_k(t) - z_i(t)| + \rho \cdot \max\limits_i \max\limits_t |y_k(t) - z_i(t)|}{|y_k(t) - z_i(t)| + \rho \cdot \max\limits_i \max\limits_t |y_k(t) - z_i(t)|}$$

$$(3-4)$$

其中,ρ 称为分辨系数,值越小,关联系数间差异越大,分辨力(区分能力)越强,一般取值区间为(0,1),具体取值可视情况而定。当 $\rho < 0.5463$ 时,分辨力最好,一般取 $\rho = 0.5$。

③计算灰色关联加权度

由于关联系数是比较数列与参考数列在各个时刻(即曲线中的各点)的关联程度值,因此它的数不止一个,而信息过于分散不便于进行总体性比较。所以,有必要将各个时刻(即曲线中的各点)的关联系数集中为一个值,即求其平均值,作为比较数列与参考数列间关联程度的数量表示:

$$r_i = \frac{1}{T} \sum_{t=1}^{T} \xi_i(t) \qquad (3-5)$$

r_i 即特征变量 Y_k 与影响因素变量 X_i 的关联度。

2. 面板固定效应模型

灰色关联度分析只能从变量的时间变化趋势上简单地考察各因素对目标指标的影响强弱关系,而无法给出解释变量对被解释变量的更为精确的定量关系。结合"专精特新"上市公司 2007—2020 年的面板数据,利用面板固定效应模型可以对"专精特新"上市公司创新发展的制约因素进行更加深入的分析。面板固定效应模型设定如下:

$$Y_{it} = \beta_0 + \beta_1 X_{it}^1 + \beta_2 X_{it}^2 + \cdots + \beta_m X_{it}^m + \delta_{it} + \varepsilon_{it}$$

$$(3-6)$$

Y_{it} 表示 i 企业第 t 年度的创新发展表现,即被解释变量。X_{it} 为 i 企

业第 t 年度的各项影响因素,即解释变量。δ_{it} 表示个体和时间固定效应,ε_{it} 表示随机误差项。

(二)变量设定

根据本章第一、二节的内容,对于"专精特新"企业创新发展的测度和评价需要综合多个方面的指标。在前文的基础上,本研究以营业收入增长率、营业周期、营业利润率和当年独立获得的发明、实用新型、外观设计总数量等指标作为被解释变量,分别反映"专精特新"企业创新发展的成长能力、经营能力、盈利能力和创新能力。

表3.3   "专精特新"企业发展创新相关指标

分类	分项	指标	变量名
创新发展能力	成长能力	营业收入增长率	Opicrt
	经营能力	营业周期	Busncycle
	盈利能力	营业利润率	Salpm
	创新能力	发明及专利等数量	Rdop
企业内部因素	企业规模	资产总额	CurAsset
	偿债能力	资产负债率	Aslbrt
	股权结构	股权集中度	LrgHldRt
	经营成本	营业成本率	Salcstrt
		销售费用率	Selexprt
		管理费用率	Ohexprt
		财务费用率	Fiexprt
	专业化程度	主营业务比率	Maibusrt
	研发投入	研发强度	RDeapoinr
	企业年龄	企业成立年限	CAge
企业外部因素	税收压力	税金及附加占营业收入比重	Tacr
		所得税占营业收入比重	Taxr
	宏观市场环境	地区经济增长率	Gdpgr
		营商环境指数	Dbi
		市场化指数	Mki

（三）数据来源及处理

本研究采用2007—2020年313家"专精特新"上市公司数据，营业收入增长率（Opicrt）、营业周期（Busncycle）、营业利润率（Salpm）、企业发明及专利等数量（Rdop）、总资产（CurAsset）、净资产（CurNasset）、资产负债率（Aslbrt）、产权比率（Equrt）、股权集中度（LrgHldRt）、营业成本率（Salcstrt）、销售费用率（Selexprt）、管理费用率（Ohexprt）、财务费用率（Fiexprt）、主营业务比率（Maibusrt）、研发强度（RDeapoinr）数据、企业经营年限（CAge）、企业税金及附加占营业收入比重（Tacr）和企业所得税占营业收入比重（Taxr）来自于中国研究数据服务平台（CNRDS）基础数据库。其中，企业发明及专利等数量（Rdop）为企业当年独立获得的发明、实用新型、外观设计数量之和，企业股权集中度（LrgHldRt）为企业第一大股东持股比例，企业研发强度（RDeapoinr）为企业研发支出占营业收入比例，企业经营年限（CAge）以企业注册成立年份为起点计算。各省GDP增长率（Gdpgr）数据来自国家统计局。营商环境指数（Dbi）来自世界银行①，市场化指数（Mki）来源于中国市场化指数数据库②。

在相关变量的处理上，对营业周期（Busncycle）、存货周转率（Ivtyto）、资产总额（CurAsset）、净资产（CurNasset）和发明及专利等数量（Rdop）取对数，其他变量未有特殊处理。

三 实证分析

（一）灰色关联度分析（GRA）

利用2007—2020年"专精特新"上市公司数据进行灰色关联度分析，探讨各因素对"专精特新"企业创新发展的影响程度，结果见表3.4所示。

---

① https://datacatalog.worldbank.org/search/dataset/0038564/Doing-Business.

② https://cmi.ssap.com.cn.

表3.4 灰色关联度分析结果

	营业收入增长率	营业周期	营业利润率	发明及专利等数量
资产总额	0.89	0.88	0.79	0.98
资产净额	0.90	0.89	0.80	0.98
股权集中度	0.93	0.93	0.81	0.94
营业成本率	0.92	0.93	0.81	0.95
管理费用率	0.91	0.91	0.87	0.86
财务费用率	0.86	0.84	0.93	0.81
主营业务比率	0.89	0.90	0.81	0.95
研发强度	0.84	0.84	0.83	0.86
税金及附加占营收比重	0.90	0.90	0.80	0.97
所得税占营业收入比重	0.92	0.94	0.82	0.93

表3.4结果表明,对企业的成长能力而言,公司的股权结构(由股权集中度体现)、管理水平(由营业成本率和管理费用率体现)、税收压力(由税金及附加占营业收入比重和所得税占营业收入比重体现)均有较大影响。对企业的经营能力而言,股权结构、管理水平和税收压力也有较大影响。对企业的盈利能力而言,管理水平(尤其是财务管理)的影响最大。对企业的创新能力而言,公司的规模、股权结构、管理水平、专业化水平(由主营业务比率体现)以及税收压力均能产生较大影响。综合来看,公司的股权结构、管理水平和税务负担是最能影响"专精特新"企业创新发展的因素。

(二)面板固定效应模型

1. 描述性统计

本书使用的计量软件是Stata15.1,在进行模型分析之前,我们先考察一下各变量的统计性质,见表3.5所示。

表3.5   变量的统计性质

变量	样本量	均值	标准差	最小值	最大值
营业收入增长率	1127	20.17	29.63	-67.98	274.46
营业周期	1127	5.55	0.59	3.49	7.28
营业利润率	1127	14.80	16.28	-149.02	67.36
发明及专利等数量	976	1.99	1.08	0.00	4.64
资产总额	788	11.82	0.65	10.32	14.54
资产负债率	1127	0.26	0.15	0.02	0.87
股权集中度	1125	0.34	0.14	0.07	0.78
营业成本率	1127	61.97	16.81	3.57	108.85
管理费用率	1127	14.12	7.91	1.00	90.40
财务费用率	1127	-0.01	2.92	-21.62	27.73
主营业务比率	1127	87.88	33.27	-400.95	219.45
研发强度	786	0.07	0.06	0.00	0.55
税金及附加占营收比重	788	90.27	47.79	-89.83	402.60
所得税占营业收入比重	791	234.46	209.54	-198.73	497.24

表3.5给出了各变量的样本量、均值、标准差以及最小值和最大值,各项统计性质均正常,可以进行后续实证分析。

2. 回归结果及分析

本研究分别以"专精特新"上市公司的营业收入增长率、营业周期、营业利润率以及发明及专利等数量作为被解释变量构建四个模型(促成长、优经营、增利润、强创新)来研究各因素对"专精特新"企业创新发展的影响,回归结果见表3.6所示。

表3.6   面板固定效应模型回归结果

变量	(1)促成长 营业收入增长率	(2)优经营 营业周期	(3)增利润 营业利润率	(4)强创新 发明及专利等数量
资产总额	30.535 ***	-0.005	0.302	0.381 **
	(4.02)	(-0.13)	(0.19)	(2.23)

续表

变量	（1）促成长	（2）优经营	（3）增利润	（4）强创新
	营业收入增长率	营业周期	营业利润率	发明及专利等数量
股权集中度	138.669 **	− 0.212	15.691	− 0.560
	(2.18)	(− 0.69)	(1.16)	(− 0.39)
营业成本率	− 0.221	− 0.004 *	− 0.658 ***	0.007
	(− 0.56)	(− 1.87)	(− 7.86)	(0.72)
管理费用率	− 1.676 **	0.028 ***	− 0.768 ***	− 0.013
	(− 2.50)	(8.74)	(− 5.37)	(− 0.77)
财务费用率	2.731 ***	− 0.008 *	− 0.920 ***	− 0.008
	(2.80)	(− 1.71)	(− 4.42)	(− 0.38)
主营业务比率	0.007	− 0.000	− 0.001	0.000
	(0.52)	(− 1.29)	(− 0.20)	(1.15)
研发强度	− 178.673 *	0.400	− 44.893 **	3.915 *
	(− 1.74)	(0.80)	(− 2.05)	(1.72)
税金及附加占营收比重	0.080	− 0.000	− 0.018	− 0.001·
	(1.57)	(− 0.78)	(− 1.63)	(− 0.45)
所得税占营业收入比重	0.032 *	− 0.000	0.030 ***	− 0.001
	(1.79)	(− 0.67)	(7.84)	(− 1.46)
企业成立年限	− 50.908	0.140	13.625 *	0.006
	(− 1.42)	(0.81)	(1.79)	(0.01)
地区经济增长率	14.629	0.051	5.944 *	− 0.441
	(0.89)	(0.64)	(1.69)	(− 1.19)
市场化指数	10.699	− 0.144 ***	− 0.294	− 0.313 *
	(1.40)	(− 3.90)	(− 0.18)	(− 1.81)
营商环境指数	1.221	0.008	0.475	− 0.051
	(0.81)	(1.04)	(1.48)	(− 1.52)
常数项	− 1945.706	0.478	− 644.848	50.474
	(− 1.04)	(0.05)	(− 1.62)	(1.21)
R 方	0.231	0.434	0.618	0.072
个体数	139	139	139	131

续表

变量	(1) 促成长	(2) 优经营	(3) 增利润	(4) 强创新
	营业收入增长率	营业周期	营业利润率	发明及专利等数量
个体固定效应	YES	YES	YES	YES
时间固定效应	YES	YES	YES	YES

注：括号内为 t 统计量，*** p＜0.01，** p＜0.05，* p＜0.1。

对于促成长模型（模型 1），企业的资产总额、股权集中度、管理费用率、财务费用率、研发强度和企业所得税占营业收入比重对企业营业收入增长率的回归均显著。具体来看，资产总额、股权集中度和财务费用率对企业营业收入增长率均具有显著的正向影响，而管理费用率和研发强度对企业营业收入增长率具有显著的负向影响。其中，资产总额、股权集中度和研发强度对企业营业收入增长率的影响程度相对较大。值得注意的是，企业所得税占营业收入比重对企业营业收入增长率的回归系数虽然在 p＜0.1 的标准下显著，但是其值仅为 0.032，影响程度相对较小。以上结果表明，企业规模、企业股权结构、企业财务费用和管理费用投入、企业的研发投入都对企业的成长能力有所影响，其中，企业规模越大、股权越集中，则企业的成长能力会越强，而研发投入对企业的营收增长反而有抑制作用，这可能是因为研发活动对企业的收益具有滞后的影响，在当期则作为一种成本投入反而对企业的营收增长呈现出负向的影响。

对于优经营模型（模型 2），营业成本率、管理费用率、财务费用率和市场化指数对企业营业周期的回归均显著，而企业规模、股权结构和研发强度等对企业营业周期并无显著影响。具体来看，企业的营业成本率、财务费用率和市场化指数的系数分别为 -0.004、-0.008 和 -0.144，均为负值，而企业管理费用率的系数为正值（0.028）。由于营业周期反映的是企业从外购承担付款义务到收回因销售商品或提供劳务而产生的应收账款的时间，因此营业周期越短，表明企业资金周转速度越快，也就意味着企业对应收账款和存货的管理越有效。以上结果表明，企业财务费用等投入将对企业的短期经营能力（存货等管理）产生一定影响，此外，市场化水平的提升十分有助于企业提升其经营管理水平。

对于增利润模型（模型3），营业成本率、管理费用率、财务费用率、研发强度、企业所得税占营业收入比重、企业成立年限和宏观经济增长率对企业营业利润率的回归均显著。具体来看，企业的营业成本率、管理费用率和财务费用率的系数分别为 -0.658、-0.768 和 -0.920，表明企业的各项成本投入对企业当年的利润率会有负向影响。研发强度的系数也显著为负（-44.893），这是因为企业研发投入对于企业的当期经营来说也是一种成本，从短期来看，对企业营业利润有负向影响。值得注意的是，企业年龄和宏观经济增长率对企业的营业利润率有十分显著的正向影响，二者回归系数分别为13.625 和 5.944。究其原因，企业成立年限越久，则可能意味着企业发展得越成熟，因此其营业利润率越高。而对于宏观经济增长率而言，其数值越大，表明当年的宏观经济形势越好，这意味着企业所面临的外部市场环境也越好，从而也有利于其营业利润率的提升。

对于强创新模型（模型4），资产总额、研发强度和市场化指数对企业独立获得的发明及专利等数量的回归结果显著。具体来看，资产总额和研发强度的系数分别为 0.381 和 3.915，二者对企业的创新产出均能产生正向影响。而市场化指数的系数为 -0.313，这意味着市场化程度的提升对于企业当期的创新产出反而具有一定程度的抑制作用，究其原因，这可能是因为市场化水平的提升会加剧市场竞争，从而使得企业在短期内以牺牲一部分创新能力为代价而实现其营收和利润的目标。总的来看，企业的规模越大、研发投入越高，则企业的创新能力会越强。

综合上述四个模型的结果来看，作为企业内部因素的企业规模、股权结构、营业成本、研发强度和企业成立年限，以及作为企业外部因素的宏观经济增长率和市场化水平均会对企业的创新发展能力产生不同程度的影响。其中，企业规模会对企业成长能力和创新能力产生显著的正向影响，股权集中也会有利于企业成长能力的提升，而企业管理费用、财务费用等各项成本的提升则总体上不利于企业的创新发展。企业研发强度的提高不利于企业当期营业收入和利润水平的提升，但对企业的创新产出会有显著的正向影响。此外，随着企业成立年限的增加也有助于企业利润水平的提升。对于企业面临的外部因素而言，宏观经济环境会对企业的营业利润产生显著影响，市场化程度的提升会有助于企业提升其经营能力但抑制企业的短期创新产出。

四 小结与建议

本章首先从企业经营规模视角出发，对"专精特新"上市公司的发展概况进行了分析；其次，利用上市公司数据，从成长能力、经营能力、盈利能力、创新能力四个维度选取多项指标对"专精特新"企业的创新发展状况进行评价，并进一步利用主成分分析法构造综合指标对"专精特新"上市公司的发展状况进行了整体综合评价；最后，在对相关文献分析梳理的基础上通过构造计量模型进一步研究分析了"专精特新"企业创新发展的制约因素。本章的主要结论如下：

一是"专精特新"企业的经济规模在不断扩张，但整体规模仍显著低于全国上市公司的平均水平。具体来看，相较于经营规模，"专精特新"企业同全国上市公司平均水平的差距主要在资产规模上，尤其是总资产指标上，"专精特新"上市公司 2020 年平均总资产仅占全国上市公司总体平均总资产的 4.5%。从净资产来看，"专精特新"上市公司 2020 年平均净资产仅占全国上市公司总体平均净资产的 20.35%，差距十分明显。

二是"专精特新"企业的创新发展能力持续提升，且同全国上市公司平均水平的差距在不断缩小。具体来看：（1）经营能力。"专精特新"上市公司在存货及其他各类资产的运用效率上低于全国上市公司的平均水平，但在资金周转速度上，则略高于全国上市公司的平均水平，此外，"专精特新"上市公司各项经营能力指标近年来逐渐趋于稳定。（2）盈利能力。"专精特新"上市公司的平均盈利能力显著高于全国上市公司的平均水平。（3）成长能力。"专精特新"上市公司的成长能力相较于全国上市公司的平均水平而言要更高，且维持得非常稳定。（4）创新能力。"专精特新"上市公司在创新投入和创新产出的绝对量上要低于全国上市公司的平均水平，但是有着更高的研发强度，且其创新能力一直呈现出不断增强的趋势。

三是以企业规模、股权结构、营业成本、研发强度等为代表的企业内部因素和以宏观经济形势及市场化水平为代表的外部环境因素均构成对"专精特新"企业创新发展能力提升的制约影响因素。具体来看：企业规模、股权结构和营业成本等因素会显著影响企业的成长能力；管理费用、财务费用、营业成本以及市场化程度等因素会显著影响企业的经营能力；企业各项营业成本投入、研发投入、企业年龄和宏观经济形势等因素会显著影响企业盈利能力；企业规模、研发强度和市场化程度等因素则会影响企业创新能力。总而言之，制约"专精特新"企业创新发展的因素既有企业内部因素，也有外部环境因素，二者共同影响"专精特新"企业的进一步发展。

根据以上结论，本研究提出如下对策建议：

第一，"专精特新"企业要合理扩大经济规模，发挥规模经济效益。一是要持续扩大企业的资产规模。企业资产规模的扩大，意味着企业能把握运用的资源更多，这将有助于"专精特新"企业的整体发展。二是要稳步提升企业的经营规模。作为企业补偿生产经营耗费的资金来源，营业收入的提升将有助于企业的进一步扩张。"专精特新"企业由于专注于市场细分领域，因此更需要逐步提升其经营规模，扩大市场占有率，实现更多的利润。三是努力寻找企业的最优规模。规模经济是企业实现发展和盈利的重要途径，但由于"专精特新"企业"专业化"和"精细化"的发展定位，其在发展过程中也不宜寻求盲目扩张，要尽可能避免规模不经济的负面效应发生。

第二，"专精特新"企业要优化企业治理结构，提升企业管理水平。一是要进一步优化企业股权结构。股权结构是企业治理结构安排的核心内容，其将对企业内部的激励机制以及权力的相互制衡等产生深刻影响。"专精特新"企业作为具有较高成长能力的企业，则更需要根据不同时期自身发展的客观情况来优化其股权结构，以保持企业的长期的成长活力。二是要尽可能降低运营成本。以管理费用、销售费用和财务费用为代表的费用投入是企业运营成本的主要内容，而作为以"精细化"为主要特征之一的"专精特新"企业，其在发展过程中更需要尽可能减少不必要的成本投入，进一步优化其管理水平，保持在同类企业中的领先地位。三是要尽可能引入和培育各类管理人才。优秀的管理人才是企业实现长期稳定发展的重要资源，而"专精特新"企业"专业化""精细化""特色化"和"新颖化"四个特点都需要以人才作为支撑，尤其是优秀的管理人才。因此，"专精特新"企业在发展过程中需要更加重视人才，可以通过外部引进和内部培养两个途径来获取优秀管理人才。

第三，政府方面要维持良好宏观环境，不断提升市场化水平。一是维持稳中向好的宏观市场环境。运用好货币政策、财政政策及其他各类政策工具，尽力维持好宏观市场环境，稳定各方市场主体预期。二是营造良好营商环境。要始终坚持对市场秩序的维护，加强对知识产权的保护力度，为包括"专精特新"企业在内的大中小微企业的经营创造良好的外部营商环境。三是处理好政府和市场的关系。一方面，不断提高市场化程度，发挥市场在资源配置中的决定性作用，打造有效市场；另一方面，更好发挥政府作用，减少政府干预对市场运转的负面影响，推动有效市场和有为政府更好结合。

第四章 "专精特新"企业的
技术创新

"专精特新"企业的灵魂是创新。随着我国经济进入高质量发展时期，面对日益复杂的国际国内环境，科技创新既是发展问题，更是生存问题。现期强调的"专精特新"，即要鼓励创新，做到专业化、精细化、特色化。鼓励中小企业以"专精特新"为方向，聚焦主业、苦练内功、强化创新，把企业打造成为掌握独门绝技的"单打冠军"或者"配套专家"，其中的技术创新是重中之重。独特的新技术往往能够帮助中小企业更快打开市场，建立差异化的竞争优势。而对于本身就具有新技术的"专精特新"企业来说，最大的问题是如何保持持续的技术创新能力。

第一节 "专精特新"企业的技术创新模式

企业技术创新模式是一种探索和发现新技术、设计制造创新产品及服务并推向市场的动态过程①。理论界目前多数认为企业技术创新模式主要包含模仿式创新、自主创新模式等形式。而"专精特新"企业因其本身时代特性，除传统的创新模式外，其技术创新模式具有"嵌入型""数字化""合作型"等特点。

一 嵌入型技术创新模式

嵌入型技术创新模式指的是的"专精特新"企业凭借其创新优势

---

① Dosi G. "Technological Innovation and International Competitiveness", Technology & National Competitiveness, 1987.

积极建立与国际知名企业在产业链环节的合作关系，努力强化企业间经验互补与资源共享，紧抓机遇，快速融入全球研发网络，逐步提升其在全球价值链中的位置。具体而言，"专精特新" 企业深入打造彰显企业特性的集成化信息化平台，从关键核心技术攻关、项目流程设置等方面参与国际知名企业的技术联盟，吸引跨国企业的研发投资，而后勇于探索，赶超先进，力争成为技术成果转化的领军者，并成为我国强链、补链的生力军。重点瞄准我国生物、新材料、数字经济、人工智能等战略性新兴产业，积极利用人才及制造端、供应端优势，强化自身研发投入，树立合作共赢理念，实现创新突破。嵌入型技术创新模式是 "专精特新" 企业加速专业化进程，提升技术水平的重要方式之一。

二　数字化技术创新模式

"十三五" 时期，数字技术已成为加速企业新产品研发及技术创新的新动能。数字创新模式是企业利用数字技术，实现高目的性的跨组织知识流动，并进行高度辨识与高效转化（吸收）的现代化企业创新模式。[①] 数字化技术创新模式的本质在于突破企业传统封闭式创新思维界限，通过不断吸收外部异质性知识实现高质量创新。"专精特新" 企业专注于新经济、新产业领域，掌握具有一定成熟度的数字化技术。随着云计算、大数据、物联网等数字技术与企业深化融合，"专精特新" 企业在资源高效调用与配置方面更加娴熟，并在一定程度上实现精准的成本与风险控制，确保预期的创新进程与效率。不仅如此，数字化创新模式拓宽了 "专精特新" 企业的创新知识供给渠道，并透过数字化创新平台拓展了隐性知识与显性知识的交互深度。同时，数字化创新模式拓宽了 "专精特新" 企业与其他创新主体的交流渠道，深度挖掘企业现有创新资源的潜力，并优化创新环节，提升创新效率。

---

① Chesbrough H. , "The Future of Open Innovation: The Future of Open Innovation is More Extensive, More Collaborative, and More Engaged with a Wider Variety of Participants", *Research-Technology Management*, Vol. 60, No. 1, 2017.

专栏一　　　科瑞恩：重塑数智战斗力

　　第三批"专精特新"企业江苏科瑞恩自动化科技有限公司成立于2010年，是一家专注于先进制造行业软硬件系统集成和技术研发的科技型集团公司。公司构建了遍及全国的研发设计生产服务网络，并在美国、越南分别设立分公司，落实全球化战略。随着企业的快速扩张，以及由上市带来的诸多诉求，原有的管理平台已经严重跟不上企业的发展步伐。公司信息化总监张方进指出，随着公司的发展，新的管理问题越来越明显。例如，集团物料编码不统一造成管理困难；没有统一规划生产计划执行体系，手工操作效率低下；生产场景复杂，变更频繁，延期交货时有发生；无法实现项目成本核算等等。

　　目前企业缺乏统一规划的数字化平台，难以驱动管理变革与业务创新。为此，科瑞恩重新规划了数智化转型的整体解决方案，借助用友 U9 cloud 构建了以"财务＋供应链＋生产计划＋MES＋成本"为核心的一体化应用平台。其中，一期以业务覆盖为目的，实现科瑞恩单一公司财务到业务的打通，构建财务、供应链、生产车间及成本的一体化管理。二期以异构系统整合为目标，实现 U9 cloud 与 MES、WMS、供应商平台、OA、PLM、网银平台等系统的集成，进一步解决跨部门、跨产品之间的数据交互问题。三期以多组织协同为主体，实现多组织计划协同、采购协同、销售协同、生产协同，为科瑞恩集团数据分析提供支撑。在双方的共同努力下，科瑞恩落地了数智化升级目标，并打造了诸多典型应用场景，如按照项目维度核算成本、智能化的支付、以 LRP 为基础的多组织计划协同、设计制造一体化，以及以扫码自动拉动物料的出入库等。而从实际应用效果来看，U9 cloud 为科瑞恩组织间协同降低了 50% 人工成本，客户订单交货及时率提高 30%，库存周转率提高 50%，库存降低 30%，客户交货率提升 100%，生产周期缩短 50%。结合企业自身转型目标，U9 cloud 帮助他们建立起数智文化，并借助一体化平台推动高质量发展。科瑞恩结合企业自身转型目标，借助 U9 cloud 建立起自己的数智文化，并借助一体化平台推动高质量发展，最终实现生产效率的快速提升。

　　资料来源：https://baijiahao.baidu.com/s?id=1714209965059082133&wfr=spider&for=pc。

三　合作型技术创新模式

"专精特新"企业是突破我国突破关键核心技术的重要利器，也是勇闯科技创新"无人区"的排头兵。但如要突破核心基础零部件和元器件、先进基础工艺、关键基础材料、产业技术基础等问题，仅靠个别的"专精特新"企业是难以做到的，亟须先进多样化的研发平台的支撑。合作型技术创新模式以市场需求为导向，以企业为主体，以政府为辅助，从"政产学研"向"用户+政产学研"过渡。政府通过制定一系列指向性政策，加速创新要素集聚，促进产学研紧密结合。同时，积极推进协作创新平台建设，引导高校、科研院所等积极与企业沟通交流，努力解决"专精特新"企业面临的"卡脖子"问题。而"专精特新"企业以社会市场需求为研发导向，集结高校及科研机构的创新优势，快速提升企业研发的灵活度和创新能力（如图4.1所示）。合作型技术创新模式彰显了数字经济时代以用户创新、协同创新、开放创新为特征的技术创新模式。

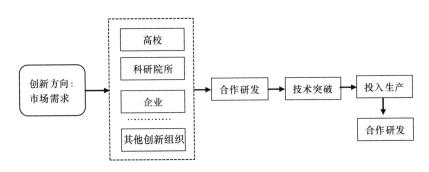

图4.1　合作型技术创新模式

第二节　"专精特新"企业的技术创新逻辑

创新是企业持续发展的动力源泉，是企业保持竞争优势的关键。管理学大师彼得·德鲁克在《创新与企业家精神》一书中提到过："目标明确的创新有迹可循，它源于周密的分析、严密的系统和辛勤的工作。"创新活动不是孤立单独的事件，而是一个综合的有逻辑的系统过程。"专精特新" 企业技术创新逻辑具有从 "知识创造—创新绩效—市场竞争—产业集聚" 层次与深度逐渐增加的典型特点。

一 知识创造逻辑

企业技术创新过程就是将新知识引入产品系统，使产品的功能优化、价值提升的过程。这种过程可区分为渐进式创新和激进式创新。当支撑产品系统的知识体系引发产品内核变化，且实现产品整体系统功能的重大升级，即产品功能的技术路线实现了质的改变，则为激进式技术创新；而若产品系统的知识体系的变化只引发产品辅助功能的变化，则为渐进式技术创新。而多数 "专精特新" 企业专注于技术、工艺、功能、产品和服务上的创新，不仅与时俱进，且拥有自己的核心技术，敢于承担突破 "卡脖子" 技术的重任。因此，"专精特新" 企业不断将核心知识引入产品系统，努力实现激进式技术创新。正是基于知识引入进而引发产品功能升级的逻辑，"专精特新" 企业的技术创新具有一定的突破性。不仅如此，"专精特新" 企业业务专注单一，在技术创新上更灵活，在知识引入的基础上潜心开展技术攻关，以基础工艺、技术、产品的 "单点突破"，补齐产业链短板，推动产业链整体技术创新水平、市场竞争力和产品附加值持续攀升，并向全球价值链高端环节跃迁，逐步增强产业链柔韧性、适应性和风险抵御能力。

表4.1　　　　　　　激进式创新与渐进式创新的对比

激进式创新	渐进式创新
"从 0 到 1"	"从 1 到 n"
创新	复制
质变	量变
垂直	水平
蓝海	红海
垄断	竞争
唯一	第一
非零和	零和
厚利	薄利

注：蓝海代表企业未知的并蕴含庞大雪球的新市场空间，红海代表现存的市场空间。

二 创新绩效逻辑

创新绩效是企业技术创新的直观结果，是检验技术创新能力最直接的指标。而国家对"专精特新"企业在技术创新方面要求其努力实现自主创新，从而顺利转化科技成果，因此增加创新绩效是"专精特新"企业的首要目标。基于此，企业不断研发新技术、新产品，以获得先发优势，快速占领市场。而后不断更新产品，确定目标客户，为下一阶段更大范围内投入新产品获得销售收入奠定基础。随着市场需求的不断增加及企业创新能力的不断增强，企业通过技术导向不断研发新产品，形成具有本企业特色的核心竞争力。此时，企业创新绩效达到一定高度，且在一定程度上能够实现自主创新。由此可见，创新绩效增加导向能够促使"专精特新"企业不断增加技术创新动力，提升技术创新能力。

专栏二　云创大数据：大数据"动"起来，效率"跑"起来

云创大数据是一家专注于大数据信息智能存储处理基础技术产品与应用系统的开发、运营、销售以及相关技术服务的公司。产品包括大数据处理、存储、应用等。公司于2015年挂牌新三板，2020年进入创新层，2021年8月26日成功进入精选层。2021年7月，云创大数据入选工业和信息化部第三批专精特新"小巨人"企业名单。同年11月15日，公司在北京证券交易所上市，成为北交所首批上市名单中唯一一家南京企业。

敢为天下先，奋勇争一流

2011年，"云计算"概念刚开始兴起，大部分企业还处在观望阶段，国内云计算市场和世界先进水平差距很大。在进口垄断国产式微的年代，企业处处"受制于人"，产品价格高售后难以保障。但企业创始人怀揣着用科技优化世界的梦想。2011年3月，云创大数据在南京扎根，开始向"云"端探索。四年后，业内知名专家刘鹏也加入公司。有了技术人员的加持，团队开始夜以继日，从

"一张白纸"起步,一路披荆斩棘,埋头苦干。

一秒钟做7亿次比对,系统装上"火眼金睛"

2011 年云创大数据首次提出了"警务云"的概念,即利用大量监控和数据分析系统去维护社会的治安。"警务云"的使用大大提升了工作效率,助力警务人员在海量视频图像中快速发现犯罪分子的线索。百亿条记录级的数据,实现秒级处理,大大地提高用户执行查询操作后的使用效率,解决了传统方案带来的系统资源浪费、数据处理时间长等问题。由此,云创大数据"一战成名",迅速在公共安全领域打开市场。2013 年,作为主体承建方,云创大数据打造了"雪亮宜昌"工程,激活了"网格化管理的视觉神经",成了冲在前线、守卫一方的"隐形卫士"。云创大数据将人工智能技术运用在图像和视频的识别上,一秒钟能做7亿次的人脸比对,这样高效的运算,仍能保持较高的准确率。

如今,云创大数据的身影遍布众多行业:在城市管理领域,打造"智慧路灯",优化城市的红绿灯和导航,提升城市开车通勤效率;在医疗健康领域,与相关医疗机构多元化合作,助力医生完成前列腺癌影像智能识别、宫颈腺癌影像智能识别、肝脏肿瘤影像智能识别等;在环境保护方面,设计了 PM2.5 云监测节点,可随时侦测到污染源,高度提升治理雾霾的效率等等。

数据作为新一代生产要素,已被提升到国家战略资源层面加以规划利用,而代表着数据处理能力的算力,不仅成为数字时代的核心生产力,也是市场上"家家户户"离不开的重要资源。"东数西算"工程的正式启动,也为云创大数据这样的"小巨人"企业提供了辽阔的发展空间。

三　市场竞争逻辑

随着国际、国内市场竞争进入白热化阶段,"专精特新"被政府部门确立为提升企业竞争力的有效途径。其中,技术创新成为"专精特新"企业维持市场竞争能力最直接的方式,而市场竞争也反向影响

"专精特新"企业技术创新的态度。"专精特新"企业聚焦细分领域，挖掘消费者个性化需求，以此为基础，在技术创新上给予针对性供给。在激烈的市场竞争压力下坚持走专业化、精细化、特色化、新颖化路线，从而在细分市场和产业链关键环节拥有不可替代的地位。以国电康能为例，该企业在工业节能的余热利用方面，精准聚焦细分领域，通过企业长期在该领域内的技术和经验积累，成功帮助该细分领域内的客户高质量完成余热资源利用，还建立了相对较高的行业进入壁垒，为企业在行业内圈池画地奠定了基础。近两年，受错综复杂的国内外环境影响，我国仍坚持大批培育"专精特新"中小企业，研发活动更加频繁，两化融合发展迅速。调查显示，2021 年，我国"专精特新"企业中，22% 的企业主导产品国内市场占有率超过50%，但仍然面临国际市场竞争力还不够强的问题。因此，只有不断提升其技术创新能力，才能提升我国"专精特新"企业在全球价值链中的位置。

四　产业集聚逻辑

产业集聚通过知识与技术的外部性影响企业技术创新。而这种外部性影响分为以下两种情况：一是具备专业化外部性的"专精特新"企业集聚在特定产业空间内，能够有效促进企业间的知识和技术外溢。二是具备差异化外部性的"专精特新"企业集聚在特定的产业空间内，能够产生技术与知识资源上的互补。这两种情况都有益于"专精特新"企业技术创新能力的提升。创新氛围浓厚的产业园致力于厚植"专精特新"企业生长沃土，整合"政产学研用金"等创新要素资源，通过产学研平台打造、公共服务支撑、金融赋能等，助推企业走向"专精特新"。近年来，建设认定一批"专精特新"产业园，加快"专精特新"企业集聚发展；鼓励"专精特新"产业园区引进重点项目和企业、培育和壮大重点产业集群等措施已经成为国内部分城市（如北京、广州等）推动"专精特新"企业集群集聚的一种选择。

**专栏三　第一工园：以"专精特新"加速企业集聚
提升创新发展"含金量"**

　　第一工园，是"中国民营企业 500 强"江苏吴中集团旗下核心产业园区品牌，专注于产业园区投资、开发与运营。第一工园聚焦国家战略性新兴产业领域，专注中小企业成长服务，打造先进产业共生平台。截至 2021 年年底，第一工园已形成环苏州、环南京、环武汉三大城市群近 20 个园区的产业格局，累计开发建设运营面积近 300 万平方米，链接服务上市企业、行业龙头企业及"专精特新"企业近 2000 家。就培育"专精特新"企业而言，是一场和时间赛跑的马拉松，需要有陪企业共同成长的情怀，这也是第一工园所努力追求的。第一工园坚持"为客户创造价值"的理念，按照"资源共享、协同创新、链式互补"的思路，助推企业走向专精特新。

　　产业载体建设运营

　　科技创新，载体先行。作为中国产业园区运营商综合实力 30 强，第一工园创新"基地 + 基金"的双轮驱动模式，聚焦智能制造、生物医药、新一代信息技术等产业领域，逐步打造了总部基地、产业综合体、智造园区、小微产业园区、物流园区等五大产品线，累计开发建设运营面积近 300 万平方米，构建了近 20 个特色产业园区、覆盖高质量发展 10 余城。以载体为依托，第一工园深入挖掘优质企业和引育高端人才项目，招引服务优质企业及上市企业近 2000 家，构建企业梯度培育体系，为"专精特新"企业创新发展增添新动能。

　　公共服务平台搭建

　　聚焦生物医药产业发展共性需求与薄弱环节，第一工园联合诺普再生医学战略签约上海理工—交大医学院苏州医工交叉创新研究院，致力于构建医工复合型卓越创新人才培养平台，依托专业资源优势，弥补单个企业研发能力不足的问题，助力企业降本增效；携手江苏协合转化医学研究院，打造集"科技创新、成果转化、高端人才集聚、投资孵化、健康服务"等功能于一体的产学研服务平台，并依托发挥以张学记院士为首的国内外相关领域的院士、专家等顶尖人才和社会资源，与大健康领域的龙头企业开展项目合作，向产业链的上下游不断延伸，培育壮大"专精特新"企业集群。

投融资服务体系完善

助力园内中小企业走专业化、精细化、特色化、新颖化的发展之路，就离不开资本。第一工园围绕"专精特新"中小企业多样化、多层次的金融需求，先后设立吴中高科直投基金、星药太浩创业投资基金等，筹设智能制造主题基金，构建生物医药、智能制造产业基金集群，投资具有高成长性、较大发展空间、管理团队优秀的产业项目，以基金投资、投后服务赋能企业快速成长；同时，搭建专业的投后管理团队，整合丰富的产业金融资源，为投资企业量身定做具有针对性的投后服务方案，打造精细化的增值服务体系。

第三节　"专精特新"企业的技术创新演变

专精特新"小巨人"企业是中小企业中的杰出代表，是我国制造业创新创业的重要力量。从产业链角度看，现有的产业链和供应链主要是基于传统的加工制造业而形成的产业集群，而未来的产业链和供应链很大程度上是基于数字化、智能化的先进制造业而形成。新的产业链和供应链的建立不是一蹴而就，多数是从传统产业链和供应链加上新的技术和创新元素演变而来，而"专精特新"企业恰好为传统产业链和供应链对接和适应新技术及其应用的缓冲区和结合部。由此可见，"专精特新"企业技术创新具有一定的创造性，而非简单的复制模仿。因此"专精特新"企业的创新演变分为三个过程：吸收性模仿—创造性模仿—自主创新。如图4.2所示。

一　吸收性模仿阶段

一般而言，传统企业的创新发展往往从复制性模仿开始，通过

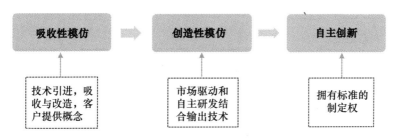

图 4.2 "专精特新"企业技术创新演变路径

复制性模仿既可以减轻企业初创阶段的研发成本,减缓企业创新的难度与坡度,又可以借鉴成功案例的经验,合理规避市场风险。但对于"专精特新"企业而言,其起步阶段仅仅依靠简单的模仿,难以在激烈的市场竞争中保持卓越地位,企业必须从最初就定位于"创造"而非"制造"。由于在初创期,企业的创新能力还不强,此时企业可以对引进的技术进行吸收和改造,同时结合客户提供概念,进行吸收性模仿。"专精特新"企业的吸收性模仿路径如图 4.3 所示:

图 4.3 "专精特新"企业吸收性模仿阶段创新路径图

二 创造性模仿阶段

随着技术创新能力的增强及市场需求多样化的发展,"专精特新"企业面临的国际国内市场竞争日趋激烈,亟须生产出技术含量更高、差异化更加明显的产品。此时,企业结合最新的科技发展及社会、市场的需求,进行创造性模仿,进而实现产品的多元化。在创造性模仿阶段,企业创新需要将技术和市场的因素结合起来考虑,利用最新的科技发展,做好市场调研工作,降低新产品不被市场认可的风险。"专精特新"企业的创造性模仿路径如图 4.4 所示。

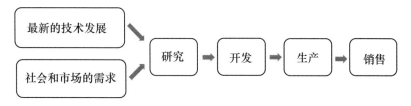

图4.4 "专精特新"企业创造性模仿阶段创新路径图

三 自主创新阶段

"专精特新"企业因其本身的特点必将走向专业化、精细化、特色化及新颖化的自主创新之路。企业在拥有一定的核心竞争力后,通过嵌入型技术创新模式、合作型技术创新模式等进行创新资源的有效整合,推动产品线的不断扩展与系统化,从而拥有完全自主的知识产权。在自主创新阶段,企业自主进行创新的统筹规划,并在精准把握细分市场、准确定位目标客户群、聚焦目标客户应用场景、立足高端服务提供整体解决方案的前提下,研究"专精特新"的技术,开发差异化"专精特新"产品,并最终形成"专精特新"技术创新思维。"专精特新"企业的自主创新路径如图4.5所示。

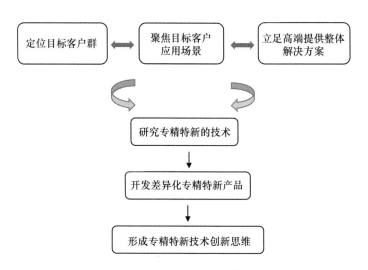

图4.5 企业自主创新阶段创新路径图

　　当然，上述三个阶段是对"专精特新"企业技术创新演变的总体概述，并非所有的"专精特新"企业都要经历上述三个阶段。在开展创新活动之前，企业应当结合自身创新资源及行业特性，找到具有自身特色的企业技术创新之路。

专栏四　海德曼：坚持专特精的发展战略，助力打造大国重器

　　浙江海德曼智能装备股份有限公司成立于 1993 年，是一家专业从事数控车床研发、设计、生产和销售的高新技术企业，致力于高精密数控车床的标准引领、核心制造和技术突破。2020 年，公司入选第二批国家级专精特新"小巨人"企业、浙江省隐形冠军企业。而在经历了近 30 年的发展和近十年的转型升级和产品技术升级后，公司实现了跨越式发展，步入了新的发展快车道。公司产品定位"对标德日、替代进口"，产品畅销全国各地及欧美亚等 30 多个国家，是"浙江制造"精密数控车床和车削中心标准起草单位。产品主要应用于汽车制造、工程机械、通用设备、军事工业等行业领域。

　　坚持专特精的发展战略

　　海德曼发端于仪表车床，起步于经济型数控车床，发展于高端数控车床，致力于车床领域的深度发展。公司坚持专、特、精的发展战略，长期致力于高端数控车床基础技术和核心技术的自主创新，形成了完整的高端数控车床开发平台和制造平台。在近 30 年的发展历程中，海德曼坚持实施"车床专家，车削专家"发展战略，不片面追求做大企业规模，而是长时间集中资源攻克数控车床领域"卡脖子"技术，瞄准具体行业、客户、零件开展深度个性化服务，取得细分领域竞争优势。

　　"对标德日、替代进口"是浙江海德曼的高端数控机床定位，极具性价比竞争优势，使得公司产品非常受欢迎，不仅实现了进口替代，还远销德国等机床强国。长期以来，企业以创新树标杆、以品质铸品牌，现有高端数控车床、自动化生产线和普及型数控车床三大品类、二十余种产品型号，主要应用于汽车制造、工程机械、通用设备、军事工业等行业领域，致力于打造业内领军企业。通过近十年的坚定创新，掌握了智能装备的核心技术，主要技术指标超越了韩国、中国台湾甚至超过德国和美国的著名品牌，实现了从中低端机床生产到高端智能装备制造的成功转型。

技术成果显著，获得多项荣誉

自主创新是公司发展的根本保证，公司采用自主开发为主，校企合作、中外联合开发为辅的研发模式，并取得多项成果。近年来企业获得的主要荣誉：浙江高新技术企业研究开发中心、浙江省隐形冠军企业、国家级专精特新"小巨人"企业。公司先后设立"省级企业技术中心""台州市博士后创新实践基地"和"高端机床与智能制造工程中心"。

第四节 "专精特新"企业的技术创新路径

在复杂的国际环境下，"专精特新"企业为稳定中国经济，带动经济发展提供强有力的支撑。随着"专精特新"企业重要性不断凸显，我国各地培育"专精特新"企业的力度也不断加大。为了应对日益激烈的市场竞争，强化技术创新是"专精特新"企业努力的重要方向之一。

一 准确设定发展战略目标，精准匹配技术创新路径

"专精特新"企业的技术创新路径的实施是以企业发展战略为前提和导向的，不同的战略目标对应不同技术创新路径的选择，两者之间存在高度适配。在此前提下，"专精特新"企业的技术创新路径存在多元化及专业化两种。

（一）多元化技术创新路径

多元化技术创新路径是一种开放式整合创新，此路径以合作开发（如上文中的嵌入型创新模式）、兼并、加入全球创新链等多元化扩张方式为"专精特新"企业获取技术创新资源，而后整合企业现有

的创新资源开展技术创新。多元化技术创新路径的具体方式有：第一，吸纳先进技术和优质研发资源后再创新；第二，沿产业链的延伸路径向外扩散技术创新成果，扩大新技术的应用空间，支撑企业发展战略的实现。多元化技术创新路径匹配实现渐进式技术创新发展目标。

（二）专业化技术创新路径

专业化技术创新路径与多元化技术创新路径相比具有明显的收敛性。在专业化技术创新路径中，"专精特新"企业在市场需求分析及行业技术发展预测的前提下，首次准确定位本企业技术创新领域，专注主业，将全部创新资源聚焦到主业价值链增值，全力实施制约主业发展战略实现的技术瓶颈攻坚计划。其次，选择合作型技术创新模式，整合全部创新资源，实施开放式协同技术创新，努力攻克本行业关键"卡脖子"技术。专业化技术创新路径匹配实现激进式技术创新发展目标。而在竞争日益激烈的国际、国内市场，把握激进式技术创新才能助力"专精特新"企业占据和维持市场竞争优势地位。

当技术创新路径设立后，"专精特新"企业需要进行技术立项和技术预研。企业邀请科技管理部门、专家、公司分管领导等人员对技术规划进行层层审核，最后确定研发项目清单的过程。同时，企业研发人员对项目将采用的核心技术进行提前学习和研究，以提前发现并解决产品开发过程中将会遇到的技术障碍。由此看来，"专精特新"企业通过设计合理的技术创新目标、研发模式、研发主体，并通过技术立项与技术预研，确定最终研发方案以及拟突破的重点技术瓶颈，形成一个动态的、相互联系的技术创新路径。

二 完善企业创新知识管理，增强企业技术创新效率

从知识管理理论看，企业技术创新过程就是将新知识引入到产品系统，使产品的功能优化、价值提升过程。"专精特新"企业的技术创新之路须建立在内部知识稳步提升、外部知识广泛应用的基础上。企业技术创新主体对知识的吸收、分享与转化对实现激进式技术创新有着直接作用。从而"专精特新"企业的技术创新之路也可概括为知识积累、知识创造与知识应用、扩散的过程。

（一）知识积累

知识积累即坚持专业化，深耕细分领域，专心产品定位，以量变实现质变。知识积累是"专精特新"企业实现激进式技术创新的基础，而这种知识的积累不仅是企业内部技术创新主体的知识储备，且需要企业技术创新主体积极主动地吸收有益的外部知识，扩大原有知识储备。现实中，多数初创期的"专精特新"企业的技术创新来自其内部的技术突破。因此，"专精特新"企业知识积累的首要任务即实现创新知识的内生增长。从专业化角度看，"专精特新"企业在某个领域做深做透，长期积累具有门槛优势。"专精特新"企业需长期坚持研发投入、创新投入，不断加强与高端客户的合作共享，不偏离产业细分领域。同时，专心产品定位，坚持工匠精神和精耕细作，通过不断技术积累（微创新积累）和突破，实现进口替代，不断提升自主创新能力。

（二）知识创造

知识创造即坚持新颖化，在技术上勇于创新，在竞争激烈的市场中获得优势。聚焦于特定产业链环节、技术领先、富有创新活力的"专精特新"企业具有为颠覆性技术创新提供关键支撑或引领颠覆性技术创新的能力。因此，"专精特新"企业需更加专注于知识创造。知识创造是"专精特新"企业知识内化的重要途径，企业利用大数据、人工智能等技术构建自己的知识交流平台及知识库，或利用成熟的网络交流平台加强与同类型企业及产业链上下游企业的交流和沟通，不断内化知识，同时吸收外部知识，进而实现知识创造和技术创新。"专精特新"企业都高度专业化，不追求规模化，依赖于"独门绝技"和技术发明，依赖于个人创造力，因而其寿命一般较长，但也有生命周期。"专精特新"企业要密切关注新一代信息技术和技术变革，关注跨界创新和技术替代，一些新技术的出现可能带来整个行业的消失。

（三）知识扩散

知识扩散即坚持特色化，及时追踪消费者需求变化，并基于不同层次、不同消费群体的特色化需求进行技术创新。对"专精特新"企业而言，聚焦行业产品定位颇为重要，唯有始终坚持以市场需求为导向，不断加大研发投入，才能在某一细分领域具有示范引领效应。"专精特新"企业应紧密围绕市场需求进行技术改进，解决行业痛点。知识扩散是"专精特新"企业实现技术与市场链接的重要途径。"专精特新"企业需主动通过多种方式进行知识扩散，让消费者在一定程度上了解、学习企业的新技术，培育潜在客户。并积极从消费者中得到信息反馈，及时调整企业知识结构和技术创新方向。真正实现知识、技术与市场之间的良性互动。

三 紧抓数字经济发展机遇，强化数字赋能技术创新

在数字化经济快速发展的"十四五"时期，"专精特新"企业的技术创新必将伴随数字化、智能化。随着数字经济的进一步普及和应用，数字化的创新投入将带来更多的技术突破，在企业关键核心技术攻关等问题上发挥重要作用。"专精特新"企业在此背景下应紧抓机遇，充分利用先进的数字化技术，加速实现技术创新突破。

从企业看，加强数据处理智能化，加速企业数字化技术改造。以数据为原动力推进企业变革，是"专精特新"企业持续变强的关键。"专精特新"企业数字化转型将加快其智能化改造，更大范围、更高效率、更加精准地优化生产和服务资源配置。"专精特新"企业应加速建设以数据智能技术及中台架构技术为主体的"工业大脑"，提升算法能力、计算能力，将长期积累的隐性知识显性化、规范化、代码化，为技术创新提供数据基础。同时，强化企业数字化技术改造，提升企业设备、生产流程的数字化水平，通过大数据、物联网等数字技术，打破企业数据壁垒，加速实现工业自动化，形成数字车间、智能工厂。以上海华测导航技术股份有限公司为例，该企业是当地重点培育的"专精特新"企业，专注于高精度卫星导航定位相关软硬件技术产品的研发、生产和销售。企业利用多个集成系统，建成全价值链数智化平台，打造从计划到制造的敏捷供应链体系，有效提升了企业发展核心竞争力。

从政府看，加速新基建产业建设，助力企业数字化转型。政府一方面要大力发展以"端—边—云—网—智"新IT技术架构为基础的"新基建"产业，另一方面要以"新IT"助力"专精特新"企业实现

数字化转型。① 同时，推动"专精特新"企业大数据平台建设和数据
共享机制的建立，通过云上资源支持、公共数据共享、行业数据打通
等方面缩小企业间的"数据鸿沟"，加速"专精特新"企业数字化、
智能化转型，为"专精特新"企业实现激进式技术创新提供有力支
撑。不仅如此，还需加强与数字平台企业的合作，为"专精特新"
企业数字化转型提供专项服务。2022 年年初，中国工业互联网研究
院与 1688 平台签署"专精特新"企业服务框架合作协议。下一步，
双方将进一步整合各类资源，叠加中国工业互联网研究院产业研究、
企业数字化转型服务、大数据监测及 1688 在技术、人才、网络和服
务方面的优势，最终实现"1 + 1 > 2"的效果，更好为"专精特新"
企业提供服务，实现高质量发展。

四 优化整合企业创新资源，促进"政产学研金"协同创新

技术创新是一个长期、复杂、多维的过程，"专精特新"企业因
其自身的特点，其创新模式逐渐由渐进式创新转为激进式创新。不仅
如此，面对日益加深的国际分工环境，单打独斗式的自主创新效率远
低于开放式协同创新。而整合创新资源的能力已逐渐成为企业竞争力
的决定因素之一。"合作是基础，整合是关键"将成为企业技术创新
的新模式。

加速建立内部创新资源基础。"专精特新"企业取得竞争优势的
关键是充分利用创新人才，形成技术创新的能力。因此，"专精特
新"企业内部创新资源的基础即为创新人才，企业要不断创造良好的
技术创新氛围，强化对技术人员的激励。以研发部门为核心，定期组
织技术人员学习，提升其知识管理能力和内在转化能力。同时，也可
及时增加和更新企业内部知识库，形成企业内部全员创新的文化氛
围，保证"专精特新"企业技术创新能力的可持续发展。

加速建立外部开放组织。"专精特新"企业以市场需求为导向，
以技术创新为目的建立加速市场、政府、研发机构、其他企业等创新

---

① 赵剑波：《企业数字化转型的技术范式与关键举措》，《北京工业大学学报》（社会
科学版）2022 年第 22 期。

要素流动的组织如技术创新研究院。这种组织模式实质是让外部的创新资源为内部所用，在一定程度上能够促进不同类型的创新人才参与企业技术创新，提升了企业激进式技术创新成功的可能性，同时便于企业实现对技术创新资源的集中化管理。

在内部创新资源和外部开放组织建立的基础上构建"政产学研金"协同创新机制，"政产学研金"协同创新机制是通过协同宏观政策系统、技术转化系统、知识流动系统、金融系统等涉及"专精特新"企业技术创新的子系统，实现多个子系统优势互补，辅助"专精特新"企业获得创新资源，加速其技术创新能力的提升。

第五章 "专精特新"企业的市场创新

　　企业的市场创新是指企业从微观的角度通过实现各种市场要素的商品化和市场化,促进市场机制的创造以及市场的开拓占领。市场创新具有广泛而深刻的社会影响。市场创新在创新驱动链条中占据重要地位,是知识创新、技术创新、产品创新与产业创新成功衔接的保障,并且能够通过高额的市场回报率创造出可观的生产者剩余,激励持续的创新行为。

　　由于领域专注、技术专业、管理精细、特色新颖的特征,一方面,"专精特新"企业的市场创新不仅能够实现扩大市场交易范围、降低交易成本的目标,而且能够帮助解决产业链"断点""堵点"问题,尤其在芯片、发动机、材料等陷入"卡脖子"困境之际,对优化我国产业结构起到关键作用。另一方面,在新冠肺炎疫情冲击与国际环境复杂多变的现阶段,市场竞争愈发激烈,中小企业势单力薄,抗风险能力不足的缺点进一步放大,发展指数有所下跌,其市场创新的研究尤为重要,"专精特新"企业也最应当成为当下重点关注的群体。

第一节 "专精特新"企业的市场创新模式

　　市场创新具有广泛而深远的联动效应,会受到一系列相关因素的制约,与技术创新、管理创新构成协同系统。其中,技术与市场之间关系更为密切,技术是市场的基础,市场反映技术应用的成效,并且是企业竞争力的直接表现。要进行市场创新就必须拥有相应的市场创新要素，包括新的技术、工具、新型供需关系、文化思想等，这些产生各种市场创新要素的源泉以及企业获取这些市场创新要素的渠道称为"市场创新源"。企业外部的市场研究者、市场服务者、市场信息传播者等都是可以开发和利用的市场创新源。因而，从市场关系的角度来看，"专精特新"企业与消费者、供应商、服务商、政府机构及其他市场主体都可以成为潜在的市场创新源，企业也往往从这些市场主体的角度入手进行市场创新。

除了外部的市场创新源以外，"专精特新"企业还需要重点考虑自身拥有的能力和条件，企业的市场创新和企业自身优势特征密切相关。"专精特新"企业具有专业性、精细性、特色性、新颖性的特点，第一，专业性体现在专业化与专项技术，指采用专项技术或工艺通过专业化生产制造的产品，如亚当·斯密在《国富论》中所提出的分工与专业化①。因为产品用途的专门性、生产工艺的专业性或技术的专有性从而在细分市场形成绝对优势，容易做成行业中的"隐形冠军"②或"小巨人"。第二，精细性体现在产品的精致性、工艺技术的精深性和企业的精细化管理，强调通过打造"高、精、尖"的产品与服务开拓市场，在质量保障的前提下赢得自身市场地位。因此，企业往往具有自主发展能力，其造血能力大于其融资能力。第三，特色性体现在产品或服务的独特性与特色化，突出强调的是满足"个性化"需求的服务，基于不同层次、不同消费群体的需求，聚焦于中小企业特色产品特色服务的细分市场。第四，新颖性体现在自主创新，尤其强调的是技术创新，超三分之一的"专精特新"企业拥有十项及以上授权发明专利。在技术、工艺、功能、产品和服务上的创新，与时俱进、勇于革新、走在前列，"专精特新"企业往往有一定突破技术壁垒的能力，能够帮助产业延链、补链、强链。

综上所述，考虑到市场创新源与"专精特新"企业的自身特点，

---

① 李平华、宋灿：《人力资本集聚、空间溢出与城市生产率》，《现代经济探讨》2020年第11期。

② 1986年，德国管理学教授赫尔曼·西蒙提出了"隐形冠军"这个概念，在一个细分领域中的全球市场占有率第一或第二，从员工数量和产值来说依然处在中小微企业状态。

目前的市场创新类型可分为制度型、开拓型、补缺型和出口型四种。

一 制度型市场创新

制度型市场创新是有为政府与有效市场结合下产业政策效果的集中体现，突出表现在国产替代和自主可控进程上。制度型市场是全方位支持、引领后发企业技术赶超的有效策略。制度型市场创新为后发企业技术赶超创造了独特的市场机会，它通过明确未来市场的需求趋势及结构特征，为创新产品启动初期市场创造条件，极大地加速了技术创新成果转化为经济效益。由于部分制造业"卡脖子"领域存在进口依赖度较高、贸易摩擦频繁、逆全球化趋势加重等问题，核心零部件等国产替代需求愈发强烈。《中国制造2025》提出，到2025年70%的核心基础零部件、关键基础材料实现自主保障，在政策鼓励与支持下，具有核心竞争力的替代产品研发进程有望加速，相关"专精特新"企业将得到快速成长。产业链供应链"自主可控"指的是在面临外部（主要是国外）产品、零部件、技术等供应受限，如疫情、地震或贸易摩擦等情况时，仍可依靠国内稳定运行的产业链供应链提供对应产品和服务[①]。在企业初创时期，政府除了给予优惠政策之外，还会通过政府采购、购买公共服务等方式给予企业一定的市场基础，在通过"输血"保障前期市场的基础上辅助企业逐渐成长。例如，天津市在《中小企业发展专项资金管理办法》明确提出专项资金采取财政补助、贴息贴保、政府购买服务等方式，对符合条件的企业和项目予以支持。浙江省《关于大力培育"专精特新"中小企业促进高质量发展的若干意见》中指出，需要加大政府采购力度，包括：对"专精特新"企业科技创新产品、服务，在功能、质量等指标能够满足政府采购需求的条件下，政府采购应当购买；首次投放市场的，政府采购应当率先购买，不得以商业业绩为由予以限制；推动"专精特新"产品入驻政采云制造（精品）馆，鼓励采购单位通过制造（精

---

① 中国宏观经济研究院课题组：《夯实构建新发展格局的产业链基础》，《经济日报》2021年12月28日。https://baijiahao.baidu.com/s? id = 1720339518864657391&wfr = spider&for = pc.

品）馆进行采购；采购"专精特新"馆内的产品，采购单位应当提高预付款比例，加快采购资金支付进度，鼓励金融机构提高政采贷授信额度、提供利率优惠和绿色通道。目前，国家级"专精特新"企业主要集中在制造业，分布于电子信息、能源、化工、装备工业、生物医药等行业。未来国产替代的基本方向是处于产业链短板的"五核"领域，即由关键核心技术所支撑的核心材料、核心部件、核心设备、核心工艺和核心算法，其中，信息与通信技术（ICT）、高端装备、新材料、生物医药及医疗器械等行业是国产替代的主攻方向，也将是举国体制下制度性市场创新企业的发展机遇。①

二　开拓型市场创新

现代科学技术的一个显著特点是许多应用型技术特别是一些高新技术，升级周期短、更新换代快，要求灵活多变、短平快的开发方法和手段。在创新方面，由于既有市场的稳定、前期投入耗资大，市场开拓的积极性不足，拥有丰沛人、财、物力的大企业不一定处于有利地位，而小企业对市场敏感，没有思想包袱，更能开拓出属于自己的市场领域。一部分"专精特新"企业就属于市场开拓者：一方面，开拓型市场创新以产品和服务的差别性为基础致力于市场创造。技术机会是开拓型市场创新的首要核心要素，开拓型市场一般需要市场领先者通过寻找新用户、开辟新用途和扩大使用量等途径，挖掘技术机会，进而实现某种产品的市场总需求量的不断扩大。开拓性市场创新的企业有意或无意地实施了一种发展战略，在细分市场上开发销售特殊制品，因此经常回避了与其规模更大的同行的直接竞争。另一方面，开拓型市场创新需要企业家具有良好的创新精神与意识，敢于迈向市场需求的未知领域。开拓型市场创新一旦创新成功就可能创造出或占领大部分市场，具有广阔的市场前景，进而有机会发展成为新的巨头企业。

---

① 于畅、邓洲：《工业化后期国产替代的方向调整与推进策略》，《北京工业大学学报》（社会科学版）2021 年第 1 期。

专栏一 诺唯赞

南京诺唯赞生物科技有限公司成立于 2012 年，入选第二批国家级专精特新"小巨人"企业，立足于当时国内涉及较少的生物试剂领域，以生物科研试剂产品线切入市场，并逐步围绕酶、抗原和抗体的下游应用不断延展，依托于自主建立的关键共性技术平台，先后进入了生物试剂、体外诊断和生物医药业务领域，是国内少数同时具有自主可控上游技术开发能力和终端产品生产能力的研发创新型企业。① 公司成立之初瞄准国内市场的薄弱环节，依靠自身技术平台做大做强，由以"酶、抗原、抗体"等核心原料的上游单一领域向围绕原料辐射高相关性体外诊断产品与生物医药服务方面拓展，逐渐形成现在"生命科学、体外诊断、生物医药"三大应用场景拉动收入增长的经营模式。尤其是在新冠肺炎疫情期间，新冠检测试剂盒产品在带来收益大幅提升的同时也在抗疫工作中发挥重要作用。经过业务探索与客户开拓，公司现已形成包括研发试剂、原料和 CRO 服务三块业务，并且研发试剂主要提供新药筛选和疫苗研发过程中的相关研发试剂，包括主流抗体药物和 mRNA 疫苗在生产过程中的部分原料，有潜力成为生命科学板块的龙头企业。

三 补缺型市场创新

"专精特新"企业多为中小企业，具有小型性、分散性、灵活性和从属性的特征，大多数中小企业虽然有一定的技术基础，但由于技术深度的局限、企业家创新精神有限等因素而无法通过开拓市场发展成为行业巨头，多数企业属于补缺型市场创新。补缺型市场创新体现在两个方面：一是"缝隙市场"，即大企业没有覆盖到的市场，进而能够填补大企业所忽视的市场空白；二是"服务市场"，即服务于大企业，成为产业链与供应链的重要组成部分，也是生产社会化与专业化在当代条件下的基本表现形式。对于"缝隙市场"而言，这部分

---

① 《瞄准生物医药，从"重镇"走向"高地"》，《新华日报》2021 年 12 月 6 日。http:// xh. xhby. net/pc/con/202112/06/content_1003904.

企业往往缺乏"首创"的能力，仅具备"改创"和"仿创"的能力，主要市场目标集中于大企业忽视的部分国内市场、需要特殊方法和技能的领域、产品服务和配送速度极其重要的地区性市场，凭借自身的灵活性，瞄准细分市场采取差异化策略迅速通过模仿创新生产出产品，并采用低价和高服务性赢得市场，继而通过高质量互动稳定客户关系。对于"服务市场"而言，现代科学技术的一个显著特点是，以大量人、财、物力为基础的大规模科研项目，需要广泛的专业性很强的中小技术企业进行配套。实际上，越是规模巨大的企业所需要协作的中小企业就越多，许多"隐形冠军"就植根于此，因为大多处于B2B领域，并不面向消费者，且没有上市或市值不高，从而基本不为大众所知。一些企业通过数十年对已有产业技术的综合和挖潜，在特定产品上做到了极强的专业度和较高的市场占有率，或是成为大企业的中间产品的供给者，或是作为独立的生产商，成为产业链上大企业不可或缺的配套供应商，对于补齐供应链、稳定产业经济结构具有重要作用。尤其在产业结构变化时期，这类企业体量小，固定资本投资转向更为灵活，退出传统领域或进入新领域都更便捷，能够更快地填充由于技术升级和市场结构变化产生的市场缝隙，完善产业链的各个节点。不过，服务于链主企业的中小企业容易受到链主企业发展的影响，如果没有丰富的客户资源容易出现"一荣俱荣，一损俱损"的局面。

专栏二　富瀚微

　　富瀚微成立于2004年，是全国第三批专精特新"小巨人"企业之一，公司专注于以视频为核心的智慧安防、智慧物联、智能驾驶领域芯片的设计开发，为客户提供高性能视频编解码芯片、图像信号处理器芯片及产品解决方案，以及提供技术开发、IC设计等专业技术服务。安防监控产品一直是公司的第一大主营业务，是整个安防设备产业链不可或缺的重要组成部分。安防视频监控设备模组/整机厂商、电子设备模组/整机厂商等企业级客户是其主要终端客户，2020年前五大客户的营收占比超过92%。其中，与安防产业

> 龙头海康威视合作最为密切，2021 年上半年公司与海康威视关联
> 交易金额达 4.1 亿元。与大客户的稳定合作关系有助保障公司的业
> 绩稳定性，同时有助树立市场知名度和品牌力。

四 出口型市场创新

出口型市场创新体现在市场空间上，市场目标不仅仅集中于国内，而是放眼全球，在全球范围内开展生产和销售活动，建立国际营销网络，开拓海外市场。全球化的战略不仅仅适用于跨国巨头，同样也适用于在某些方面具有优势的"专精特新"企业。由于仅在某一领域具有专业性与新颖性，仅仅只是集中在一些领域显得市场容量不足，因此，全球化是有效策略之一。欧美日国家的隐形冠军已然证明，全球市场是本国市场的数倍，一个行业内不同国家的客户有着类似的需求，在不同地区的相同市场里扩张要比在同一地区的不同市场里扩张更为容易，进军世界市场是最重要的增长动力之一。"产业转型升级与替代效应"是我国"专精特新"企业出口型市场创新的主要体现，受益于我国产业转型升级与出口结构优化的进程、国内产业链与供应链的完备，以及新冠肺炎疫情以来生产能力的迅速恢复，部分"专精特新"企业积极拓展国际市场，寻求国际分工合作。但是，全球化的进程不是一蹴而就的，海外市场的拓展、销售体系的建立甚至需要几代人的努力，并且需要企业具有长远的战略眼光和强大的坚持耐力。在第十七届中国国际中小企业博览会上，"专精特新"中小企业占总参展企业数量的 80% 以上，而专精特新"小巨人"企业约占 40%。"专精特新"中小企业的跨境撮合，极大地推动了其与境外机构的合作、开拓海外市场，经过 384 轮洽谈，达成合作意向 242 项，线上签约 198 项，实现了国内头部企业和跨国采购平台总额超过 8000 亿元人民币的面向中小企业的采购。[①] 在 2021 年世界制造业大会上，国内多个"专精特新"中小企业活跃在"一带一路"市场上，

---

① 《聚焦第十七届中博会："专精特新"企业参展踊跃，境外参展企业质量提升》，央广网，2021 年 9 月 19 日。https://baijiahao.baidu.com/s?id=1711314208896938745&wfr=spider&for=pc.

借助"一带一路"开拓国际市场，也成为推动共建"一带一路"高质量发展的重要力量。

专栏三 极米科技

作为国内投影设备龙头，极米科技是第二批专精特新"小巨人"企业之一，主营业务是智能投影产品的研发、生产及销售，同时向消费者提供围绕智能投影的配件产品及互联网增值服务，主要产品及服务包括智能投影产品、投影相关配件及互联网增值服务，目前公司智能投影产品主要包括智能微投系列、激光电视系列和创新产品系列。公司目前已深耕国内市场多年，凭借核心硬件技术、诸多创新功能实现了品牌优势的建立，在硬件上掌握并不断升级投影设备的核心技术，包括光机设计、整机结构设计，在软件上不断优化投影算法、更新智能操作系统，已经取得400多项专利，2018年、2019年及2020年连续出货量持续保持中国投影设备市场第一。在国内渗透率逐步提升的同时，作为出口型企业的先锋代表，打开全球化经营的大门，海外市场拓展主要通过线上B2C、线上经销商的销售模式，并且已在美国、日本等地设有下属公司，2021年上半年境外营收1.32亿元，实现了136.51%的增长。

第二节 "专精特新"企业的市场创新逻辑

伴随着工业革命的变迁，企业发展发生了巨大的改变，中小企业自身的优势成为近些年学术研究的重点对象，"专精特新"企业作为拔尖的中小企业必然遵循中小企业发展的基本规律，对其市场创新有着重要的借鉴意义。

一 中小企业进化论

制度型市场创新集中体现在政府对于"专精特新"中小企业的培育、扶持上，帮助其进行早期市场开拓、渡过初创期难关。幼稚产业保护理论最早由美国政治家亚历山大·汉密尔顿提出，后由德国经济学家李斯特发展，该理论认为对于某个国家处于初创时期的新兴产业，需要通过采取适当的保护、扶植政策，提高其竞争能力，将来可以具有相对比较优势。在美国，小企业成为工商业体制中的创新源泉，小规模、具有灵活性的企业常常能够比大企业更为迅速地商业化，为社会提供其最有价值的服务。"专精特新"企业以专注铸专长、以配套强产业、以创新赢市场，在推动关键产品实现进口替代、增强产业链供应链安全方面承担着重要作用。另外，新剑桥学派的代表人物罗宾逊夫人认为，不同规模的企业由于参与市场竞争的具体条件各不相同，从而都会对市场价格产生不同影响力，因此，中小企业与大企业一样，只要能发挥自身优势，在某些细分化市场中，中小企业可能具有更大的竞争力，而"专精特新"企业就是聚焦专注于这样的细分领域。

二 中小企业创新论

开拓型市场创新对于技术水平要求高，技术创新是开拓新兴市场的基础。熊彼特在创新理论中强调生产技术革新、生产方式变革在经济发展中的关键作用，开辟有关国家某一制造部门以前不曾进入的市场，即新市场，就是一种重要的创新模式。阿科斯则认为，科技进步与革命的进行使技术轨道发生转移，传统技术支撑的大企业生产经营步履艰难，科技迅速进步带动新产业的出现，从而为中小企业成长提供机遇与空间。此外，中小企业由于自身的分散性与灵活性，直接与消费者接触，更容易捕捉和跟随科技变动的节奏。升级周期短、更新换代快的现代科学技术发展无疑给予了"专精特新"类企业在新领域内汲取知识外溢、深耕技术创新、实现"弯道超车"的机会。

三 中小企业分工论

产业分工理论可以追溯到18世纪70年代，企业的起源与分工息息相关，克拉克、赫尔曼和施太莱等学者的产业分工理论均认可大企业与中小企业的并存，"专精特新"类的中小企业或补缺大企业未涉及的空白市场，或服务于链主企业成为生产链、供应链的重要组成部分。美国发展经济学家赫尔曼在《经济发展战略》中提到"前向与后向关联效应",产业内分工的这两种效应为链主企业与中小企业之间的分工协作指明了方向,实现一种"双赢"局面,中小企业的定位是以前后向关联的效应关系出现,依托于整个产业链在获取利润的同时,降低了独立经营所带来的不确定性的风险。施太莱和莫斯则根据对美国的产业组织结构的分析明确提出适合中小企业经营的细分产业,而这些细分领域中大多是大企业不曾涉及或难以涉及的空白市场。

四 中小企业国际化

如今,企业国际化不仅是巨头企业的专利,"专精特新"类中小企业为获得广阔市场、减少单一市场不确定性带来的风险更应当主动走出去。美国经济学家刘易斯·威尔斯在《第三世界跨国企业》中分析了发展中国家跨国公司的比较优势,许多发展中国家正是开发了满足小市场需求的生产技术而获得竞争优势,并且能够以低价营销的战略抢夺市场份额。世界市场是多层次多元化的,即使对于技术没有达到顶尖水平、经营范围和生产规模不够庞大的中小企业,参与国际竞争仍有竞争力。约翰逊和瓦尼等学者提出企业国际化的阶段论,即中小规模的出口企业在经营活动中表现出明显的阶段性:由不规则的出口到通过代理商出口,再到建立海外销售子公司,进而从事海外生产和制造。"专精特新"企业走出去需要长久的积累与付出,与客户、供应商和相关组织保持长期的密切联系。[1]

表5.1 "专精特新"企业四种市场创新类别的创新逻辑

领域	提出者	理论名称	理论要点	对应类别
进化	李斯特	幼稚产业保护理论	对某些产业采取过渡性的保护、扶植措施的理论	制度型市场创新
	罗宾逊夫人	细分化市场理论	细分化市场中,中小企业具有更大的竞争力	

---

[1] 桂春辉:《中国汽车零部件企业全球投资架构设置研究——基于延锋公司的案例分析》,上海财经大学硕士论文,2019年。

领域	提出者	理论名称	理论要点	对应类别
创新	熊彼特	创新理论	企业家精神、开辟新的市场	开拓型市场创新
	阿科斯	科技轨道转移理论	新技术为中小企业的成长提供契机和生存空间	
分工	赫尔曼	产业内分工理论	前向关联效应和后向关联效应	补缺型市场创新
	长岛总一郎	市场缝隙理论	中小企业生产经营活动要围绕着"寻找市场缝隙"展开	
国际	刘易斯	小规模技术理论	中小企业通常采用低价策略是大型跨国公司所无法比拟的	出口型市场创新
	约翰逊等	企业国际化的阶段论	中小规模的出口企业在经营活动中表现出明显的阶段性	

过去的几十年中，欧美发达国家均通过中小企业的发展为本国经济提供新的增长动力。美国专门成立小企业管理局，是从早期设立的对小企业给予帮助的联邦机构——复兴金融公司、军需小工厂和军需小工厂公司中派生而来，机构自1953年成立到20世纪80年代中期共向50万家小企业发放了400多亿美元的贷款，除了资金支持外，小企业管理局的帮助更多体现在市场创新方面。西方国家的政府采购（公共采购）因公开透明而被称为"阳光下的交易"。实施政府采购制度，招标进行公平竞争，给小企业以同等机会，既能节约政府资金，又可促进小企业竞争力的提高。小企业管理局成立后致力于帮助小企业尽可能多地得到政府合同，尤其在《美国小企业法》中规定"政府应保证'在政府财产和劳务的购置和各种合同中给小企业以公平的比例'"，同时专门安排采购中心代表、分包专家，设置计算机控制的供货人系统为小企业服务，给予其充足的初创期市场。此外，针对由于管理知识的缺乏而使小企业存活时间短的问题，小企业管理

局把向小企业主提供管理指导和咨询作为活动的重点和日常工作的主要内容，通过专职的管理专家、退休经理服务团、在职经理服务团三种方式促进小企业的管理提升，以更好应对市场。而长期以来，德国中小企业占企业总数的99%，贡献了约54%附加值，拉动了60%以上的就业。德国的"专精特新"企业形成了"不搞多元化发展""小而强"的特征。第一，做市场上的"配套专家"，产业链和市场细分领域的专注，核心技术的加持，催生出一个又一个"隐形冠军"。从某种意义上讲，专注与坚持就是最好的市场创新方式之一。第二，企业集群式发展，德国的企业集群准确地说是企业家集群，不同于产业集群，他们之间的纽带不是行业，而是提供灵感的社交网络，企业家们之间相互效法成功的经验，实现另一种空间层面的市场创新。第三，长期扎根当地，同时重视海外市场。德国"专精特新"企业总部主要设在中小城镇，并且一般拥有较长的经营历史，长期经营在保障当地获取稳定市场的同时，借助全球化的发展重视开拓海外市场和特殊用户，"专精特新"的中小企业贡献了德国60%—70%的出口量。

"专精特新"企业是加快我国产业链韧性锻造的重要环节、国家竞争力培育的重要部分。产业链的健康是制造业健康发展的保障，产业链、供应链的安全稳定尤为重要。如若产业链受到冲击，替代方案能否及时补上，防止断裂甚至化危为机的能力是否具备，产业链的更新升级能否及时实现，这都与"专精特新"企业的技术基础、发育程度、市场环境紧密相关。"专精特新"企业有助于填补衔接产业链的断点、增强产业链韧性、帮助经济提高抗风险能力。此外，中小企业竞争力是国家产业竞争力重要组成部分，集中体现在其发展的内生动力、市场的创新能力和就业的支撑保障方面。一批"专精特新"企业以技术创新为基础，市场创新为活力源泉，开拓进取、自立自强，成为国家安全和发展的战略支撑力量。例如，14家专精特新"小巨人"企业参与申报的13个项目荣获2020年度国家科学技术奖，占企业参与奖项总数的10.2%。①

---

① 《14家专精特新"小巨人"企业荣获国家科技奖》，中国新闻网，2021年11月9日。https://baijiahao.baidu.com/s?id=1715955171172654205&wfr=spider&for=pc.

第三节 "专精特新" 企业的市场创新演变

我国于 2011 年首次提出 "专精特新" 的概念，此后政府部门不断出台相关政策，鼓励中小企业走专精特新的道路，更好发挥中小企业在产业链中的生力军作用，实现创新发展。可以将现有相关政策分为三个阶段，探究 "专精特新" 企业未来发展的政策导向。第一阶段（2011—2013 年），该阶段首次提出 "专精特新"，并将其设为中小企业发展方向，市场创新的导向以政府扶持与大企业的协作配套为主；第二阶段（2015—2020 年），即 "十三五" 期间，"专精特新" 政策热度提升，国家支持力度加大，强调技术创新与转型升级，对 "专精特新" 企业提出新的目标，尤其提出在军民融合发展领域的市场创新；第三阶段（2021 年至今），进入 "十四五" 期间上升到了新高度，诸多政策、会议、文件中反复强调发展 "专精特新" 中小企业，更加重视制造业单项冠军企业，关注补链强链的重要作用。

传统的企业生命周期理论将企业发展过程分为创业期、成长期、成熟期和衰退期四个阶段，但较多中小企业的发展并没有这么顺利。根据资料统计，我国有 68% 的中小企业生命周期不超过 5 年，多数行业生存危险期为第 3 年。[①] 本研究通过对 "专精特新" 企业进一步的生命周期理论分析，结合日本庆应大学清水龙莹博士研究企业从小到大成长规律的动态方法，探究市场创新的演变。市场创新的类别不是相互独立的，一家企业可能会运用不同类别的市场创新方式同时满足不同阶段的创新需求。

将 "专精特新" 企业发展规模分为中小企业、中坚企业、大企业三个层级，并根据生命周期分为初始成长期、成长期和再成长期三个时期。

在初始成长期阶段，对于初创型企业（A）而言，作为有技术支撑的 "专精特新" 企业，其发展程度主要看创业者的欲望与自身能力。此阶段尤其需要相应的扶持与鼓励。该阶段的市场创新活动一部

---

① 国家工商总局：《全国内资企业生存时间分析报告》，2013 年。

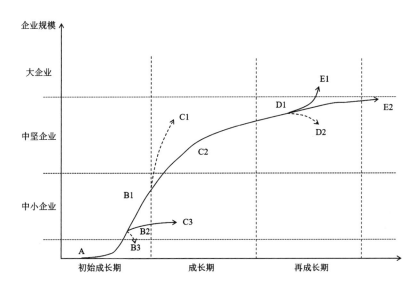

图 5.1　中小企业成长阶段

分依靠企业家的个人能力和关系运营，另一部分依靠政府政策的扶持力度，比如通过政府采购的制度型市场创新给予早期市场支持。第三阶段政策比前面两个阶段利好初创企业，如果有政府给的订单，初创企业则迈出可喜的第一步，利用口碑和示范效应将获得更多的订单，创新亦可持续。因此，初创企业的市场创新可以覆盖为四种类别，其中，制度型和补缺型较为合适。

高成长类型企业（B1），此时已经历过初创发展的艰难期，未来的发展目标逐步确定并积极开拓市场，促进其快速成长的因素包括：第一，明确把握自身定位，能够补缺市场空白，在缝隙市场中不断扩大市场份额；第二，找到产业链中的定位，寻找到配套协作的链主企业，成为产业链、供应链中不可或缺的一部分。在该阶段，高成长型企业 B1 适合开拓型和补缺型市场创新。

对于稳定成长型企业（B2）而言，企业家满足于现状，不求进取，一旦既有市场需求减少就将难以维持企业的发展。就成长期来说，三种发展结果的差距进一步显现。该阶段宜用刺激型政策和搭建平台加强交流，帮助其努力通过产品创新和市场创新往高成长企业

B1 的轨迹跃升，从制度型市场创新演变为开拓型市场创新。

下降类型企业（B3），产品未能在市场上获得认可，只能以失败告终。

在成长期，"专精特新"企业的发展主要依赖于获得市场和不断扩大市场的速度与能力。快速成长型企业（C1）抓住契机，实现从中小企业到中坚企业的迅速突破，主要原因包括：第一，企业在技术领域实现重大突破，研究开发成功的新技术比较顺利地转化为市场中的新产品，实现对于未知需求市场的探索，逐步创造新的市场需求，并可能继续发展成为该领域的行业佼佼者。第二，在把握国内市场的基础上，国际化进程顺利，建立起稳定的国际市场营销网络，带来企业的迅速腾飞。对于该类企业，政府应该搭建平台助其平缓度过技术、资金和国际贸易难关，帮助其从中坚型企业快速迈入大企业。

正常成长类型的企业（C2），虽然在这个阶段的发展略慢于快速成长型企业（C1），但其稳扎稳打，风险更低。在原有补缺型市场创新的基础上一方面继续改善企业的经营管理，另一方面每年投入高比例的研发支出，深耕于技术创新和新产品的开发，巩固自己在产品链和供应链中的地位。对于成长期而言，这个阶段是不少企业发展的瓶颈期。而安定成长维持类型企业（C3），追求稳定发展，很多"专精特新"企业经过努力后会在这时遇到发展瓶颈期。如果没有更好的市场创新，则会如下降型企业 B3 般陨落。

再成长期是中坚企业向大企业迈进的关键期。稳定运行型企业（D1）要想维持企业的平衡发展，同样需要适当开拓既有市场，特别是扩大主要客户对于本企业产品的需求，避免在同业竞争中失去已获得的市场地位。衰退类型企业（D2）由于思想懈怠、产品不适应市场需求、市场萎缩，也会如下降型企业 B3 般衰落。

再成长类型企业（E1）在成长期稳扎稳打的基础上，制定更长远的发展规划：一是进一步发挥企业家精神，在加强企业经营与管理的同时将自身经营范围适当向上下游扩充，开拓新的市场领域；二是建立外部经营资源网络体系，放眼国际，在同行业的市场中争取份额，最后通过规模不断扩大，快速成功转变为大企业。而稳定发展类型企业（E2）也是大多数"专精特新"企业目前生存状态，稳打稳扎，从补缺型市场创新起步，迈向出口型市场创新和开拓型市场创新带来量的增长，但细分市场容量有限，所以成长速度趋缓。

总之，"专精特新"企业市场创新的演变与企业的自身发展能力密切相关，在专注打造自身核心技术、确保既有市场份额的同时，通过国际化出海或延伸上下游产业链进行市场开拓。

第四节 "专精特新"企业的市场创新路径

一 有为政府与有效市场结合，制度型市场提供后发机会

在新技术研发和应用创新领域，政府吸纳和承担了"专精特新"企业不愿承担的风险和成本，引领助推了企业的创新。制度型市场是全方位支持、引领后发企业技术赶超的有效策略。制度型市场为后发企业技术赶超创造了独特的市场机会，它通过明确未来市场的需求趋势及结构特征，为创新产品启动初期市场创造条件，尤其是早期市场通过诸如政府采购、平台搭建等形式给予帮助，对于企业来说就是雪中送炭。从产业实践看，在创新领域实施政府干预是世界科技强国的通行做法。加强政府在核心技术的原始创新中干预的有效性，给予"专精特新"企业充分的科研支持，长期有战略性、针对性地实施技术和创新方面的公共政策，成为未来扶持本国企业突破关键核心技术瓶颈的重要内容。

二 市场创新需要专注技术与产品，稳扎稳打

德国"专精特新"企业成功发展积累了宝贵的经验，其形成了"不搞多元化发展""小而强"的发展路径，核心在于打造核心技术，专注做配套专家。对于企业而言，找清楚自身的地位，制定合理的目标与规划尤为关键。一是切实加强中小企业的梯度培育，对"专精特新"企业提供分类指导、精准培育，帮助其认清自身地位，避免在成长发展过程中盲目扩张和盲目多元化。二是完善知识产权保护体系，加强对于"专精特新"企业技术专利的保护，对有需要的企业提供法律咨询服务，为保护其产权和收益稳定创造条件，促进形成长期稳定发展的预期，进而形成专注领域、脚踏实地的企业文化和良性激励

的循环机制。三是完善职业培训体系，学习德国双轨制的职业培训，充分利用独特的理论结合实践的培训体系，培养忠诚敬业的工匠精神，为"专精特新"企业提供人才支持。

三 数字化赋能"专精特新"企业，促进市场创新

在数字经济时代，"专精特新"企业应顺应时代机遇，专注专业的同时利用数字技术提高效率、降低成本、扩大收益。数字平台一方面拉近了企业与消费者的距离，能够帮助企业更好获悉消费者的个性化需求，开拓出新的市场空间。数字平台也为"专精特新"中小企业的产品创新提供了孵化机会，能够使创新产品更快、更有针对性地服务消费者。另一方面，数字化赋能促进产业链数字化，有效加强了"专精特新"中小企业与链主企业之间的联系，极大地提高了企业之间的沟通效率。数字经济自身就是良好的发展契机，企业要加快数字化转型与智能化改造，巩固自身市场地位。

第六章 "专精特新"企业的产品创新

产品创新（Product Innovation）是指技术上有变化的产品的商品化，它可以是生产全新的产品，也可以是对现有产品的改进。[①] 技术创新的结果是促进企业不断设计、生产出市场需求的各种新产品，产品创新是技术创新的延续和深入。一个企业能否持续不断地进行产品创新，开发出适合市场需求的新产品，是决定其能否实现持续稳定发展的关键。尤其在科学技术发展日新月异、产品生命周期大大缩短的新经济时代，企业产品面临的挑战更加严峻，不及时更新产品，就可能导致企业的衰退。"专精特新"正是通过持续创新，在满足用户需求的基础上，通过洞察用户需求，聆听用户声音，掌握品牌优势。

第一节 "专精特新"企业的产品创新模式

一 "专精特新"企业产品创新的分类

在产品创新方面，绝大多数企业认为自己的"专精特新"产品特色的主要体现在工艺和技术方面，企业产品特色突出，形成一定的品牌优势。同时，也有一些"专精特新"企业认为自身的消费群体存在特殊性，或者在服务、地域文化元素方面存在一定特色。我国中小企业专精特新产品水平较高，部分企业产品水平处于国际先进地位。

[①] Dewar R. D., Dutton J. E., "The Adoption of Radical and Incremental Innovations: An Empirical Analysis", *Management Science*, Vol. 32, 1986, pp. 1422 – 1433.

《中国制造2025》明确了工业强基的产品涉及新一代信息产业、高档数控机床和机器人、航空航天装备、海洋工程装备及高技术船舶、先进轨道交通装备、节能与新能源汽车、电力装备、农机装备、新材料、生物医药及高性能医疗器械等十大领域。专精特新"小巨人"企业主导产品应优先聚焦制造业短板弱项，符合《工业"四基"发展目录》所列重点领域，从事细分产品市场属于制造业核心基础零部件、先进基础工艺和关键基础材料。因此，根据产品创新所涉及的板块不同可以分为工艺创新、核心零部件创新以及关键材料创新等。

表6.1　　　"专精特新"企业产品市场划分与产品创新类别

分类来源	产品市场细分	产品创新类别	含义
《工业"四基"发展目录》	先进基础工艺	工艺创新	通过对制造工艺的优化创新，进一步降低产品的生产成本，提升产品的市场竞争力
	制造业核心基础零部件	核心零部件创新	模块化零部件优化升级，助推我国高端核心零部件的国产化，进一步降低国内"小巨人"企业的生产成本
	关键基础材料	关键材料创新	关键新材料是专精特新"小巨人"企业发展的基石，新材料的创新会进一步推动企业发展和产业升级

资料来源：根据《工业"四基"发展目录（2016年版）》整理。

另一种分类方式是国际上用得较多的一种方法，按照技术变革的程度来划分的，国际不同学者对产品创新进行了不同的分类（表6.2）。产品创新性是指消费者从自身角度出发所感知到的产品创新程度。本研究借鉴国外学者的分类方法以及朱华伟等[①]将新产品创新类

---

① 朱华伟、苏羽、冯靖元：《代言人类型和产品创新类型对创新产品购买意愿的交互影响》，《南开管理评论》2021年第5期。

型划分为突破式产品创新和渐进式产品创新。

表6.2 国际上较多的产品创新分类

研究学者	创新分类	定义
Dewar，Dutton（1986）	突破式创新	技术变革的基础性改变
	渐进式创新	现有技术上的微小改进
Chandy，Tellis（1998）	渐进式创新	现有技术上的微小变化，使消费者利益微小提升
	市场突破创新	技术上微小变化，但消费者利益显著提升
	技术突破创新	技术上较大的改进，但消费者利益没有显著提升
	突破式创新	不论从技术上还是消费者利益上均显著提升
Song，Thieme（2009）	渐进式创新	使用现有技术对产品进行微小的改变
	突破式创新	在新产品中使用代表变革的全新技术的改变

二 工艺创新

根据上文的分类，产品创新不仅可以从创新程度上进行划分，也可以从细分的产品市场上进行划分。这里针对"专精特新"企业涉及的三类重点产品市场的创新做进一步阐释。工艺创新是"专精特新"制造业企业的核心创新板块，"专精特新"企业中有很多企业为提高产品质量和效率，重点发展先进、绿色制造工艺，降低能源、材料消耗、改善环境。主要涉及机械制造基础工艺：铸造工艺、锻压工艺、焊接工艺、热处理工艺、表面处理工艺、切削加工及特种加工工艺。工艺精湛的核心技术是企业成功的重要因素，通过不断优化生产工艺，有效地降低产品的生产成本，工艺的不断创新能够使得企业生产的产品具有更强的竞争力。

专栏一　　弘枫实业

　　上海弘枫实业有限公司成立于 2007 年，专业从事特种石墨及其衍生材料产品的高端精密加工制造。依托石墨材料改性、超精密加工工艺等关键核心技术，公司自主研发的高端石墨制品应用于氢燃料电池、光伏产业、电子信息、半导体、生物医学、航空航天等多个领域。如石墨双极板产品，弘枫通过持续技术创新，产品机械强度、导电率及耐腐蚀性能不断提升，产品具有耐腐蚀、电阻率低、强度好、气密性优、成品率高等优点，技术达到国际先进水平。石墨喷头定位精度和重复定位精度高，喷射墨滴偏差在 1 度以内，墨滴微粒形状更为规则、定位更加准确，更容易实现高精度打印。

三　核心零部件创新

　　核心零部件创新属于产品创新的一个分支，模块化零部件优化升级，助推我国高端核心零部件的国产化，进一步降低国内"专精特新"企业的生产成本。核心基础零部件即元器件，包括机械基础件、电子元器件、智能仪器仪表、轨道交通关键零部件、航空装备关键零部件、船舶关键零部件及元器件、汽车关键零部件和发电与输变电设备关键零部件等。在工信部第三批专精特新"小巨人"企业名单中，共有133家机器人产业链相关企业上榜，涵盖核心零部件、工业机器人、移动机器人、机器视觉、仓储物流集成、工业机器人系统集成，以及3C、PCB、汽车零部件等多个领域。其中，在核心零部件领域，共有19家企业成功跻身第三批专精特新"小巨人"。此前，高工机器人已对工业机器人本体、工业 AMR/叉车 AGV/仓储物流集成、商用服务/巡检/配送机器人等领域的上榜企业进行了盘点。

专栏二 徐工传动

徐州徐工传动科技有限公司徐工传动成立于 2014 年，是徐工机械的全资子公司。徐工传动依托徐工完善的工程机械产业链和品牌影响力，从早期单一试制装载机变速箱、驱动桥，到 2018 年产品涵盖变速箱、驱动桥、变矩器、减速机等四大产品系列 170 种型号，再到 2020 年产品广泛应用于铲运机械、道路机械、桩工机械、起重机械、矿山机械、混凝土机械以及军民融合产品等诸多领域，快速形成产业化。当前，徐工传动已具备年产 10 万件各类传动零部件的生产制造能力。在减速机方面，徐工传动已形成涵盖 8000N·m 至 20 万 N·m 扭矩范围的 30 多种规格减速机产品。

四 关键材料创新

关键材料创新隶属于产品创新的一个类别，对"小巨人"企业的发展有重要作用，只有在材料上得以立足，才能在未来国家新材料发展上走向全世界。关键材料创新主要包括以下六大领域：①特种金属功能材料。具有独特的声、光、电、热、磁等性能的金属材料。②高端金属结构材料。较传统金属结构材料具有更高的强度、韧性和耐高温、抗腐蚀等性能的金属材料。③先进高分子材料。具有相对独特物理化学性能、适宜在特殊领域或特定环境下应用的人工合成高分子新材料。④新型无机非金属材料。在传统无机非金属材料基础上新出现的具有耐磨、耐腐蚀、光电等特殊性能的材料。⑤高性能复合材料。由两种或两种以上异质、异型、异性材料（一种作为基体，其他作为增强体）复合而成的具有特殊功能和结构的新型材料。⑥前沿新材料。当前以基础研究为主，未来市场前景广阔，代表新材料科技发展方向，具有重要引领作用的材料。

专栏三 鸿辉光通

上海鸿辉光通科技股份有限公司创建于 2001 年，专注于光缆材料及光通信器件研发、生产和销售。主导产品光纤填充膏、光缆填充膏等光缆辅助材料达到国际领先水平，极大地推动了光缆原材料国产化进程，赢得了国内外主要光缆客户认可，产品远销欧美及东南亚，拥有华为、中兴、烽火、长飞、中国联通、中国电信、中国移动等优质客户，市场份额一直处于行业领先地位。2015 年在新三板挂牌后，公司业务从光缆原材料进一步拓展至光缆源器件和接入网配套设备等领域。2020 年，鸿辉光通年销售额超过 5 亿元，发展势头强劲。

五　突破式产品创新

突破式产品创新是相较于渐进式创新提出的概念。Chandy 和 Tellis[①] 对突破式创新的定义是利用新技术创新额外顾客价值的一种创新，相比于渐进式创新，可以获得更好的市场地位，拥有更好的经济效益。Leifer 等[②]认为可以显著提高顾客效益，大幅降低成本，创造新的商机，提升组织绩效的创新是突破式创新。

突破式创新是指企业采用革命性的新技术，对现有产品进行创新，推出全新的产品或者较大幅度提升产品性能，以满足消费者现有的或潜在需求的一种创新。突破式创新存在两个特征：采用革命性的新技术，对现有技术产生巨大冲击；不仅满足现有消费者的需求，而且提供潜在的需求。

六　渐进式产品创新

渐进式创新是企业为了更好地满足消费者的现有需求，对现有产

---

① Chandy R. K., Tellis G. J., "Organizing for Radical Product Innovation: The Overlooked Role of Willingness to Cannibalize", *Journal of Marketing Research*, Vol. 35, No. 11, 1998, pp. 74 – 87.

② Leifer R. R., Mcdermott C. M., O'Connor G. C., etal. *Radical Innovation: How Mature Companies Can Outsmart Upstarts*, Boston: Harvard Business School Press, 2000, pp. 19 – 20.

品或技术进行局部改进或完善的创新。渐进式创新具备两个特征：采用的技术是对现有技术的改进或完善；同时更好地满足消费者的现有需求。

Garcia 等[①]认为渐进式创新是企业根据现有消费者的需求，对产品进行小幅度改进的创新类型。Song 等[②]认为渐进式创新是企业为了满足大多数消费者对于产品需求而对产品进行持续优化的创新。国内学者郑兵云等[③]也认为渐进式创新是在原有技术的基础上，发挥潜能对现有技术进行小幅度创新的行为。

第二节 "专精特新"企业的产品创新逻辑

一 "专精特新"企业的产品创新的内在要求

"专精特新"政策的战略升级是经过实践考验的、是深思熟虑的，不但直接为中小企业的发展再次指明了方向、加大了精准帮扶力度，还保障、延续和发展了供给侧结构性改革、创新驱动发展、大中小企业融通创新、"双创"等相关战略，从而形成有利于中小企业高质量发展的多重叠加综合政策效应。从长期来看，必将对进一步引导企业家投身社会主义建设、培育新时代经济发展所需的新动能突破关键技术、完善产业链供应链、加快构建新发展格局，尽早实现国际国内双循环起到全方位支撑作用。

专精特新的起点是专业，灵魂是创新，支撑是精细，内核是企业家素质，其相互之间有着内在的逻辑关系。"专精特新"从宏观上是中国官方经过战略对比后认可的中小企业成长路径，在微观上是中国本土创业方法论的一次重大变革。其中，专业化是"专精特新"的起点，是特色化的基础，新颖化不是单指产品而是强调企业

---

① Garcia R., Calantone R., "A Critical Look at Technological Innovation Typology and Innovativeness Terminology: A Literature Review", *Journal of Product Innovation Management*, Vol. 19, No. 2, 2002, pp. 110–132.

② Song M., Thieme J., "The Role of Suppliers in Market Intelligence Gathering for Radical and Incremental Innovation", *Journal of Product Innovation Management*, Vol. 26, No. 1, 2009, pp. 43–57.

③ 郑兵云、李邃：《竞争战略、创新选择与企业绩效》，《科研管理》2011 年第 4 期。

的整体创新能力，是"专精特新"的灵魂所在，精细化则是对专业化、特色化、新颖化的全方位支撑。同时，要想把企业带向"专精特新"，首先要求企业创始人自身具备良好的工匠精神、高度的专业知识、精细的管理方法、特色的产品设计能力及出众的创新意识。

未来"专精特新"企业的产品创新可以沿着数字技术的产业化和传统产业主动拥抱数字化进行深度挖掘，重点放在数字经济发展的基础和数字新基建、数字技术与实体经济的融合两大领域。前者包括如大数据、5G网络、云计算、边缘计算、人工智能、计算机通信和其他电子设备制造业、电信广播电视和卫星传输服务、互联网和相关服务软件和信息技术服务业等；后者是以数字化和数据资源助力传统产业的转型升级，实现数实融合，实现传统实体经济提质增效、转型升级。

二 "专精特新"企业的产品创新的价值体现

产品创新或改进的内在驱动表面上是企业追求市场占有率、销售收入和利润等经济指标的自然行为。但是，从价值工程角度看，产品创新背后的内在驱动力是价值增长的需求。从早期熊彼特关于创新的经济学定义看，创新可以认为是一个结果，是通过生产方式或管理方式的改进所产生的价值增值。价值是体现在商品中的社会必要劳动，是劳动的社会属性之一，本身也可以认为是内生性或社会性的。价值的大小取决于生产这一商品所需的社会必要劳动时间的多少。不经过人类劳动加工的东西，即使对人们有使用价值，也不具有价值。

对于一个企业而言，新产品研发的最终目的是实现其商业化，为自身带来更好的效益水平。因此在产品概念开发完成后，还要进行产品概念的筛选和甄别，从而保证产品概念与市场需求的吻合。由图6.1可以看出，"专精特新"企业从产品创新到实现商业成功需要具备六个条件：准确的客户需求、完整的商业模式、独特的核心能力、合伙的核心团队、高效的组织运营、长久的投资伙伴。

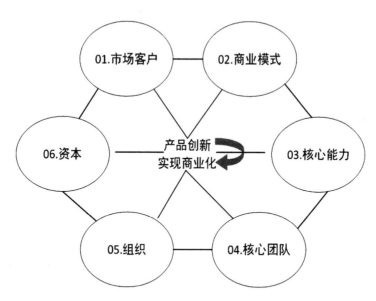

图6.1 "专精特新"企业从产品创新到实现商业化需具备的条件

第三节 "专精特新"企业的产品创新演变

一 产品生命周期

产品创新的演变必然与产品生命周期相关。产品生命周期理论是产品开发、产品创新策略和路径选择的重要理论基础。该理论把产品的开发和销售过程比作人的生命周期一样，要经历出生、成长、成熟、老化、死亡等阶段。就产品而言，也就是要经历一个开发、引进、成长、成熟、衰退的阶段。针对任何产品在市场上的演变趋势，以价值或利润为导向的企业经营行为和战略就需要进行一定的调整来适应这种演变。

从图6.2中可以看到，针对某个产品或某类产品的开发，在该产品演化的不同阶段需要采取针对性的研发策略，这是由于不同阶段所面临的挑战存在显著性差异。当一款新产品具备了前期的技术积累，可以投入应用和开辟新市场，但也容易面临与既有成熟产品的激烈竞争和高昂的研发投入成本。因此在某个新产品开发的孵化期，不同企业需要结合自身的经济和技术实力，以及国家的宏观政策或区域政

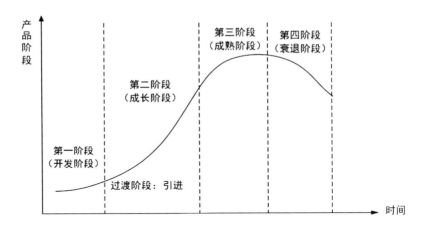

图 6.2 企业的产品生命周期

策，制定研发投入策略。

当一个产品开始进入成熟期的时候，它的功能和性能已经很难出现质的飞跃，更多的是小幅度的功能追加或性能迭代，这表明这个产品已经进入了成熟期，规模、成本和服务成为产品成熟期的重要竞争手段，品牌优势和号召力开始成为重要因素，早期众多二线、三线品牌开始退出主流市场。

二 "专精特新"企业产品创新的演变

产品生命周期的不同阶段，需要采取不同的开发和创新策略。首先，当产品处于第一阶段的时候，尽管存在巨大的市场潜力，但是该阶段同样面临着较大的市场不确定性。其次，即使当某个具体产品处于成熟期，甚至进入衰退期，依然存在一定的市场机遇，以及产品更新换代的创新机会。

国家大力支持"专精特新"发展，将"专精特新"发展方向作为中小企业转型升级、转变发展方式的重要途径，引导中小企业优化生产要素配置，促进中小企业集聚发展，形成一批"小而优、小而强"的企业，推动中小企业和大企业协调发展。在初创时期，企业应依托产业，找到自己所在产业链中的切入点。同时，要识别自身所处阶段，最大限度发挥多方资源的作用。结合多数企业创新成长的经验，我们总结得到企业创新成长路径，如表 6.3 所示。

表6.3 企业实现产品创新的演变

产品创新阶段	关键资源投入	创新模式	目标导向
模仿创新	先进生产设备、购买经费、设备使用人员	模仿生产，单纯的技术引进，客户提供图纸	新产品销售、利润提升、设备先进程度
引进再创新	专利技术和产品、购买和研发经费、技术吸收和再研发人员	技术引进、吸收和再创新	新产品销售、利润提升、专利数量、研发人员培养
突破性自主创新	科学家、设计人员、试验设备、研发经费、外部资源和网络	自主创新	新产品销售、利润提升、原创性知识和专利、一流研发人员数量、原始创新能力

模仿创新阶段的产品创新投入的关键资源主要是先进生产设备、购买经费、设备管理人员等，并且主要从事模仿生产新产品，因此，产品创新活动的绩效目标主要是新产品销售、提升利润水平、设备先进程度等。引进再创新路径中产品创新投入的关键资源主要是专利技术和产品、购买和研发经费、技术吸收和再研发人员等，并且主要从事技术和产品的引进、消化和吸收，再开发新产品，因此，产品创新活动的绩效目标主要是新产品销售、利润提升、专利数量、研发人员培养等。突破性自主创新路径中产品创新投入的关键资源主要是科学家、设计人员、试验设备、研发经费、外部资源和网络等，并且主要从事自主创新，因此，产品创新活动的绩效目标主要是新产品销售、利润水平、原创性知识和专利、一流研发人员数量、原始创新能力等。

企业的创新发展往往是从模仿创新开始，通过模仿创新可以减轻专精特新中小企业初创阶段的研发成本，减缓其创新的难度与坡度，又可以借鉴成功案例，合理规避市场风险。模仿创新是单纯的技术引进，直接由客户提供图纸和产品方案，企业仅负责产品的生产和销售，如图 6.3 所示。

图 6.3　"专精特新"企业模仿创新阶段

　　当企业成长到一定的规模，仅仅依靠简单的模仿，难以在激烈的市场竞争中保持卓越地位，企业必须寻求从"制造"到"创造"的转型之路。人们对单一产品的需求是有限的，当该产品的市场占有率接近饱和时，企业不得不生产其他的产品来达到营利的目的，"专精特新"企业就开始发挥"新颖化"特征。"专精特新"企业引进再创新的核心概念是利用各种引进的技术资源，在消化吸收基础上完成重大创新，引进再创新的结果是产品价值链在某个或某些重要环节上的重大创新。从图 6.4 可以看出，技术引进的方式来看，一般的技术都是相对成熟的技术，包括有待产业化的技术专利、已经成型的技术装备、成型的技术设备以及外国直接投资这种间接技术输入。

　　如果引进的是没有商业化的专利，在消化吸收阶段将是全过程的学习和消化，其新产品的制造就会涉及"试制——测试——投入市场——反馈——批量生产"等阶段，并且需要大量的产品营销费用。如果引进的是技术设备，在技术转移方的指导下就可以直接进行产品前期制造，消化吸收的方式有三种类型：边干边学、合作开发中学习和技术分解式学习。如果是通过外国直接投资这种间接方式进行技术输入时，FDI 的大量流入对本国的技术发展起着积极的作用。

　　当"专精特新"企业拥有一定的市场竞争力后，可以通过兼并、收购等各种方式，来实现全球创新资源的有效整合，推动产品线的不断扩展与系统化，从而拥有完全自主的知识产权。在突破性创新阶段，企业自主进行创新的统筹规划，并通过战略合作、业务外包等形式形成包括产品构思、应用研究、试验开发、生产制造、工艺完善、营销设计和市场研发等一系列创新活动在内的网络组织，并对各合作单位的合作成果进行系统集成。

　　突破性技术创新是相对于渐进性技术创新而言的，是指以潜在市场的开发为突破口，在技术发展路径上的"另辟蹊径"。"专精特新"企业突破性创新路径，见图 6.5，一项成功的突破性技术创新不仅可

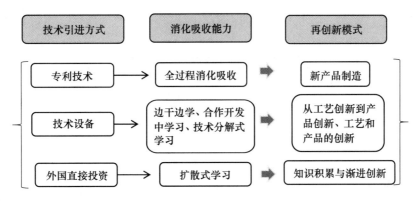

图6.4 "专精特新"企业引进再创新阶段

以改变主流用户的市场需求和企业的竞争优势。突破性技术刚出现的时候（t1），产业呈现出两种发展趋势：一个是按照已有的技术轨道（渐进性技术改良路径）继续前进；另一个是沿着全新的技术轨道（突破性创新路径）前进。

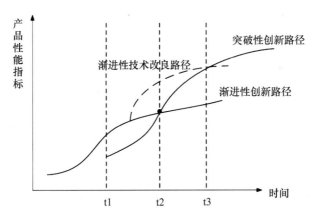

图6.5 "专精特新"企业突破性创新阶段

"专精特新"是我国中小企业转型发展的方向，国家政府不断引导中小企业"专精特新"发展，支持推动中小企业转型升级，聚焦主业，增强核心竞争力，不断提高企业发展质量和水平，走"专精特新"发展道路。产品创新是企业直面市场和用户需求的环节，需要根据用户产品体验的变化调整产品生产，并且强化企业对产品的创新，从工艺、技术、服务和品牌的视角不断提升产品的创新性，更好地满足市场需求。

专栏四　深州工程：坚持以自主创新走"专精特新"发展之路

深州市工程塑料有限公司位于河北省深州市经济开发区博陵东路 106 号。公司从 2008 年开始被认定为高新技术企业，是中国塑协氟塑料加工专业委员会副理事长单位，中国塑料加工业优秀科技创新企业。在高铁用支座生产厂家与机械密封件使用厂家，"深州工程"与"远征"已成为客户心目中质量最好、服务最优的品牌产品。

深州工程多年来始终坚持"创新"的发展理念，以市场需求为导向，把"做中国最先进的特种工程塑料产品"作为企业定位，公司的核心品牌是"高铁桥梁支座用特种工程塑料滑板"，主导产品有聚四氟乙烯滑板及制品、改性聚四氟乙烯滑板、改性超高分子量聚乙烯滑板等，从生产规模、加工能力、产品品质等方面已成为我国北方最大最具影响力的企业。

近年来，深州工程研发的改性超高分子量聚乙烯桥梁支座滑板，各项性能指标等同或优于德国毛勒的同类产品性能指标，得到了客户的认可与好评。2013 年研发的改性聚四氟乙烯滑板，与纯聚四氟乙烯滑板比较，抗压强度提高了 1.5 倍，耐磨性能提高了 50 倍，现已经应用在了重载铁路与部分城市建设的环城高架公路上。

"我们为迎合中国建筑标准设计院的要求，研发了建筑摩擦摆隔震支座滑板摩擦副材料，无油滑动摩擦系数在 0.02 以下，可与日本支座摩擦副材料相媲美，此材料正准备做型式实验。这种材料一经试验成功，推广到建筑领域的减隔震支座上，市场前景非常好。"该公司负责人表示。

伴随着高铁建设高潮期已过，企业即将进入转型阶段，顺应国家政策，向新能源产业发展。目前，该公司现已成功研制超级电容器用聚四氟乙烯隔膜材料和海水淡化用聚四氟乙烯过滤膜产品，待产品技术指标稳定将推向市场，为企业带来良好的经济效益和社会效益。

资料来源：http://gxt.hebei.gov.cn/hbgyhxxht/ztzl11/900892/901634/index.html。

第四节　"专精特新"企业的产品创新路径

一　产品创新路径的三种主要取向及特征

在企业选择了具体的创新路径并进行产品创新实践时，必然会通过产品创新绩效的反馈对创新路径进行评价和修正，其结果就可能存在三种情况，即路径维持、路径升级和路径退变。

产品创新的路径维持，是指企业维持原来的创新路径，即在组织方式、创新模式、技术路径、投入结构等方面保持不变。路径维持可能在两种情况下出现：一是在创新绩效反馈比较满意的情况下，整合自身资源维持原来的创新路径，以期获得与现有状况相同的市场占有和利润水平；二是在产品创新绩效不满意或创新失败的情况下，受既有的技术范围或技术轨道的约束，以及受企业自身资源结构和组织模式的制约，而无法实现技术变革和创新路径的升级演化，但企业尚能够继续维持既有创新路径，这种情况下的路径可以称之为路径依赖下的路径维持。

产品创新路径的升级变革，是指由于企业研发能力、投入能力的提升，以及外部资源的获得，可能在原有创新绩效良好反馈的基础上，由模仿创新路径向引进再创新路径的升级演化，或者由引进再创新路径向突破性自主创新路径的升级演化，以期获得更多的市场占有和利润水平。

产品创新路径的退变演化，是指可能由于创新绩效的负面反馈，或者企业内部环境改变，或者科技发展、市场竞争、政策支持等外部环境改变，使得企业不得不放弃原有的创新路径，而选择更容易实施的更低级的创新路径，如从突破性自主创新路径向引进再创新路径的退变，或者从引进再创新路径向模仿创新路径退变，但结果将是新产品周期变短和利润水平下降等。

总而言之，企业在不同的发展阶段所选择的产品创新路径可能并不总是维持不变的，而是有可能随着各种具有重大影响的因素变化而出现创新路径变革的"机会窗口"，使得产品创新路径从某一阶段的某种路径向另一阶段的另一种路径演化。但是，影响企业路径选择和路径演化的因素很多，如企业自身所拥有的知识、技术、人才、能力、设备、资

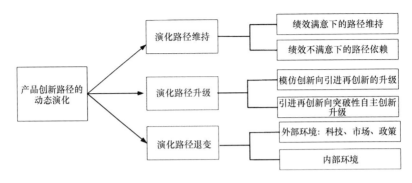

图6.6 产品创新路径演化的三种主要取向

金、管理等内部条件，以及外部研发资源的可获得性、政府政策支持力度、市场竞争程度、科技发展阶段、技术更替速度、消费偏好变化、居民收入增长、宏观经济发展等外部情况。创新资源投入组合的变化能促使企业产品研发能力实现持续的积累和足够的提升，使企业能够有效把握"机会窗口"，成功实现投入结构、组织方式、创新策略、技术路径的变革，从而最终实现产品创新路径的升级演化。

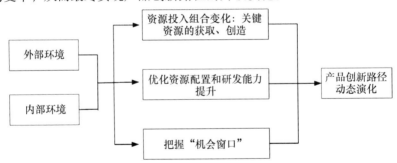

图6.7 企业产品创新路径演化的机理

二 "专精特新"企业产品创新路径

一般来说，产品创新都是指企业对产品功能进行改造、升级，或者设计制造出新的产品，甚至是指由企业组织、投入和实施的新产品开发、设计、制造、销售和服务的一个完整过程。但实际上，对于市场（即消费者）来说，只要企业能够提供新产品，就是从事了产品创新活动。正如熊彼特（1934）所言，创新是一种技术的商业化活动，因此，从广义上说，产品创新就是企业组织、投入和实施的向消费者提供新产品的过程。

"专精特新"企业具备专业化、精细化、特色化和新颖化特征，其中支持中小企业新颖化发展，必然要通过技术创新、工艺创新、实现产品和服务创新，以"新"取胜，提高核心竞争力。"新"强调的是在技术、工艺、功能、产品和服务上的创新，不仅要与时俱进，还要勇于创新，进而在竞争激烈的市场中获得优势。因此，和一般企业一样，只有不断创新，才能得以持久发展，"专精特新"企业也不例外。

根据工信部的数据，专精特新"小巨人"有"5678"的特点，超过五成企业的研发投入在 1000 万以上，超过六成企业属于工业基础领域，超过七成企业深耕十年以上，超过八成企业位居细分市场首位。产品创新的路径最终是形成市场可接受的具有创新性的产品。从图 6.8 中可以看出"专精特新"中小企业从产品创新到最终实现商业化必须经历创意提出、创意筛选、开发、测试、发布、批量生产、市场推广等过程，产品创新能被市场所认可是目标，其中产品研发管理是产品创新的重要环节。因此，"专精特新"企业产品创新应当从加强研发管理入手。

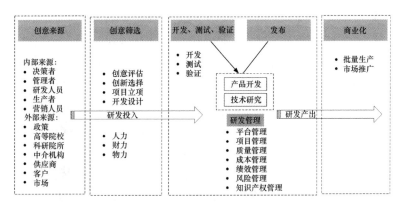

图 6.8　"专精特新"企业从产品创新到实现商业化的路径

（一）拓展产品创新的创意来源

创意来源的界定主要从创意的产生、创意的识别和创意的筛选三个方面。创意的产生可以来源于企业自身现有的产品、竞争对手的产品、技术、未使用的专利以及顾客需求等方面。在创意识别阶段，需要更为广阔的视角，全方位地考察创意的潜力，包括产品的特点、产品所处的市场环境、商业环境与竞争、成功的关键要素与障碍、财务预算、风险因素、时间表等。创意的筛选首先要遵循可行性，明确是否符合公司战略，最后进行顾客的筛选和技术测试。在该阶段常用的方法有专家小组法、属性列举法等。

在拓展创意来源的前提下，进一步促进创意成为产品概念，这需要市场需求、形式和技术的配合。① 对于一个"专精特新"企业而言，新产品研发的最终目的是实现其商业化，为自身带来更好的效益水平。因此，在产品概念开发完成后，还要进行产品概念的筛选和甄别，从而保证产品概念与市场需求的吻合。比如，面对市场上新的变化，大荣纺织近些年实行了专业定制、共同开发的模式。把前端的服装面料生产厂家拉到企业的设计生产环节，倾听他们的需求，让企业的产品最大化地满足客户的需要。大荣纺织通过挖掘客户现实的痛点和需求，凭借独特的产品设计和创新功能，引领了国内行业。

（二）制定"专精特新"企业的产品平台战略

产品平台是产品战略的核心环节，其构建的目的在于为一个产品线的开发创造一系列的核心技术要素。所谓平台战略，是根据企业产品的战略愿景、客户需求变化趋势和核心技术发展趋势，所确定的产品平台演进模式、节奏和发展目标。对于"专精特新"企业而言，面向新市场和新需求，需要提供新的产品平台，企业内部的核心技术是产品平台特性的决定性要素，它界定了该平台的能力和界限，也界定了从该平台开发出来的所有产品的独特性。海德曼发端于仪表车床，起步于经济型数控车床，发展于高端数控车床，致力于车床领域的深度发展。公司坚持专、特、精的发展战略，长期致力于高端数控车床基础技术和核心技术的自主创新，形成了完整的高端数控车床开发平台和制造平台。

---

① ［美］C. 默尔·克劳福德、C. 安东尼·迪·贝尼迪托：《新产品管理（第11版）》，刘立、王海军译，电子工业出版社2018年版，第84页。

产品平台战略的性质会因行业性质和产品用途不同而有所差异。常用的几种产品平台战略有：专用产品平台战略、横向扩展产品平台战略、纵向拓展产品平台战略和抢滩战略——纵横向延展。[①]

（三）优化产品研发信息化管理

"专精特新"企业应当重视产品的研发管理，从产品的研发管理信息化入手开始企业管理数字化转型。通过降低产品的成本、提升产品的品质，提高产品研发的效率，特别是提升自身保持"专精特新"的能力，实现企业的可持续的发展，长期的发展。

有关企业产品研发信息化管理，业界有标准的管理系统软件PLM。PLM 的核心思想是规范、协同和创新。企业运用 PLM 系统实现产品创新的思路如下图：

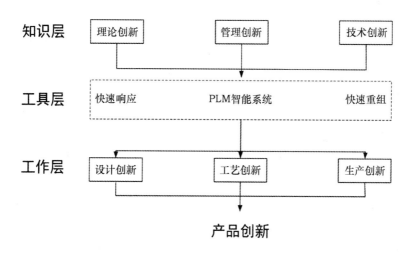

图 6.9 PLM 信息化系统支持的产品创新思路

总体而言，"专精特新"企业通过实施信息化产品研发管理与一般企业有很多相似的地方，也存在"专精特新"的很多特性（图6.10）。在专业化方面，"专精特新"企业需要深入行业特点去做专业深度的业务匹配，保证对专业工作业务的支持，需要在标准的解决

---

① Meyer M. H., A. Lehnerd., *The Power of Product Platforms*, New York：The Free Press, 1997, pp. 13 – 29.

方案上适当地深化；同时需要适当保持方案的行业可扩展性，为了匹配企业业务在行业内的横向扩展。在精细化方面，要把握研发岗位精细分工与企业成本控制之间的平衡，适当细分工作岗位；同时把握产品相关数据和流程的精细管理，适当把握管理对象分类的颗粒度，合理设置流程节点。在特色化方面，PLM智能系统可以将特色信息进行保密，同时区分类型权限的数据共享，以保护"专精特新"企业的信息安全性。在新颖化方面，在洞察市场的需求变化时，必要时适当调整产品的路标规划，变更需求，使产品的研发面向市场需求动态调整，敏捷地跟随市场需求，引领消费市场，形成企业核心竞争力。面向市场需求管理，提升创新产品的能力，是形成企业核心的竞争力，保持企业长盛不衰的主要手段之一。

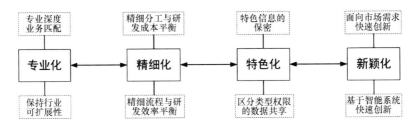

图 6.10　"专精特新"企业产品研发信息化平台管理的特点

　　"专精特新"中小企业数字化转型开始于产品研发信息化管理。第一，企业的产品研发是产品数据的源头，所以信息化、规范化的管理应该从产品研发开始；第二，产品的成本、质量和生产的效率很大程度上是在研发阶段形成和确定的，所以提升产品的竞争力应当从加强研发管理入手。第三，"专精特新"企业具有较强的发展扩张动能，利用产品研发信息化管理系统，在集团企业自身业务财务管控的基础上，与上下游产业链上的企业建立系统层面的协同。除此以外，通过信息化手段支持产品的持续创新，保持企业核心竞争力也需要从加强产品的研发信息化管理开始。

　　（四）全方面加快"专精特新"企业数字化转型
　　"专精特新"的特征是创新发展，数字化、线上化、智能化是"专精特新"企业创新发展的必然趋势。尽管我国涌现出一批企业数字化的典型,但数字经济核心产业增加值需进一步提高,亟待形成城市数字化转型制度框架体系。同时,创新能力、数字化供给方面也需要进一步提升。

首先,推动数字化转型,增强数字技术应用。建议以《"十四五"促进中小企业发展规划》为引领,通过政府购买服务、专项补贴等方式,以开展产业数字化诊断为切入口,主动挖掘数字转型需求,以市场需求换产业、换生态,形成数字化转型的市场能动性。其次,加强全国性数字服务平台应用,提升"专精特新"企业服务能力。建立数据和业务中台,为前端和后台赋能,最大化地发挥创新作用,围绕客户需求拓展产品。围绕装备制造、医疗、食品等重点行业,鼓励建设本地"专精特新"企业数字化服务平台,服务数字化转型进程。引导数字化服务商创新数字化运营解决方案,开发使用便捷、成本低廉的中小企业数字化解决方案,提供适用于企业本身的精细化管理数字化应用,为"专精特新"企业降本提效。最后,组织开展"专精特新"数字化技能大赛,培育数字化创新生态。召开有全国影响力的"专精特新"数字化峰会,鼓励国内外领先的数字化服务商推出"专精特新"数字化技能大赛,邀请数字化转型中处于领先地位的"专精特新"企业进行经验分享,让企业更好地感知和应用先进的数字化创新模式。

专栏五 瑞立美联:产品创新求突破 提升综合竞争力

位于安次高新技术产业园的瑞立美联制动技术(廊坊)有限公司是一家专业从事汽车制动技术研究,拥有先进的商用车车用空压机技术的生产基地。公司新建成的制动空气压缩机数字化生产车间里,流水线上产品装配高度自动化,生产数据实时显示,每步工序都以二维码的形式记录在系统里。"组装一台车用空气压缩机需要16道工序,用时也只需16分钟。"公司智能组装车间主任魏恩发告诉记者。

据了解,该公司有40余年空压机专业制造研发经验,在生产中始终坚持精益求精,不断进行技术改进与品质提升,先后被认定为河北省高新技术企业、河北省科技型中小企业、河北省"专精特新"示范企业、河北省工业企业研发机构等。

近年来，在数字化浪潮的推动下，该公司逐步探索数字化转型之路。2020年开始投入使用数字化装配车间，满足企业对产能的规划以及产品质量的需求。通过机器换人、自动化减人，做到了产品装配各环节高度自动化，在提高产能的同时，更进一步提升了产品质量稳定性。

"通过车间设备联网，实现了数据实时自动采集，生产数据、监测数据实时展示等功能，利用数据分析，事后可保障产品源头追溯，增强了产品交付能力，进一步满足了市场需求。"公司总经理何建军说，数字化升级的背后是技术创新的鼎力支持。近年来，公司持续加大科技投入，建立了国家CNAS认可实验室，目前申请专利37项，发明专利5项，获评河北省"专精特新"示范企业、河北省工业设计中心、河北省A级工业企业研发机构。公司积极参与产销、银企、产学研、政策及安全培训等各类对接活动，用对用好政企直通服务平台和河北省中小企业投融资服务平台，为公司拓展市场、项目申报、企业融资等方面提供了很好的服务，成功申报了专精特新"小巨人"企业，省、市级工业设计中心以及数字化车间等项目。

"随着公司规模不断扩大，传统制造业弊端凸显，亟须在智能制造、数字化方面提高和发展。"何建军说，为满足日益增长的市场需求，公司从产品结构、产品性能、新技术应用等方面进行突破创新，由传统铸铁制件空压机逐步向绿色环保、节能减排、高效低碳的商用车气制动产品迈进，先后推出离合式空压机、轻量化空压机、双级空压机等。同时，为进一步提升公司综合竞争力，实现企业健康可持续发展，公司在做好前期项目调研后加推水泵新产品，着力打造空压机、水泵双线品牌，为公司发展注入新动能。

资料来源：《廊坊日报》2021年11月15日报道。

第七章 "专精特新"企业的管理创新

第一节 "专精特新"企业的管理创新模式

管理创新，是指企业把新的管理要素（比如管理方法、管理手段、管理模式等）或要素组合引入企业管理系统来更有效地实现组织目标的创新活动。从内容来看，管理创新是包括战略创新、融资模式创新、组织创新、制度创新、机制创新、经营创新、技术创新和市场创新等在内的一项系统工程。新颖化特征促使"专精特新"企业不断在技术、理念、管理等层面升级转型，因此对于"专精特新"企业的管理来说，组织创新、文化创新和制度创新等层面的创新极为重要。

一 "专精特新"企业的组织创新

（一）内部组织模式创新——建立结构合理的梯队式研发团队

企业的内部创新组织模式，是指企业为完成特定创新项目而设计的团队分工协作模式。由于"专精特新"企业对于技术创新有较为严苛的要求，研发团队通常具有高学历、高水平特征。因此，在"专精特新"企业中，通常需要形成金字塔式的梯队组织。人才结构在组织梯队中显得尤为重要，一个团队中不仅需要教授高工这样的领队，也需要相应的帮手。一方面，需要有理论人才和实践人才的搭配。理论人才能够为项目的研发创新提供方向性的指导，实践人才则能够为项目的实施提供保障。另一方面，需要有学历层次的梯级。不同学历人才在创新中的分工也有所不同。如果一个团队中都是高学历的领军人物，则可能出现高层之间的冲突，反而影响创新活动的开展。

专栏一　　上海发凯

上海发凯依托上海市"小巨人"企业、金山区企业技术中心、专家企业工作站的建设，组建了一支具有深厚专业理论与丰富实践经验、人才结构合理的28人创新技术团队，其中教授级高工5人，博士1人，硕士11人。截至2020年年底，公司已获发明专利授权22项，授权专利中，14项专利已实施转化。

（二）外部组织模式创新——注重产业链上下游伙伴合作共赢

随着创新活动复杂性的增加以及环境动态性的加剧，传统的企业"单打独斗"模式已经很难在短时间内适应市场日益变化的需求，越来越多的企业已经开始意识到利用外部创新资源的重要性。外部创新组织模式，是指为了克服研发的高额投入、不确定性和高风险性，企业可以与供应链上下游的伙伴进行合作。任何一家企业的创新都无法涵盖整条供应链，对于企业来说，加强产业链供应链上下游协作，畅通渠道整合资源，不但能降低综合成本，还能实现产业集群发展，进行针对性的科技创新，高质量实现提质增效。"盘活"产业链供应链上下游的重要性和必要性不言而喻，"单兵作战"不如抱团取暖，发挥 $1+1>2$ 效能。企业应有意识地参与地方战略性产业集群建设，加强上下游对接协作和产业链资源整合。

专栏二　　艾为电子

上海"小巨人"企业艾为电子基于终端消费者需求，积极对标国际领先技术，在产品工艺设计、封装、质量可靠性等方面与产业链上下游伙伴高效合作，提升产品综合性能及质量，促进国内产业链共同发展。艾为电子自创立以来，就与台积电、长电先进等一流供应商合作，成就了"艾为芯"在产品性能、供应链管理、交付能力等方面的杰出表现，也获得了华为、oppo、vivo、小米、亚马逊、nokia等国内外客户的认可，产品应用领域从手机延展到物联网等智能硬件。

二　"专精特新"企业的文化创新

（一）物质文化创新——保障基础硬件设施更新升级，营造创新氛围

企业物质文化是由企业员工创造的产品和各种物质设施等构成的器物文化，企业物质文化主要包括企业环境和企业标识两方面的内容[①]。其中，企业环境是企业文化的一种外在象征，它体现了企业文化个性特点。良好的企业物质文化创新不仅能够为员工创新提供最基本的场所，同时不断更新升级的工作环境能够给员工创新的氛围感受。专精特新企业在建设工作场所时，也需要考虑企业环境的创新。比如，在一些服务业企业的环境创新中，可以适当考虑建立健身房、咖啡厅等工作设施，方便员工放松身心的同时，也促进了创新想法的碰撞和产生，有益于改善员工的创新基础氛围。

专栏三　上阀股份

上阀股份非常注重工厂的基础设施建设，积极投入资源用于硬件设施更新，阀门试验台架生产厂房扩建项目按照国标 GB/t12241、GB/t12242、GB/t12243 和美国 Asmeptc25、国际标准 ISO4126 进行改造建设。改扩建后，公司拥有了先进的测控技术，测试精度大幅提高，不仅成为上海地区唯一的阀门热态试验台架，也是国内容量最大、试验项目最多、试验精度最高的阀门试验系统，达到国际先进水平，进一步为产品创新提供保障。

（二）精神文化创新——注重特色文化与企业观念相融合

企业精神文化是企业在生产经营中形成的一种企业意识和文化观念。企业精神文化最能体现一个企业的文化精华，它深深内化于员工的心理素质之中，并且通过一定的文化仪式和文化网络得以保留和发展。构建中小企业"专精特新"发展模式是一项长期的、系统性的变革创新，需要重视企业文化的凝聚作用，避免发展短期化。企业家要做好长

[①] Fernandez-Starkk, Gereffig., *Handbook on Global Value Chains*, Massachusetts：Edward Elgar Publishing, 2019.

期的思想准备，不可能一蹴而就，需要发挥企业文化的凝聚作用，动员企业全员共同参与、迭代前行、长期推进。不同区域的产业发展通常带有其地方特色，比如东北老工业基地、上海金融中心、杭州电商产业都具体有其相应的地方特色，若专精特新企业能够将地方特色文化与企业创新文化进行有机地结合，将会对企业的创新产生积极的作用。

专栏四　恒润集团

　　恒润集团把当地董子儒家文化、革命红色文化融入企业发展中，培树和创建"儒乡枣强"党建品牌、"复材之乡"产业品牌、"百年恒润"公司品牌。集团投资 600 余万元，建成全国第一个由非公企业出资的"两新"组织党群服务中心、"两新"组织中心党校，集党史展览、统战风采、"双创双服"、教育培训、文化活动、组织孵化于一体，激发活力创新、服务对接群众等作用，通过不懈努力，力争把"儒乡枣强"党建品牌、"复材之乡"产业品牌、"百年恒润"公司品牌打造成知名品牌。

三　"专精特新"企业的制度创新

　　制度是组织运行方式的原则规定，是对组织成员权、责、利等关系的合理明确。一个组织就是在制度等要素的相互作用之下，实现内部要素与外部环境协调，并沿着组织的既定战略目标运行[①]。企业制度创新，也称"企业制度再造"，是指随着生产力的发展，不断对企业制度进行变革。由于企业本身就是依靠企业制度而组合起来的，因此企业制度创新对企业的发展非常重要，而对于"专精特新"企业来说，企业制度的创新则更为重要。针对"专精特新"企业创新发展的复杂性、不确定性、多部门参与等特征，"专精特新"企业需要从人才、知识、项目管理等方面来建立创新管理制度，主要包括人才

---

① 李万、常静、王敏杰等：《创新 3.0 与创新生态系统》，《科学学研究》2014 年第 12 期。

管理制度创新、知识管理制度创新和项目管理制度创新三个方面。[①]

（一）人才管理制度创新——为人才创造更多自由发挥的空间

驱动创新的主体是人才，实现"专精特新"的关键也是人才。"专精特新"企业的人才管理制度中最重要的就是人才激励制度。[②] 企业应重视创新人才的物质需求、职能需求和精神需求，并从单纯的物质激励转向物质与精神激励相结合，从而满足员工实现创新目标和提升自身的幸福感。创新可能失败，更需要空间，给予人才充分的激励以及充足的空间对人才来说至关重要。因此，需要给予研发人才更多自由发挥的空间，将技术研发人员从非技术工作中解放出来，专心做好科研。

专栏五　徐工传动的人才战略

徐工传动以创新、人才战略为驱动，发扬耐得住性子、坐得住冷板凳的脚踏实地和一根筋精神，打造"技术领先、用不毁"的产品，提供"品质服务"，正沿着专精特新"小巨人"企业"的发展路径，抢占世界工程机械的制高点。如何培养一流的创新人才，并借助全球创新资源为徐工所用，是建设世界级企业的根本。立足中国、布局全球的创新人才队伍建设与不断完善的激励机制，是徐工构建企业核心能力的关键要素。

与此同时，徐工在科技创新管理方面，给予技术研发人才更多自由发挥的空间，将技术研发人员从非技术工作中解放出来，专心做好科研。同时建立科学合理的薪酬体系，鼓励团队进行项目研究、核心技术攻关，并对成功完成技术攻关的团队予以重金奖励，重大项目完成团队一次性最高可以奖励达 1000 万元。徐工在核心骨干人才激励机制方面还有一个大胆尝试，就是在新业务、新业态企业中全面实施混合所有制改革，骨干层根据贡献大小持有股份。徐工已经形成了持久持续吸引人才、用好用活人才的一系列配套制度。

---

① 林敏：《中小企业技术创新的国际镜鉴》，《改革》2017 年第 5 期。
② 孙早、许薛璐：《前沿技术差距与科学研究的创新效应——基础研究与应用研究谁扮演了更重要的角色》，《中国工业经济》2017 年第 3 期。

目前，徐工传动正是依托自身与徐工强大的人才资源，在传动系统多个品类产品领域做到了"专精特新"。今后如何做强做大企业，在持续的制造技术投入的同时，必须加大技能型、知识型、创新型于一体的复合型人才的引进和培养。

"核心技术的持续投入需要核心技术人才去使用、去实践、去创新，引进和培养人才是我们工作中的重中之重。"徐工传动总经理、党委副书记蒋立俏说。因此，徐工传动始终注重专业技术、专业技能、经营管理人才队伍培养和建设，通过传帮带筑牢知识根基、技能培养激发内在潜能、后备人才扩展晋升空间等措施，为员工构筑广阔的发展平台。在徐工大器文化的引领下，徐工传动建立了以"学习、创新、质量、绩效"为核心、具有自身特色的"箱桥文化"，成就了一支专业、高效、充满活力、让追求卓越成为习惯的复合型人才队伍。

资料来源：孟醒：《徐工传动如何打造"专精特新"产品》，《中国工业和信息化》2021 年第 10 期。

（二）知识管理制度创新——建立知识产权拼图

知识和信息是"专精特新"企业在信息时代发展的重要生产要素。对于"专精特新"企业来说，知识和信息的保护更为重要，不仅涉及核心产品专利，同时涉及企业管理的方方面面，包括财务、商标等。"专精特新"企业的产品创新，需要通过专利更好地保驾护航。核心产品的创造过程就像拼图，一轮拼完又来一张更大的图接着拼，被倒逼出来的突破，在现实中就是一件件专利技术的发明。"专精特新"企业在对知识产权进行管理时，首先需要勾画出整体知识产品的版图，按层级建构知识产权或者专利获取的路径，像拼图一样由点带面地建立企业的专利框架，按部就班地搭建知识系统，同时也要注意知识产权纠纷的问题。

（三）项目管理制度创新——构建项目一体化生命周期管理模式

由于"专精特新"企业在发展和创新的过程中充满了不确定性与风险，有必要对项目的管理制度进行创新。比如，在项目立项之前，企业需要重点考虑项目申请指南、项目时间、项目选题等问题。在项目实施过程中，企业可以通过协调管理、动态管理及文档管理等途径妥当处理项目争执、进度偏差及信息丢失等常见的问题。在项目验收及评估过程中，企业需要做好项目验收准备工作以及经验总结工作。同时，充分考虑包括技术因素、社会因素、政治因素以及其他一些难以预测的未知因素，以避免很多创新思想不能最终转化成新技术或新产品。为了规避创新风险、更加顺利地完成创新项目，需要对企业创新风险进行识别，并针对创新风险建立相应的管控制度。通过建立项目一体化生命周期管理模式，能够有效地降低项目的风险，促使创新的实现和落地。

专栏六　上阀股份

　　上阀股份借助核电产品以及特殊产品生产要求，相继建立健全了核电质量保证体系以及特殊产品质量保证体系，实现了有效运转，确保了产品生产全过程的质量控制，有力促进了产品质量的不断提高。为进一步促进企业转型升级、提高管理效率，公司根据企业现状，对现有管理组织构架进行了进一步梳理，全面明确部门以及岗位职责，推动部门考核机制的完善与试点实施，形成了与高端高品质产品生产相匹配的管理体系。通过"稳步发展，多方并举"的手法，将产品研发、基建保障、股改上市、管理体系改革几方面有效结合在一起。在研发新产品做专、做精的同时，结合基础设施改造经验，打通了阀门产品从研发至试验一体化生命周期管理模式。

第二节　"专精特新"企业的管理创新逻辑

　　在"专精特新"企业的管理创新中，需要重点关注企业的组织创新、文化创新以及机制创新。其中，组织创新是企业管理创新的基础，因为创新活动终究是由人开展的；文化创新是驱动力，推动组织不断进步；制度创新是保障，是人才、项目和知识创新能够正常开展的护卫舰，本研究认为不同层次的创新以及相互之间的逻辑关系如图 7.1 所示。

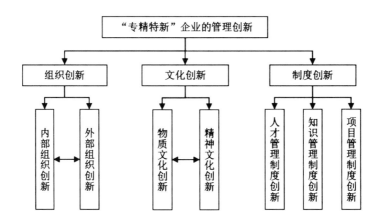

图 7.1 "专精特新"企业的管理创新的逻辑层次

一 内部组织创新是基石,善于利用外部平台

中小企业由于组织形式较为灵活、规模较小的原因,在专业化建设方面具备优势。组织创新路径是对企业未来组织变革方向的总体判断,反映了企业创新过程中组织创新各要素的动态变化过程。企业实施组织变革的过程,就是企业根据内外部发展条件的变化对创新组织、管理制度和资源配置程序进行创造性设计与调整的过程。在"专精特新"企业中,通常使用小组制、项目制的组织模式,这种模式比较强调将研发相关人员安排在一个工作组内,以此加强沟通,提高研究效率。而项目的开发也是借助项目研发小组进行的,因此,如何进行内部组织创新是企业首先要考虑的事情。

随着创新活动日趋复杂化,"专精特新"企业逐步寻求高效、科研院所等外部平台进行创新。如何与外部组织进行合作,建立良好的合作机制也是企业需要考虑的。优良的外部合作机制不仅可以促进项目的开展,提高项目的开发效率,降低项目的风险,同时也能够让内部组织在一次次项目合作中吸取更多的经验,提升内部组织的研发能力。

二 物质文化创新是表象,精神文化创新是动力

良好的物质文化创新是企业精神文化创新的具体体现,最为明显

的就是企业工作环境的创新。优化企业工作环境，为劳动者提供良好的劳动氛围，这是企业重视人的情绪、满足人的需求、激励人的工作热情的体现。对工作环境等物质文化进行创新不仅可以提高劳动效率和经济效益，同时也有利于凝聚多方力量建立稳定的生产群体，而且可以保护企业职工的身心健康。

企业精神文化最能体现一个企业的文化精华，它往往可以与员工共享，而不像物质，只经过一次或数次"消费"就完毕，或者容易为个人占有。企业的精神文化是一种超个性的群体意识，其价值具有更广泛、更深刻、更长远的社会意义。企业价值观是企业精神文化的基础，使企业内部各种力量汇聚到一个共同的方向，同时也成为发挥员工积极性和主动性的一种内在动因。这种意识形态是一股无形的力量，能对员工的精神面貌产生一定的作用。

三 人才管理创新是根本，知识项目管理是保障

人才是"专精特新"企业发展之根本，是一切创新活动的起点，知识和项目则是人才团队组织的产出。因此，"专精特新"企业的管理都应该牢牢抓住人才管理创新这条主线，而知识和项目的管理则是对人才产出的尊重和保护。

企业应重视创新人才的物质需求、职能需求和精神需求，并从单纯的物质激励转向物质与精神激励相结合，从而满足员工实现创新目标和提升自身的幸福感。人才激励制度主要包括薪酬激励、晋升激励及情感激励。一方面，通过建立知识产权管理制度，有效利用知识产权专利信息，防止知识产权纠纷的发生，提高人才团队创新的积极性。另一方面，企业需要对创新风险进行识别，并针对创新风险建立相应的管控制度，促进创新思想转化成新技术或新产品。

第三节 "专精特新"企业的管理创新演变

基于企业的成长生命周期，本研究尝试提出"专精特新"科技企业的演变模式。"专精特新"企业的演变主要划分为初创期、成长期和成熟期3个阶段，处于不同阶段的"专精特新"企业在组织、文化

以及制度等层面都有着对应的发展特征，而对于不同阶段的企业来说，相应的政策导向也有所不同，具体如图7.2所示。

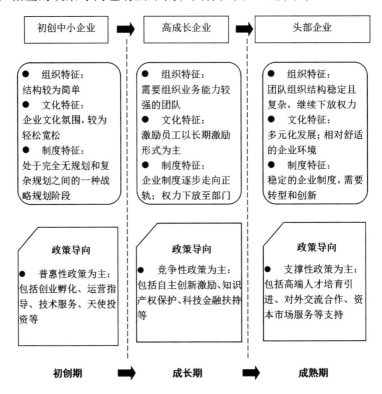

图7.2　"专精特新"企业的管理创新演变的阶段和特征

一　初创期——松散式管理，重在创新起始的摸索探究

初创期是企业发展的起点，尤其对于"专精特新"企业来说，初创期是处于完全无规划和复杂规划之间的一种战略规划阶段。处于初创期的中小企业，往往只有创业者为领导的小团队，团队成员之间没有明确的职权划分，此时企业主要以摸索探究为创新发展导向。因此，"专精特新"企业在创立初期主要是依靠自有资金创造自由实现企业发展的阶段。在这个阶段中应该充分调动"所有人做所有事"，该阶段也是创业者亲自深入运作细节的阶段。此时，企业文化也是较为宽松的"家庭式"企业文化。其管理特征包括：集权决策，即总经理通常作出有关公司经营的大多数决策；非正式管理，即很少有正式的管理程序、系统和结构。

初创期的政策导向：在"专精特新"企业发展的起始阶段，政策措施应以普惠性政策为主，给予企业创业孵化、运营指导、技术服务、法律援助、天使投资等方面的支持。

二 成长期——有序化管理，促使"专精特新"高速成长

"专精特新"企业在发展期往往具有非常高的成长速度。在该阶段的企业销售额上升很快，企业规模也逐渐扩大。由于企业员工以及各种资产的增加，管理难度也相应增加（王成仁，2021）。在该阶段，如何实现"专""精""特""新"的做大做强，是管理者应该思考的问题，其中，拥有一支业务素质较高的研发团队是企业走向成熟的关键。因此，企业在该阶段更多的支出应该用于诸如研究开发、扩大生产能力及市场占有率等各种形式的资本性支出。在该阶段企业不希望将资金大比例作为薪酬发放，而是吸引有才干的经营者。所以，在该阶段适宜采用股权等长期激励形式对企业员工进行激励。在该阶段，管理者对长短期目标的选择、对企业发展战略的定位都非常关键，狭窄的决策视野或者规避风险态度，都将影响企业的成长速度，甚至会错过发展壮大的机会。企业的经营制度经过创业期的发展开始走向正轨，同时高层管理者开始分权，把权力按照责权对等原则下放到各个部门管理者。

成长期的政策导向：在"专精特新"企业进入成长期后，以自主创新为核心，引导方向是提升企业创新力和精耕细分领域的专注力，政策措施应以竞争性政策为主，应给予企业自主创新激励、知识产权保护、科技金融扶持等方面的支持。

三 成熟期——多元化管理，避免陷入低速"专精特新"

"专精特新"企业进入成熟期后资金充裕，管理水平也日渐成熟。竞争对手已经不太容易撼动其地位，因而不需要做出大量投入就可以获得比较好的收益。但是与一般企业类似，"专精特新"企业同样会遇到发展瓶颈的问题，经过组织团队的长期研发，技术已经转化为产品优势，产品市场占有率很高但增长已经接近高峰。由于一种产品的开发能力有限，成熟期的产品开发能力已经接近极限，因此创新的空

间越来越小，难度也越来越大，从而导致在该阶段某项产品的研究开发能力逐渐减弱，而在该阶段相对舒适的企业环境也使得创新精神开始衰退。因此，多元化经营是该阶段企业通常会考虑的问题①。在成熟期，由于企业规模庞大、内部机构设置复杂且业务繁多，因此应该赋予部门管理者更多的权力。

成熟期的政策导向：在"专精特新"企业发展已步入相对成熟期，引导方向是提升引领产业发展的领导力、占据技术前沿的创新力和面向全球市场的开放力，扶持企业继续发展成为头部科技企业，政策措施应以支撑性政策为主，给予应用基础研究、高端人才培育引进、对外交流合作、资本市场服务等方面的支持。

专栏七　"专精特新"上海紫江：自主创新技术填补国内铝塑膜空白

上海紫江新材料科技股份有限公司成立于 1995 年，主要从事研发、生产多层复合膜、包装膜、锂离子电池薄膜等特殊功能性薄膜，销售自产产品，主要产品按照应用领域可分为 3C 数码类、两轮车、动力类、储能类，多次销量排名位列国产铝塑复合膜第一。自 2004 年起，紫江新材料对"软包锂电池用铝塑膜"产品进行立项，成立了专门的研发团队，开始了铝塑膜技术的研究和开发，同时，也对专有生产铝塑膜的设备进行了研究开发，经过不断的技术创新与进步，研发出了第五代铝塑膜产品。

初创及积累期（1995—2004 年）：

上海紫江新材料科技股份有限公司的成立可以追溯到 1981 年，时任原上海县马桥公社俞塘五队队长的沈雯带领年轻人创业。通过前期积累的劳务收入和向大队借款 3 万元资金，成立了"俞塘紫江塑料制品加工场"，后经工商行政管理局同意，改为"加工厂"。注册资金 5 万元。在 20 世纪 80 年代，紫江用市政府"九四专项贷款"从日本引进国内领先的六色印刷包装流水线。经县政府批准，工商行政管理局同意，组建"上海紫江（集团）公司"，注册资金

---

① 张虹、王潇一、黄贞静：《中小企业"专精特新"发展的价值及实现路径》，《中国市场》2021 年第 18 期。

1245 万元。9 月 10 日，集团正式成立，下属企业 7 家，沈雯出任董事长、总经理。引进包装流水线顺利投产运行，实现利润超过 1000 万元，企业实现飞跃。1995 年，上海紫江新材料科技股份有限公司成立，同时集团参股的上海 DIC 油墨公司成立，开始了紫江与世界 500 强企业的合作。1999 年，集团控股的上海紫江企业集团股份有限公司 8500 万流通 A 股股票在上海证券交易所挂牌。

成长期（2004—2012 年）：

2004 年，依托公司软包制造等技术积累，紫江铝塑膜研发团队成立。上海紫江凭借 30 余年软包制造及技术积累，集合各方力量正式成立了专业的铝塑膜项目团队，铝塑膜产品国产化的大幕开启。研发之初，项目团队利用现有的包装装备制定了大量的工艺路线及树脂改性方案，2004 年 7 月份，首份铝塑膜样品即告出炉。第一时间东莞白马、广州花都、珠海斗门、惠州水口、顺德容桂等厂家对国产铝塑膜进行了测试。与进口产品相比，在冲深、耐腐蚀、外观性能等方面均存在较大差距，但锂电行业已经开始听到国产铝塑膜发出的声音。

铝塑膜国产化虽经历了 2004—2006 年波澜不惊的低潮期，上海紫江一直没有放弃铝塑膜国产化的努力。2007 年，北京昌平、浙江杭州的电池厂家开始批量使用上海紫江第 I 代国产铝塑膜产品，分别应用于大型国际运动会项目及出口美国电动自行车项目上。铝塑膜国产之路终于迈出了可喜的一大步。2009 年 10 月，第 II 代产品开始被杭州客户批量订购，同年，浙江、广东又有 4 家客户开始批量应用，销售业绩逐渐增长，紫江铝塑膜的茁壮成长已成必然之势。

"专"：紫江自 2004 年起只专注于铝塑膜一种产品的研究开发与生产，迄今已 17 年，是中国第一家依靠自主研发实现全面进口替代的创新型铝塑膜企业，打破了日系品牌在中国铝塑复合膜市场的垄断地位。通过不断的研发创新，实现前瞻性领域的技术突破、原材料国产化率的逐步提升、工艺设备的持续优化。

"精"：紫江一直注重科技创新，坚持技术改进和产品升级结合。紫江新材料成立了技术创新和持续改善委员会，总经理任组长，负责管理公司的技术创新，涵盖公司级和基层的各项创新活动；成立了研发中心，并于同年被评为闵行区级研发机构，负责新产品、新技术、新设备的研究与开发工作；为使设备部专注于设备设施的研发，特成立了"设备研发工作室"。近四年，科技研发投入占营业收入平均超过5%，拥有有效专利41项，其中发明专利7项。

"特"：2020年公司"紫江新材料"品牌被立项为上海市品牌经济发展项目。紫江新材料是中国塑料加工工业协会电池薄膜专业委员会的常务理事单位，目前正以第一起草人牵头《锂离子电池用铝塑封装膜》国家标准制定工作，也是"中国锂离子电池用铝塑封装膜关键材料和生产设备国产化科技攻关小组"的牵头单位。

"新"：紫江产品涵盖3C数码、两轮电动车、新能源汽车和储能领域。公司掌握了多项业内核心技术，同时与空间电源研究所、交大等开展产学研合作，推进动力电池用铝塑膜的研发。公司与产业链上下游龙头企业（立邦、华为等）进行研发的深度合作，经过将近二十年的创新研发，公司已经掌握了铝塑膜热法挤出复合技术，解决了通用性酸改丙烯树脂难以挤出成型的技术难题；尼龙与铝箔耐高温复合工艺技术，将铝塑膜冲深深度提升了20%以上；改性马来酸酐聚丙烯二次改性及CPP配方优化技术，有效解决了铝塑膜冲深后应力发白现象，加快了紫江铝塑膜在高端客户群的应用；铝箔环保涂布技术，避免了传统浸入式氧化工艺重金属污染问题，对环境绿色环保。

成熟期（2012年至今）：

2012年上市公司成立了研发、生产、销售锂电池用铝塑膜产品的专业子公司——紫江新材料，开启了国产铝塑膜产业化之路。紫江新材料的成立加快了铝塑膜产品技术升级和销量的上涨。2014年起，行业名列前茅的几大锂电客户开始批量购买我们的产品，终端已经广泛应用于手机、智能家居、蓝牙耳机、MP4、MP3、启动电源、移动电源、O级乘用车等众多领域。目前阶段，热法铝塑膜仍是国内众多一线锂电企业的首选。热法铝塑膜产品开发的高门槛、高投入一度令众多后来的投资者们一筹莫展。上海紫江自2009年10月成功批量销售第Ⅱ代热法工艺铝塑膜开始，坚持以性能稳定为核心的发展之路。凭借多年的积累使得铝塑膜产品的销量在2017年有了极大的增长。

紫江新材料计划分拆上市，公司实现业务聚焦。2020年2月20日，公司召开第七届董事会第十五次会议，审议通过《关于上海紫江新材料科技股份有限公司首次公开发行股票并在上海证券交易所科创板上市的议案》等相关议案。2020年9月24日，公司召开第八届董事会第四次会议，审议通过《关于变更分拆所属子公司上海紫江新材料科技股份有限公司上市板块的议案》及《关于上海紫江新材料科技股份有限公司首次公开发行股票并在创业板上市的议案》等相关议案。本次分拆完成后，紫江企业股权结构不会因此发生变化，且仍将维持对紫江新材料的控股权。通过本次分拆，紫江企业将进一步实现业务聚焦，专注于快速消费品配套包装；将紫江新材料打造成为公司下属独立锂电池新材料核心业务上市平台，通过创业板上市加大锂电池新材料产业核心技术的进一步投入，实现锂电池铝塑膜业务板块的做大做强，增强锂电池铝塑膜业务的盈利能力和综合竞争力。

资料来源：https://sghexport.shobserver.com/html/baijiahao/2022/01/18/637687.html；

http://www.d1ld.com/pingdaoxinwen/show.php?itemid=1275；

http://www.zijiang.com/zh/lishi。

第四节 "专精特新"企业的管理创新路径

一 平台助力——强化企业组织内外部交流循环

一方面，需要借助专业协作平台，强化合作与交流。中小企业普遍市场知名度较低，缺乏足够的市场开拓能力，因此，"专精特新"企业应该借助专业协作平台进行合作与交流。中小企业即便是有很好的产品，在推广、宣传等方面也会面临较大的困难，而大企业在这方面有着较为突出的优势。因此，中小企业应当借助当前的政策红利，利用所提供的各类协作平台，加强与大企业的合作与交流，充分利用大企业在市场中的发展优势，实现合作共赢。此外，为提升自身的创新实力，中小企业应当加强与各类科研机构的合作与交流，如高校、科研院所等，积极开展产学研合作，使得中小企业能够在细分市场的关键技术方面有所突破、创新，真正实现"专精特新"。

专栏八　　徐工传动的三级研发体系

徐工以各产业技术中心为研发主体，以江苏徐州工程机械研究院为技术研究平台，形成国家级技术中心三级研发体系。在全球多个地区设立研究中心，形成了辐射全球的研发布局，全面开展新产品开发、产品适应性、共性技术及实验技术研究。徐工超过6000人的强大研发队伍中，有100多名国内最高端工程机械领军型技术人才。徐工分布于国内外的八大实验研究中心集聚了百余名高端技术人才，另有100多位德、美、日等工程机械专家在全球各地服务于徐工创新工作。徐工先后设立了院士工作站和博士后科研工作站，依托"千人计划"专家资源成立了先进技术研究院。

另一方面，对于组织创新来说，信息沟通是组织结构创新改革的重要推手，因此，需要让技术平台为中小企业的"专精特新"赋力。庞大的网民基数、广阔的市场需求、日新月异的技术迭代为中小企业的"专精特新"发展赋予了技术力量，进一步加快了中小企业创新发展的智慧进程。[①] 中小企业应充分利用技术红利，研判平台新基建现实中的市场需求，盘活互联网技术空间内的各类资源，积极拓展产

---

① 周军：《互联网经济垄断：结构的合理和行为的危害》，《经济与管理》2021年第4期。

品链条，升级服务水平，在"专精特新"方面不断推陈出新，让技术为专业化产品、精细化管理、特色化品牌、新颖化模式提供动力。

二　文化赋能——促进企业版本更新升级

首先，转变思想观念和治理方式。树立创新生态观，转变创新要素竞争思路，充分认识到中小企业是科技创新的重要力量，是创新生态中的关键主体；转变管制型治理方式，对于部分垄断性行业，尤其是高新技术相关产业，应逐步降低准入门槛，以强化监管的方式替代过去的管制型方式。

其次，让文化为中小企业的"专精特新"赋能。一个地区、一个国家的文化将成为未来企业竞争力的核心资源。在政府层面大力倡导和培育具有地方特色、中国特色的企业创新项目；在企业层面充分探索如何将文化基因引入企业的产品和服务创新之中，让文化赋能为企业品牌与影响力。同时，注重提升中小企业参与国际竞争的能力，让中小企业的"专精特新"不仅在中国市场上占据份额，也能够在产品、技术、服务等层面，全方位地传播我国自主创新的能力与成就，提升国际话语权。

最后，企业应当树立战略思维，提升员工的"工匠精神"，在文化建设中融入"工匠精神"，通过潜移默化的影响，使员工能够将精益求精作为其追求，以推动企业产品与服务的不断提升。为应对宏微观经济发展，中小企业需要做出准确的判断，明确自身目标市场，规划未来的发展重点，不断提升企业的专业化和精细化水平。

三　机制赋权——完善人才资源配置制度

一方面，让机制为中小企业的"专精特新"赋权。中小企业的发展与繁荣离不开政策鼓励与机制建设。政府应进一步在政策机制方面打开赋权空间，尤其对于中小企业贷款、税收、融资问题出台鼓励措施，为中小企业的发展营造公平的市场竞争环境。对于关乎国家自主创新科技与产品的企业，应加大扶持力度，形成常态化、长效化激励机制，为中小企业"专精特新"发展提供强有力的保障。同时根据各地现实有计划地扶持试点企业，推进"专精特新"发展与当地经济社会发展相得益彰的发展道路，以政府主导，产学研用协同参与的方式，为中小企业"专精特新"发展搭建平台和渠道。

另一方面，抓好人力资源制度创新这条主线。科技创新中最重要的要素是人，制度创新的关键也在于调动人才的积极性。既要夯实创新发展人才基础和优化梯队结构，又要健全人才激励机制，实现科技人才"有能力"且"有动力"，参与科技创新活动，为"专精特新"中小企业的发展提供不竭创新动力。一要发挥好人才评价制度的指挥棒作用，加快推进科研机构创新体制改革，健全有利于激发创新的人才评价制度体系，提高科技产出质量和效率；二要注重人才队伍建设，培养和引进一批具有国际水平的科技人才和创新团队，提高整体创新能力，激发各类人才创新动力。

专栏九　　　国外政府管理机制创新

美国——建立专业化的中小企业服务体系。美国对于"专精特新"企业的帮助在于，小企业管理局在全国设立了由 1.3 万名经验丰富的退休人员组成的经理服务公司和 950 个小企业发展中心，通过自愿、签订合同等方式为小企业家服务，提供创业准备、计划拟定、公司成立、行政管理、商业理财等方面咨询。

日本——制定特支计划。日本政府通过制定企业技术开发补助资金支持政策，激励企业创新，该政策有力地帮助了日本潜力型 NT 企业升级为 NT 型企业。另外，日本一些重点地区还专门针对GNT 企业制定了支持计划，例如，2013 年 6 月日本提出了"紧急结构改革计划"，对力争成为 GNT 企业的中小企业给予财力和人力方面的支持，特别是对在海外开展经营活动的企业给予重点扶持，尽量降低企业风险。京都府 2013 年制定了培育 GNT 企业补助金交付制度，鼓励企业提升创新能力。

韩国——建立系统化税收优惠政策。韩国在产业发展相关立法中，明确了中坚企业的内涵和相关政策的制定依据，对已完成培训课程的中小企业，放宽其税收、资金流通条件。政策规定：对已完成培训课程的企业，在 3 年放宽期内的税率是 7%，过了放宽期后，在 1—3 年的缓和期内税收为 8%，4—5 年内为 9%，税率逐年增加。同时，对普通研发税额扣除给予一定优惠，在放宽期间优惠 25%，之后 1—3 年内优惠 15%，4—5 年内优惠 10%。

资料来源：李晓峰：《美日韩"专精特新"企业建设经验及启示》，《中国中小企业》2019 年第 8 期。

第八章 "专精特新"企业培育的典型模式

　　新冠肺炎疫情之下，全球供应链异常紧张，全球贸易趋于保守，世界各国越来越重视产业链的自主可控和"补链强链"，这是"专精特新"被高度关注的重要原因之一。国家经济实力和产业竞争不仅仅是大企业之间的竞争，而是整个产业链的比拼。产业链上的中小企业可能并不起眼，但不可或缺，甚至举足轻重。为满足中小企业整体素质提升的迫切需求，我国正在着力打造"专精特新"企业。本部分通过分析国内外的先进经验，为我国"专精特新"企业在后疫情时代的培育提供启示。国外先进地区的经验分析重点围绕德国、美国、日本和韩国四国展开；国内先进地区的经验选择浙江、广东和山东三省的"专精特新"企业培育经验进行分析。结合国内外"专精特新"企业培育的先进经验，可以为我国加快培育"专家特新"企业提供政策参考，从而鼓励中小企业走"专精特新"之路，助力制造业加快转型升级，推动经济高质量发展。

第一节　国外"专精特新"企业培育的经验分析

　　纵观其他国家中小企业的发展路径，例如德国"专精特新"企业被称为隐形冠军企业，"隐形冠军"是指在某个细分市场领域占据全球前三地位，有非常强大的技术和市场影响力的企业；美国和日本将"专精特新"企业称为利基企业，"利基"是指在市场中通常被大企业所忽略的某些细分市场；韩国"专精特新"企业被称为中坚企业，"中坚企业"是指处于中小企业和大型企业过渡期、具有一定规模和创新力、发展潜力较大的企业。尽管国情不同，但多数发达国家都选择了"专精特新"的发展道路。德国的经济总量约为美国的四分之一，但是出口额雄踞世界第一，贡献了德国 80% 出口的不仅是西门子、奔驰这些大型企业，也包括 370 万家"中小特色企业"。德国实现了制造业崛起，将中小企业视为"国家经济的支柱"。德国制造业的"隐形冠军"公司既在市场中不断成长，也经过了一定程度的专项扶持和引导。德国管理学家赫尔曼·西蒙收集了全球 2734 家"隐形冠军"企业的数据，发现德国以 1307 家"隐形冠军"企业位居第一，美国以 366 家位居第二，日本以 220 家位居第三。充分借鉴国外先进地区"专精特新"企业培育的成功经验，对有效弥补"专精特新"企业建设的短板、加快中小企业转型升级具有重要意义。

一 德国：开展职业教育，为"专精特新"筑牢根基

德国的职业教育和应用型高等教育在国际上享有盛誉。为了提高中小企业的市场竞争能力，进而提升德国企业的整体竞争力，德国政府极为重视中小企业员工职业素养和劳动技能的提升，强化职业教育和培训成为德国政府促进中小企业发展的重要内容。德国的双元制，即企业为"一元"，职业学校为另"一元"，将传统的"学徒"培训方式与现代职业教育思想结合起来，形成了一种企业与学校合作办学的职业教育模式，通过"干中学"的方式进行专业技术的传授。在这些扶持政策中，德国在职业教育和人才培训方面给予"隐形冠军"企业的支持政策最具特色，值得我国借鉴和效仿：

一是双元制职业教育制度。德国修订《联邦德国职业教育法》《联邦德国基本法》，通过强制立法为实施职业教育数字化教育扫清了法律障碍。受教育者与企业签订以私法为基础的职业教育合同，在企业以"学徒"身份、在职业学校则以"学生"身份接受完整、正规的职业教育；德国通过立法强制要求中小企业主及管理人员、创业者、各类技术工人和即将成为技术工人的年轻人在从事某种专业性技术之前，必须经过至少 2—3 年的职业教育和培训；根据法律规定，双元制职业教育的经费主要由联邦政府、州政府、地方政府、欧盟以及企业、工会、行业协会、私立机构等共同承担。

二是终身岗位职业培训。德国企业员工一旦正式进入中小企业，人力资源部门就会为他们开展职业生涯发展规划，并根据个人职业规划和业绩能力而量身定制员工职业培训计划。德国中小企业一般依托联邦州政府资助的商会或行业的跨企业培训中心来开展员工岗位职业培训；职业教育实施过程中，由于部分小企业的培训条件无法达到国家标准的要求，不能培养《职业教育条例》中所规定的所有技能，行会建立了"跨企业培训中心"，以弥补中小企业培训能力的不足；在职业教育过程中始终贯穿"一丝不苟""照操作规程办事"等职业精神教育，注重培养学生们严谨、负责、认真的态度。"隐形冠军"的企业文化问鼎行业全球第一，其员工资质优秀干劲十足，员工流动率几乎接近零。同时，管理者能力强、任期长，平均任期超过20年，即遵循着长期取向的企业文化。

三是职业教育4.0。德国联邦教研部和联邦职业教育研究所通过实施"职业培训中的数字化媒体"项目等措施提出职业教育4.0计划：基础设施支持，德国联邦政府和州政府在"数字契约学校"上达成行政协议，联邦政府从"数字基础设施"专项基金中拨款，改善所有中小学数字化基础设施；改革项目资助，2017年至2020年，德国联邦政府启动"就业岗位创造者＋"资助计划，为中小型企业可持续发展提供咨询建议，2017年至2021年，德国联邦教育与研究部委托实施职业教育能力测评"ASCOT＋"倡议，探究基于数字技术的职业教育能力测量与评价工具；技术创新保障，德国建立了"全国人工智能和机器学习研究联盟"和区域性的数字化能力中心，与法国共同建造了德法研究和创新网络（虚拟中心），推进人工智能和机器学习在研究和创新战略领域的应用。

二 美国：发挥社会组织作用，为"专精特新"企业护航

美国虽然强调市场经济运行的公平竞争，但十分重视扶持和发展中小企业，并制定政策和措施，力图在市场经济框架内大力培育中小企业。美国的利基企业往往集中力量于某个特定的目标市场或重点经营一个产品和服务，创造出单一产品和服务优势，将中小企业定位为"国家经济的脊梁"。美国政府采取了一系列措施支持利基企业发展：

一是建立专业化服务体系。美国小企业管理局在全国设立了由1.3万名经验丰富的退休人员组成的经理服务公司和950个小企业发展中心，通过自愿、签订合同等方式为小企业家服务，提供创业准备、计划拟定、公司成立、行政管理、商业理财等方面咨询；[①] 受美国联邦政府支持，美国各类专业协会、商会、联合会等社会组织经常聘请一些行业专家为本地的中小企业提供发展咨询服务，帮助企业进行经营诊断与技术指导，80%的费用开支由联邦政府提供；制定专项计划支持企业发展，为帮助利基企业积极开拓海外市场，美国制定了"小企业出口流动资本项目"，使多数商业银行可以利用这个项目为利基企业提供短期出口信贷。

二是鼓励创新技术。在鼓励"政产学"结合方面，美国制定了中小企业创新研究计划、先进技术计划和制造技术推广计划。同时，还鼓励政府部门就一些重大前沿性课题同企业进行合作，如国防部负责的促进军转民"技术再投资计划"，能源部下属12个实验室和82个纺织业公司共同承担的"美国纺织合作伙伴关系计划"，能源部、国家科学基金会等6个部门参加、国家科技委员会负责协调的"建筑与建设计划"等，这些措施有力地推动了企业的技术创新；在创新精神、人才政策和税收优惠等多方面为中小企业赋能。美国倡导创新文化，对风险和失败有极强的容忍度，文化的包容性为初创企业提供了良好的商业环境。此外，美国高度重视STEM方面（科学、技术、工程、数学）的人才，并通过研发费用投入、人才引进、培训等形式增强对该领域后备人才的培养和储备。

三是量身定制扶持政策。美国有关主管部门非常注重听取中小企业的意见和建议，并以此为依据制定有利于中小企业健康发展的具体政策。联邦商务部为此建立了庞大的信息收集网络，设立了快速有效的企业协商机制，在全国分布有21个行业协商委员会。商务部定期公布政府就促进某一行业发展制定的措施，书面征求各企业的意见。美国贸易谈判代表办公室和国会委员会定期进行公开听证，公司和行

---

① 李晓峰：《美日韩"专精特新"企业建设经验及启示》，《中国中小企业》2019年第8期。

业协会可以通过出席、信函和电话等方式直接报送意见。

三　日本：鼓励全球化运营，为"专精特新"企业引路

日本将中小企业定义为"下包制"产业链基础。20 世纪 80 年代，日本消费电子行业发展迅速，涌现出索尼、东芝等一大批大型跨国公司。但 90 年代进入经济调整期以后，大量消费电子产品企业调整策略成为 TOB（to Business）的公司，开始走"专精特新"的道路，向产业链上游发展。日本对利基企业的支持政策始于 20 世纪 90 年代末至 21 世纪初，在培育利基企业方面的经验对于我国具有典型借鉴意义：

一方面重视研究开发，激励企业创新。日本高度重视企业技术创新与生产力的提升，设有经费补助、提升生产力支持、IT 化支援等。例如，通过"战略性基础制造技术提升支持计划"促进企业与大学、研究机构及下游大企业用户协作攻关，提高了制造业企业基础技术水平和创新能力；通过"中小企业技术革新制度"重点支持与新产业创出有关的新技术开发；为提高企业生产率，日本政府为扩大先进设备投资的企业实施补贴及税收减免等措施。再如，通过"生产设备节能支援事业辅助金"支持采用效率更高、更节能的高性能生产装备；通过"中小企业生产性革命推进事业"对中小企业用于新产品、服务开发和生产流程改善等设备投资提供补助；通过"生产率革命免征财产税的措施"对被认定为与引进新设备所在城市的引进促进计划相符的中小企业减免对先进设备等征收的固定资产税，最长可减免三年；通过"区域创新基础设施开发项目成本"保证区域企业的技术创新及生产率，支持先进设备和人力资源开发；为提升企业信息化、智能化水平，通过"IT 利用促进基金""中小企业生产性革命推进事业（IT 导入）""授权信息处理支持组织""服务等生产力改善支持团队业务"等为企业提供资金补助、贷款支援、指导建议等服务。

另一方面加强企业宣传，开拓海外市场。日本政府为增强日本企业竞争力，大力支持海外竞争发展，提供咨询和企业宣传等支持。日本政府以表彰中坚隐形冠军企业发展为突破口，在社会上树立典型案

例，引导、鼓励隐形冠军企业的发展，并为其营造发展氛围。① 如，通过"全球隐形冠军企业贷款制度"，对计划在海外发展的隐形冠军企业及候补企业提供长期、一次性偿还的资金支持等；通过"核心企业等出口扩大支持计划"支持隐形冠军企业拓展海外市场，派遣具有海外销售经验以及知识产权、基准认证等方面专家给予企业咨询和支持；通过"新出口大国共同体计划"组织各领域专家对中坚企业海外发展计划等进行咨询支援；通过"小型企业海外企业人力资源开发支援事业"帮助中小企业的海外业务经理收集海外市场信息、与海外买家进行有效沟通、制定海外业务战略和政策；通过"海外拓展支援强化事业"提供海外信息，通过海外展览、业务谈判、平台扩展等支持销售渠道的扩展；通过"J-Good Tech 计划"将日本的拥有利基产品的中小企业通过网站宣传出去，并与日本大企业和海外机构联手，帮助其开拓海外市场。

四 韩国：提供整套支援方案，为"专精特新"企业营销

韩国作为曾经工业基础薄弱的国家，其中小企业实现了弯道超车，展示了后发优势国家的潜力。2010 年，韩国政府开始大规模培育具备国际竞争力的中坚企业，到 2020 年共培养了 300 家"中坚企业"，目的是引导韩国从人力和资本集中的基础产业中脱离出来。为让潜力型中坚企业扩大国际市场的事业领域，降低企业的负担，韩国制定了中坚企业培育战略。同样，韩国经验对于我国"专精特新"企业培育具有借鉴意义：

一是建设营销服务体系。韩国贸易投资振兴公社（KOTRA）组建了提供海外市场和营销信息的"中小中坚企业国际营销支援中心"，支持企业发展壮大；建立了"企业主治中心"，在百个以上的企业群里开展"一对一"相关技术障碍事项咨询；知识经济部还选定具备进军国际市场的 300 家潜力型企业，借助服务机构为企业提供整套支援方案，冀望这 300 家中坚企业拉动韩国经济发展；韩国针对

---

① 史冬梅、刘龑龙、甄子健：《日本隐形冠军企业市场和技术创新经验及对我国的启示》，《科技与管理》2021 年第 3 期。

中坚企业制定了专门的出口政策，帮助企业积极开拓海外市场。例如，韩国设置全球营销支援体制，协助解决有意拓展全球市场的中坚企业所面临的专业人才、信息与海外网络不足等障碍。

二是支持人才创新。人才是企业发展的核心保障，韩国制定了专门的促进中坚企业人才培育的政策，设置了中坚专业人才综合雇用支援中心，以及支援海外聘用人才与聘用先进国家退休技术人员的政策，加大企业人才培育力度。韩国在产业发展相关立法中，明确了中坚企业的内涵和相关政策的制定依据，对已完成培训课程的中小企业，放宽其税收、资金流通条件；韩国通过引进尖端科技人才，实现人才在职长效机制，减少中小企业的人才流失现象，还通过吸引国外优秀人才，对国外硕士以上的高级人才放宽签证政策，进行引进支援。韩国专门针对中坚企业，拟定了支援产业原创技术开发专项，计划至2020年发掘300项有前景的技术，同时设置了企业难题解决中心，协助减少政府技术创新政策与企业实际所需技术的差异，强化政策精准发力，提升企业创新能力。

三是制定配套法律法规、政策措施。韩国政府颁布了一系列法律法规，如2014年《关于促进大中小企业相生协力的法律》规定中小企业与大企业联合进行技术开发事业，构成了较为完善的中小企业创新支持立法体系，有效推动韩国中小企业创新发展。除此之外，政府发布了一系列配套的培育扶持战略，形成由政府机构为主导，相关中小企业与大企业共同参与的合作机制。该合作机制不仅局限于寻求利益分配的公平与公证，还形成了双方合作推进技术共享的机制。例如，2015年发布《政府研发创新方案实施计划》，并设立未来创造科学部创造经济协调官特别工作小组。2020年发布《中小企业综合培育计划（2020—2022）》，提出2022年之前挖掘100个有潜力的企业，大力支持其研发和开拓市场，将其培养成地方创新领先企业。

第二节　国内"专精特新"企业培育的经验分析

随着经济全球化的不断深入，我国已有越来越多的中小企业在国际分工和全球价值链中扮演着重要角色，"专精特新"成为中小企业转型升级的成长之路。截至 2021 年 7 月，全国已培育三批 4762 家"专精特新"企业，带动各地培育省级的"专精特新"中小企业 4 万多家。专精特新"小巨人"企业数量最多的省份依次是浙江、广东和山东，三省合计约占全国总量的四分之一；江苏省已培育三批"专精特新"企业 289 家，带动各地培育"专精特新"中小企业 11.3 万多家。"专精特新"企业长期专注于细分领域，在技术工艺、产品质量上深耕细作，具有专业程度高、创新能力强、发展潜力大等特点，解决"卡脖子"关键技术，虽然企业体量不大，但依靠创新突破关键核心技术，成为行业中的"单打冠军""配套专家"。因此，充分借鉴国内其他地区"专精特新"企业培育的成功经验，对江苏加快破除内外部障碍，增强供应链和产业链韧性，集聚发展力量培育"专精特新"企业具有重要意义。

表 8.1　浙江、广东、山东有关"专精特新"企业培育的相关政策

省份	出台时间	政策文件	主要内容
浙江	2019	《关于开展"雏鹰行动"培育隐形冠军企业的实施意见》	实施创新型创业工程；实施数字化改造提升工程；实施质量标准提升工程；实施专业化发展工程；实施创新能力提升工程；实施市场拓展工程；实施融资服务提升工程；实施大中小企业融通发展工程；实施产业集聚发展工程；实施公共服务供给工程。
	2021	《浙江省人民政府关于印发浙江省新一轮制造业"腾笼换鸟、凤凰涅槃"攻坚行动方案（2021—2023 年）的通知》	实施淘汰落后攻坚行动；实施创新强工攻坚行动；实施招大引强攻坚行动；实施质量提升攻坚行动。
	2022	《关于大力培育促进"专精特新"中小企业高质量发展的若干意见》	加大创新支持力度；加大知识产权保护力度；加大人才支持力度；加大质量标准建设力度；加大政府采购支持力度；加大市场拓展力度；加大数字化赋能力度；加大融资支持力度；加大要素保障力度；加大精准服务力度。

省份	出台时间	政策文件	主要内容
广东	2020	《广东省人民政府关于培育发展战略性支柱产业集群和战略性新兴产业集群的意见》	改革创新治理方式；有效提升创新水平；全面增强要素保障能力；着力提升企业竞争力；高水平推进开放合作。
	2021	《广东省工业和信息化厅关于支持"专精特新"中小企业高质量发展政策的通知》	—
		《广东省制造业高质量发展"十四五"规划》	坚持制造业立省不动摇，巩固提升制造业在全省经济中的支柱地位，努力打造先进制造业基地和制造业创新集聚地、开放合作先行地、发展环境高地。
	2022	《广东省促进工业经济平稳增长行动方案》	对入选工业和信息化部制造业单项冠军企业（产品）和专精特新"小巨人"企业给予一次性奖励，引导"专精特新"企业成为国际市场领先的单项冠军企业。
山东	2021	《山东省"专精特新"中小企业贷款风险补偿实施细则》	对全省"专精特新"中小企业贷款实施风险补偿。
		《山东省"专精特新"中小企业省级财政资金股权投资实施细则》	"专精特新"企业财政股权投资资金。财政资金股权投资通过阶段性持股、适时退出方式，重点用于上市过程中产生的券商、律师、会计师等中介机构服务费用等支出。
	2022	《山东省"专精特新"中小企业培育方案》	激发涌现一大批"专精特新"中小企业；自主创新能力显著增强；智能化数字化水平大幅提升；形成一批掌握独门绝技的"单打冠军""配套专家"；全生命周期服务体系进一步建立健全。

一 浙江模式：数字化赋能，打造"专精特新"先进产业集群

截至 2021 年 7 月，浙江省共有 476 家专精特新"小巨人"企业，

在"专精特新"企业培育方面不断探索，发布系列支持政策和行动方案：《浙江省新一轮制造业"腾笼换鸟、凤凰涅槃"攻坚行动方案（2021—2023 年）》《关于大力培育"专精特新"中小企业促进高质量发展的若干意见（征求意见稿）》等。浙江省现已将专精特新"小巨人"企业列入培育重点对象，建立动态的培育库，实现企业梯级培育，形成"小巨人"企业种子库。通过"凤凰计划"推动中小企业利用资本市场力量扬长补短；通过数字经济"一号工程"大力推进产业创新，加快发展数字经济和战略性新兴产业，超前布局发展未来产业，加大传统制造业转型升级力度，优化提升产业平台，加快建设"单项冠军之省"，实施产业集群培育升级行动，打造一批万亿级世界先进制造业集群。

第一，实施创新强工攻坚行动。一是加强关键核心技术攻坚。推进科技创新和产业提升双联动，实施"尖峰、尖兵、领雁、领航"攻关计划，实现 100 项填补空白、引领未来的重大成果；深入推进产业链协同创新工程，每年实施 60 个、谋划 60 个产业链协同创新项目。二是加速重大科技成果产业化。高水平建设科技成果转化平台，建成省级以上科技企业孵化器 120 家、"双创"示范基地 70 个；建设中国浙江网上技术市场 3.0，力争全省技术交易总额突破 3000 亿元；实施首台套提升工程，每年新增首台套 200 项。三是全力打造高能级科创平台。加快推进杭州城西科创大走廊等创新策源地建设，构建完善新型实验室体系和技术创新中心体系，新建国家重点实验室等国家级科技创新基地 5 个、省级重点实验室 15 家、省技术创新中心 10 家、新型研发机构 20 家。四是加快构建产业链创新链生态圈。深入实施制造业产业基础再造和产业链提升工程，探索"链长 + 链主"协同推进机制，动态培育"链主型"企业 100 家，打造产业链上下游企业共同体 200 个，加快形成"头部企业 + 中小企业"的产业链创新链生态圈；以"产业大脑 + 未来工厂"为突破口，发展具有全球影响力的数字产业集群，培育"产业大脑" 30 个以上、未来工厂 50 家以上、智能工厂 600 家以上。

第二，数字化赋能企业转型升级。一是促进数字化智能化改造。推动分散的设备、系统互通互联，实现数据采集、业务协同，持续优化发展环境，夯实平台发展基础；推动集成应用，把生产系统与IT系统融合起来，形成内部智能制造的能力，如信息物理系统（CPS）等；推动企业上平台用平台，提升平台应用水平，不断提升开放合作水平，构建平台富集生态。二是推动工业互联网创新应用。加强网络体系建设，提升安全保障能力，打造工业互联网国家示范区，促进工业互联网发展水平再上新台阶；加快开展面向龙头企业和中小企业的网络互联试点示范，加强大中小企业融通发展；鼓励领先企业推广供应链体系和网络化组织平台，打造符合中小企业需求的数字化平台、系统解决方案、产品和服务，帮助中小企业实现跨区域、跨行业的资源链接和市场配置。三是全面实施企业数字化绿色低碳技术改造。加快推动传统制造业制造方式转型，分行业、分区域推进企业数字化技术改造，每年组织实施500个省级重点技改项目，引领推进规上工业企业数字化技术改造全覆盖，新增工业机器人5万台。全力推进节能减碳技术改造，每年实施100个省级重点节能减碳技术改造项目。

第三，以梯度培育支持人才建设。一方面是加强人才梯度培育。实施"浙商青蓝接力工程"和新生代企业家"双传承计划"，切实加强企业家队伍培育；深入实施省"鲲鹏行动"计划、省海外引才计划、省领军型创新创业团队等重大人才工程，着力引进海内外高层次人才和领军团队；实施中小企业经营管理者素质提升工程，大力培养具有现代经营理念和国际视野的高级经营管理人才；实施新时代工匠培育工程和高水平工程师引培行动，加快建设工程师协同创新中心，深化产教融合，推广"双元制"职业教育模式，引进和培育一批高级工程师、高技能人才和产业工匠。另一方面是加大人才保障力度。建立完善"专精特新"企业紧缺专业人才需求目录，鼓励各地开设人才引进绿色通道。改进和优化人才评价制度，符合浙江省高层次创新型人才职称"直通车"申报条件的，可直接申报相应高级职称。在省级以上"专精特新"企业中，经省市认定为高层次人才的可享受当地同城待遇，在人才评价、住房、子女教育等方面优先给予支持。

专栏一　杭州构建梯度培育体系

杭州市围绕全市"数智城生金、文平总美服""十个字"产业，聚焦工业"四基"领域，聚焦产业链供应链关键环节"补短板""锻长板""填空白"领域，聚焦产业链关键技术和产品的产业化攻关，聚焦新一代信息技术与实体经济深度融合的创新产品，培育发展多层级的"专精特新"中小企业群体。构建从孵化培育、成长扶持到成熟壮大的梯度培育体系。对首次获得认定的国家级专精特新"小巨人"企业、省级"专精特新"中小企业，按照其贡献分别给予100万元、20万元一次性奖励。省级以上"专精特新"中小企业比上年度新增地方财政收入市县留成部分，由区、县（市）专项支持本地"专精特新"企业发展。开展产业链供应链对接，分行业分专场组织雄鹰企业、高市值上市企业、单项冠军企业与"专精特新"中小企业开展协作配套对接活动，建设基于供应链的大中小企业融通发展模式。鼓励"链主企业"采购"专精特新"中小企业产品。组织开展长三角产业链供应链对接专场活动，推动更多"专精特新"中小企业加入世界级领军企业和"链主企业"的供应链，促进长三角产业链协同发展。

专栏二　宁波"四上一提"行动

宁波市以企业"上规、上市、上云、上榜、提质增效"为重点，坚持市场主导与政府引导、创新驱动与提升实力、精准服务与依法依规相结合，打好企业培育组合拳。一是育大培强争上规。大力培育制造业百强企业，建立专班联系服务机制、绿色通道机制和"一企、一案、一策"统筹协调培育机制，按照"总部＋基地"模式，优化企业战略布局；加大培育单项冠军企业，建立"关键核心技术—材料—零件—部件—整机—系统集成"和"关键核心技术—产品—企业—产业链—产业集群"的全链条培育机制；加快推进中小微企业创新发展，实施科技企业"双倍增"行动，突出"新创业—新研发—新服务—新场景"四大源头，加速科技型中小企业培育。二是制度创新争上市。壮大拟上市企业后备梯队；推进企业多渠道上市发展；支持上市企业积极利用资本市场。三是数字赋能争上云。推进企业智能化大改造；加快工业互联网发展；推动中小微企业上云用数。四是标杆引领争上榜。鼓励企业争上重量级榜单；推动企业提品质创品牌；发布企业创业创新风云榜。五是提质增效争升级。提升单位资源产出绩效；推进绿色化制造；强化生态环境保护；筑牢安全生产底线。

二　广东模式：攻关核心技术，完善"专精特新"协同创新体系

截至2021年7月，广东累计培育国家级"专精特新"企业429家，"专精特新"企业发明专利数量及专利申请总量均居全国榜首。2021年，广东省在《广东省制造业高质量发展"十四五"规划》中，提出努力打造先进制造业基地和制造业创新集聚地、开放合作先行地、发展环境高地。2022年，广东省发布《广东省促进工业经济平稳增长行动方案》，引导"专精特新"企业成长为国际市场领先的单项冠军企业。对于第一批、第二批国家级"专精特新"企业，广东省实现点对点服务全覆盖，包括创新和技术、培训、管理咨询、数字化赋能等。广东省未来计划构建以"链主"企业、单项冠军企业、"专精特新"企业等为代表的优质企业梯次培育发展的体系，"专精特新"企业培育的重点主要集中在以下几个方面：

一方面，实施制造业高质量发展"强核""立柱""强链"工程。作为制造大省，广东"专精特新"企业行业高度集中在制造业，占比高达90%以上。一是实施强核工程，加快关键核心技术攻关。落实国家重大短板装备实施方案，积极探索关键核心技术，攻关新型举国体制的"广东路径"，强化应用基础研究主攻方向，推动基础研究向产业创新转化。对接国家重点项目平台资源，大力实施广东"强芯行动"和"铸魂工程"。加快建设珠三角国家科技成果转移转化示范区，加强华南技术转移中心建设，探索建立深圳技术交易服务中心；

构建制造业协同创新体系，加强粤港澳产学研协同发展，加快建设粤港澳大湾区国家技术创新中心，创建一批国家级、省级制造业创新中心、企业技术中心等产业创新平台。围绕新技术、新业态、新模式、新场景，完善"众创空间—孵化器—加速器—科技园"全链条孵化育成体系。二是实施立柱工程，打造具有国际竞争力的企业群。做大做强制造业企业群，加大对中小微企业、初创企业的政策支持，完善中小企业公共服务体系，实施"专精特新"中小企业专项培育工程，在产业链重点节点培育形成一批专精特新"小巨人"企业和单项冠军企业。鼓励产业链上下游企业强强联合，大力提升产业链整合能力，构建大中小企业融通发展的企业群；培育战略性产业集群。加快新一代电子信息等战略性支柱产业发展，高水平打造世界级先进制造业集群；加快先进材料等特色优势产业转型升级，在细分领域培育一批百亿级、千亿级特色子集群。三是实施强链工程，推动制造业迈向全球价值链中高端。推动省内重点产业加快形成更强创新力、更高附加值、更安全可靠的产业链供应链，支持省内重点企业与产业供应链上下游企业联合开展技术攻关和生产制造，加强应用牵引、整机带动，着力打通"设备—原材料—零部件—整机"全产业链条；加大制造业重大项目招商引资和建设力度，综合运用靶向招商、产业链招商、以商招商等方式，加强与国内外制造业龙头企业精准对接，掌握投资意向，吸引优质项目入驻广东；完善省级制造业重大项目库并实施动态管理机制，加强跟踪服务，加快形成制造业重大项目早开工、早建设、早投产、早见效的良性循环、滚动发展格局。

另一方面，制定支持"专精特新"企业高质量发展的专项行动。一是技术创新行动。支持"专精特新"中小企业采用新技术、新工艺提高产品竞争力；支持"专精特新"中小企业购置研发设备、软件，与高校、科研院所创新产学研合作方式，在全球范围内开展引智、引技、引才，提升在细分领域关键技术的研发创新能力；支持各级"专精特新"中小企业加大创新投入，申报各级重点研发计划。加强核心技术攻关，加快技术成果产业化运用；引导"专精特新"中小企业加强自主研发成果知识产权保护，指导企业在关键技术领域开展发明专利布局，建立核心技术专利池。二是生态优化行动。整合各类服务资源，为入库企业提供技术创新、人才培养、创新成果转化与应用、数字化智能化改造、知识产权应用等公共服务；将国家级专精特新"小巨人"企业优先纳入市领导挂点企业，依托广州市政企沟通服务中心等机构，及时宣讲涉企政策，协调解决企业困难和问题。为"专精特新"企业培育一批政企联络员，搭建企业与政府常态化对接沟通渠道；培育"专精特新"中小企业领军人才，与知名高校和其他社会机构开展合作，对"专精特新"中小企业管理人员开展培训。支持"专精特新"中小企业中符合申报条件的专业技术人员通过绿色通道评审职称。三是融资提速行动。支持"专精特新"中小企业参与资本市场直接融资，鼓励企业抢抓北京证券交易所设立契机申报上市。组织金融机构、股权投资机构等参与"专精特新"中小企业投资对接及项目路演。发挥上交所南方中心、深交所华南基地、新三板华南基地、广东股权交易中心等平台作用，针对符合条件企业开展"多对一"上市培育服务。充分发挥政府产业引导基金作用，促进社会资本加大对"专精特新"中小企业股权投资力度，引导各类投资机构扩大直接投资规模。拓宽"专精特新"中小企业信贷融资渠道，依托地方信用信息和融资需求对接平台优化中小企业融资环境。推广"专精特新"企业批量融资服务，鼓励银行为"专精特新"中小企业设立专属产品。

专栏三　　深圳打造制造业高质量发展样本

深圳率先推动制造业质量变革、效率变革、动力变革，加快形成以国内大循环为主体、国内国际双循环相互促进的新发展格局，打造制造业高质量发展的深圳样本。一是提升制造业发展能级。培育先进制造业集群，制定培育先进制造业集群实施方案，培育壮大万亿级、千亿级先进制造业集群；培育接续发展的企业梯队，实施"登峰计划"；积极引进制造业重大项目，由市主要领导担任组长；推动制造业重大项目落地，强化产业用地和项目落地统筹。二是推动制造业转型升级。完善制造业创新体系，布局建设一批制造业创新中心，发挥国家高性能医疗器械创新中心作用，在未来通信高端器件、超高清视频、智能化精密工具等领域争创国家级制造业创新中心；以技术改造引领智能化转型，鼓励企业开展技术改造，将软件、检测、智能化集成、研发外包服务等投入纳入支持范围；加大创新产品推广力度，实施"三首"工程，编制重大技术装备首台（套）、新材料首批次、软件首版次推广应用指导目录。三是打造具有国际竞争力的产业链供应链。提升企业专业化能力，建立"单项冠军"企业培育库，对国家专精特新"小巨人"企业，给予最高50万元奖励；对省"专精特新"企业，给予最高20万元奖励；构建融通发展的产业生态，促进大中小企业融通发展，鼓励链主企业联合中小企业建设制造业创新中心，建立风险共担、利益共享的协同创新机制；全力提升产业链服务，深入推进产业链补链、强链、延链、控链、稳链工作，依托重点产业链"链长制"工作机制，实施"一链一图""一链一制""一链一策""全链联网"。

专栏四 广州三品提升、市场开拓行动

广州市"专精特新"中小企业梯度培育行动中最具代表性的是三品提升和市场开拓行动。三品提升方面：一是推动"专精特新"中小企业实施品牌发展战略，推进"专精特新"中小企业建立健全质量管理体系，全面提升企业产品质量管控能力和品牌培育及创建能力。二是支持企业开展境内外商标注册和维权、地理标志和农产品商标的注册和维权、现代服务业商标的培育和发展。三是加大强企增效工作对"专精特新"中小企业覆盖面，帮助企业查找管理和技术短板，提出整改建议，增强企业内生竞争力。四是引导企业积极参与媒体集中宣传等活动，通过政府牵线搭桥以"打包"方式和媒体洽谈合作，探索开展"专精特新"示范企业专题宣传推介活动。市场开拓方面：一是把培育"专精特新"中小企业与做优做强产业链相结合，鼓励"链主"企业向"专精特新"中小企业开放市场、创新、资金、数据等要素资源。二是支持"专精特新"中小企业开拓海内外市场，定期组织召开"专精特新"新品发布会，鼓

励企业参加中国国际中小企业博览会、APEC 中小企业技术交流会等国内、国际展会。三是综合运用首购、订购、推广应用等方式，促进"专精特新"中小企业开发创新产品。

三　山东模式：提供精准服务，实现"专精特新"产业链双循环

截至 2021 年 7 月，山东省共获评国家级专精特新"小巨人"企业 362 家，数量居全国第三位，相继出台了《山东省"专精特新"中小企业贷款风险补偿实施细则》《山东省"专精特新"中小企业省级财政资金股权投资实施细则》《山东省"专精特新"中小企业培育方案》等一系列政策文件，坚持高质量发展目标，坚持创新第一动力，坚持梯度纵深培育，坚持突出产业特色，坚持双管齐下发力。计划到 2025 年，入库培育创新型中小企业 2 万家以上；新培育认定省级"专精特新"中小企业 4000 家，累计达到 10000 家左右；争创国家级专精特新"小巨人"企业 400 家，累计达到 750 家左右，确保走在全国前列，力争成为排头兵。

第一，实施育种扶苗工程。一是推动发展天使投资。培育一批天使投资人和创业投资机构，对创业投资企业、天使投资人投资于种子期、初创期科技型企业的投资额，按规定抵扣所得税应纳税所得额，树立投早、投小、投智的良好导向。推动建立政府财政全资或出资引导、风险投资机构专项设立、天使投资自然人发起成立等多种模式的天使投资基金，助力有潜力的中小企业平稳健康成长。二是促进创新创业赛事活动成果转化。打造创新创业大赛、"互联网＋"大学生创新创业大赛、"中国创翼"创业促就业项目大赛、"创客中国"中小企业创新创业大赛等区域赛事活动升级版，积极承办相关专题赛、赛道赛。提升各类基地、园区、孵化器等服务能力，广聚优质创新成果、强化创新要素保障，促进更多优质创新创业项目在本省落地孵化。三是加快创新创业主体动态培育。以创新型中小企业为主体，建立全省"专精特新"中小企业动态培育库，组织专业服务机构逐步梳理发展路径，量身定制成长方案，集聚服务资源支持入库培育企业强弱项、补短板，不断提升创新能力和专业化水平，加快成长为"专

精特新"中小企业。

第二,以数字化转型工程为任务。一是全面推进智能化改造。用好"山东技改在线""技改视频库",每季度举办一次"专精特新"中小企业智能化改造供需对接专场。面向"专精特新"中小企业开展智能化改造标准宣贯、现场诊断和供需对接。每年推广1000个以上应用场景,培育智能制造新模式。二是实施数字化引领。围绕"专精特新"中小企业分布集中的行业领域,逐业梳理生产体系、业务流程、管理架构、经营模式等方面数字化转型的需求和路径,分别提供精准对路的数字化服务商、平台和解决方案。每年为不少于1000家"专精特新"中小企业提供数字化转型服务,推动1000家"专精特新"中小企业业务"上云"。三是深化"万名数字专员进企业"活动。设立省数字专员联合办公机构,组织数字专员专题培训,对"专精特新"中小企业提供"一对一"数字化转型需求专业服务。在省工业互联网综合服务平台建立数字专员服务活动子平台,加强对"专精特新"中小企业数字化转型典型案例的展示与推广。

第三,实施双循环融入工程。一是深化网络营销。组织专业服务商制定"专精特新"中小企业个性化营销方案,开展"山东制造·网行天下"专精特新专项行动。开展"产业带+跨境电商"线上拓展行动,推动纺织、轻工、机电等传统产业数字化转型。在中东欧、东非等具备条件的海外仓举办市场采购、跨境电商等"专精特新"专场推介活动。二是开展精准采销对接。采取线下采销洽谈、线上云展会等方式,按季度组织龙头企业采销对接活动,招引省内外企业来鲁采购。采取"流量券"补贴方式,推动"专精特新"中小企业加快融入大型企业供应链。三是推动拓展国际市场。进一步提升对外开放水平,组织"专精特新"中小企业参加中国国际中小企业博览会、APEC中小企业技术交流暨展览会等会展活动。发挥山东自贸试验区、中国—上海合作组织地方经贸合作示范区、中德(济南)中小企业合作区等平台作用,推动产业合作向合作研发、联合设计、市场营销等高端环节延伸。开展"专精特新"中小企业质量管理和资质认证提升行动,推动首次获得发达国家资质认证年均增幅10%以上。

专栏五　　山东人才汇聚工程

　　山东省培育"专精特新"企业的人才汇聚工程主要表现在以下三个方面：一是加强企业家培训。组织"专精特新"中小企业家参加国家中小企业经营管理领军人才培训，每年分批分类举办专题培训班。优先安排"专精特新"中小企业家参加省级高端出国培训、民企二代接班人世界500强企业实训和企业家网络学院线上培训等。到2025年，对国家级专精特新"小巨人"企业家实现培训服务全覆盖。二是引育科技创新人才。支持"专精特新"中小企业采用股权激励、期权激励、技术入股等多种方式，引育集聚一批科技领军人才和项目创新团队。鼓励市县制定"专精特新"中小企业人才引进专项政策，"一企一策"开辟绿色通道、实施奖励支持。支持"专精特新"中小企业中符合条件的高层次人才参加"泰山领军人才""省重点产业链尖端技术人才"等申报。三是打造高技能人才队伍。选择10家左右职业院校（含技工院校），面向"专精特新"中小企业开展定向、定单、联合培养。定期调度分析重点行业"专精特新"中小企业技工岗位人才需求情况，发布导向目录，促进供需有效对接。每年新培育30家兼具生产、教学、研发、创业功能的校企一体实训基地。

第三节　"专精特新"企业发展的借鉴与启示

　　从国外地区德国的"隐形冠军"企业、美国日本的"利基"企业、韩国的"中坚"企业以及国内"专精特新"企业数一直走在前列的广东、浙江、山东三省的培育经验来看，不同国家及地区都出台了不同的培育政策，助力中小企业专注于细分领域的技术创新、产品质量提升以及品牌建设，激发中小企业活力和发展动力，推动中小企业转型升级。通过上述国内外典型经验提炼出顶层设计、创新驱动、市场拓展三大类启示，其功能定位各不相同，既具有交替性又具有互补性。其中，顶层设计是"专精特新"企业培育的根本保证，创新驱动是"专精特新"企业培育的核心动力，市场拓展是"专精特新"企业培育的有力支撑。因此，各地"专精特新"企业培育应借鉴国内外的培育经验，积极引导中小企业走"专精特新"发展之路，提升技术创新能力，为完善产业链创新链提供保障，提升在全球市场的竞争力。

一　从顶层设计出发，强化组织领导

第一，注重政策引导，多主体协作参与。持续推出一系列培育和支持"专精特新"企业政策，加强规划引领，打造从顶层规划设计到构建全方位的服务体系。例如，美国小企业管理局在全国设立了经理服务公司和小企业发展中心为利基企业服务；各类专业协会、商会等社会组织聘请行业专家为利基企业提供发展咨询服务；制定了"小企业出口流动资本项目"，使商业银行为利基企业提供短期出口信贷。德国修订法律条款，受教育者与企业签订职业教育合同，且职业学校、企业和跨企业培训中心协作参与；广东省支持"工业和信息化部电子第五研究所"等19家服务机构，为"小巨人"企业提供免费或优惠服务，要求各服务机构着力提高服务质量，主动上门对接，为企业量身打造服务方案，并建立专门的服务过程档案。

第二，加大规划落实，改革产业集群治理方式。一是完善规划实施监测评估机制。各地各部门持续跟踪评价规划发展目标、重点项目、重大工程、重大政策措施等推进落实情况，将规划实施情况作为绩效考核重要依据。二是构建战略性产业集群。推动构建"企业＋政府＋中介组织＋配套服务"通力合作的新型产业集群治理机制；强化政策引导，推动资源要素向集群优秀企业和产品集聚；定期组织对制造业发展较好的产业集群、重点企业、重点项目予以通报表扬，总结推广各地推动制造业高质量发展的成功经验，推广应用卓越绩效、精益生产等现代管理制度。三是加强产业集群科普工作。广泛宣传扶持制造业高质量发展、培育发展战略性产业集群的相关政策措施和重点工作安排，加强科普工作，营造崇尚创新的社会氛围。例如，广东省深化"放管服"、要素市场化配置改革，在集群内率先建设高标准市场体系；按照"一核一带一区"发展新格局，调整优化集群发展布

局，推动城市功能定位与集群发展协同匹配。

第三，创新服务方式，建设一体化平台。制定实施"专精特新"企业专项服务方案，成立"专精特新"企业服务联盟，统筹推进"专精特新"企业服务。以企业码为载体建设"专精特新"企业服务一体化平台，提供对标诊断、政策帮享、服务对接等一站式服务；充分发挥地方政府贴近企业、了解企业的优势，设区市要为每家单项冠军、隐形冠军、"小巨人"企业配备服务专员，县（市、区）要为省级"专精特新"中小企业配备服务专员，实施精准培育和帮扶。例如，浙江结合联合国中小微企业日，开展"中小企业服务月"活动；结合助企服务开展"专精特新万企行"活动，实现实地走访全覆盖，为每家企业至少解决 1 项困难。

二 以创新驱动为纽带，加快推动产业链协同

第一，注重优势延续，提升专注度与创新性。"专精特新"企业的市场机遇形成于产业技术快速升级中大资本难以有效作为的细节技术空隙；其专精技术也主要来源于对已有产业技术的综合和挖潜，做深做精其应用研发，适应具体的专业领域。借鉴德国企业深耕细分领域市场发展的传统，致力于将某一类或某一项产品做到全球领先水平，德国拥有超过 1400 家隐形冠军企业，占世界总量的将近一半。加快"专精特新"企业的发展，从根本上要加速大企业的产业技术升级，在快速升级中为中小企业创造专精技术的机遇和来源。国内外先进地区在培育过程中引导企业坚持创新发展、加深专业技能，取道"窄而深"、突出"精而强"。

第二，实施创新引领行动，促进资源共享共用。支持"专精特新"中小企业独立或联合设立研发机构，对在建和未达到相关认定标准的研发机构，建档入库重点支持。持续开通税费服务"直通车"，对"专精特新"中小企业实施点对点"滴灌式"辅导和服务；加强共性应用技术供给，最大限度发挥"专精特新"中小企业创新能力强的优势。发挥教育、科技、工信三部门协调联动机制作用，推动高校、科研院所加强"省大型科学仪器设备协作共用网"推广应用。探索建立省研发互联网基础平台，以"云服务券"补贴等方式支持

"专精特新"中小企业大型科学仪器设备、高端工具软件等接入工业互联网。例如，山东推出一批重点产业链技术攻关目录，采取竞争立项、定向委托、组阁揭榜等方式支持"专精特新"中小企业参与创新攻关，并组织高校、科研院所定期发布适于产业化的创新成果清单，组织企业定期提报技术创新、研发攻关等需求清单，推动供需双向"揭榜"。

第三，创新人才导向，完善职业技术教育培训制度。实施中小企业经营管理者素质提升工程，大力培养具有现代经营理念和国际视野的高级经营管理人才；分批分类组织"专精特新"企业家参加国家中小企业经营管理领军人才培训，鼓励支持采用股权激励、期权激励、技术入股等多种方式引育集聚一批科技领军人才和项目创新团队；实施新时代工匠培育工程和高水平工程师引培行动，加快建设工程师协同创新中心，深化产教融合，推广"双元制"职业教育模式，引进和培育一批高级工程师、高技能人才和产业工匠；组织职业院校面向"专精特新"中小企业开展定向、定单、联合培养，新培育一批兼具生产、教学、研发、创业功能的校企一体实训基地。例如，德国将现代职业教育与"学徒"模式结合，以"技能工艺培训＋理论文化教育"为基础，形成了有特色的"双元制职业教育"制度。加大人才培育，提高技工队伍素质。浙江省打造具有现代"工匠精神"的企业技工队伍，组织开展万企岗位技能练兵比武活动，评选"浙江工匠"。支持大专院校、职业院校与"小巨人"企业合作培养高技能人才，建设学生实训、就业创业基地。

三 加大市场拓展力度，优化营商生态环境

第一，助力市场开拓，提升专业市场占有率。定期组织召开"专精特新"新品发布会，支持"专精特新"中小企业参加国内外重大展会、论坛活动。构建"专精特新"中小企业与电商平台对接桥梁，引导电商平台指导企业建立网上直播间、新媒体营销平台等，助力企业拓展销售渠道；鼓励"专精特新"中小企业参加招投标和政府采购活动，对其生产的设备、产品使用不可替代的专利或专有技术的，可不进行招标或采用单一来源方式进行采购，对非专门面向中小企业

的政府采购项目。加强政府对"专精特新"企业的宣传，依靠政府的公信力为企业在全球宣传，提高其技术创新、产品及服务的知名度和商标价值，同时鼓励更多企业向"专精特新"发展。例如，日本支持"专精特新"中小企业海内外市场开拓，融入大企业配套体系之中。政府梳理中小企业国际化发展的成功案例，为准备开展国际化经营的中小企业提供"一站式"商谈和咨询服务，并建立中小企业出口信用和风险担保机制。

第二，强化典型宣传，优化产业链生态圈。借鉴日本通过"J-Good Tech 计划"将利基企业在网站宣传出去，并与日本大企业和海外机构联手，帮助其开拓海外市场。对认定的专精特新"小巨人"企业等予以表彰，选树一批"专精特新"发展典型与标杆，充分发挥示范引领作用。在主流媒体等设立专精特新工作专栏，大力宣传推广创新创优典型案例，总结推广先进经验做法和发展模式，全面营造支持中小企业"专精特新"高质量发展的良好氛围；鼓励"链主企业"采购"专精特新"中小企业产品，组织开展长三角产业链供应链对接专场活动，推动更多"专精特新"中小企业加入世界级领军企业和"链主企业"的供应链，促进长三角产业链协同发展。加快构建产业链创新链生态圈，深入实施制造业产业基础再造和产业链提升工程，探索"链长+链主"协同推进机制，动态培育"链主型"企业，打造产业链上下游企业共同体，加快形成"头部企业+中小企业"的产业链创新链生态圈。

第三，提升质量标准，提高品牌竞争力。借鉴山东省以"专精特新"企业为重点，开展质量管理和资质认证提升专项行动的经验，加强质量管理，提高产品质量。规范建设质量基础"一站式"服务平台，为中小企业提供质量、标准、计量、认证、检测、品牌等服务。精准开展标准化指导服务，推动"专精特新"企业率先开展标准筑基工程，建立企业自身标准体系，瞄准先进标准进行对标达标。引导"专精特新"中小企业实施企业首席质量官制度，提升质量管理水平。鼓励"专精特新"中小企业主导和参与制定国际、国家、行业、地方标准，积极争取国际、国家标准化技术委员会、分技术委员会秘书处，积极开展国家级、省级、市级标准化试点；鼓励"专精特新"

中小企业开展"品字标"品牌建设，鼓励"专精特新"中小企业争创各级政府质量奖，并按有关政策给予资助支持。鼓励支持"专精特新"企业制定品牌发展战略，创建自主品牌，找准品牌定位，提升品牌美誉度，提高产品附加值。

第九章 "专精特新"企业的
成长之"痛"

在经济全球化背景下,国家鼓励和支持中小企业走"专精特新"发展道路。本章以"专精特新"企业成长过程中面临的诸多痛点、难点为出发点,首先,从国际发展格局和经济高质量发展新要求两个方面剖析我国"专精特新"企业发展面临的外部环境挑战。其次,从技术人才、技术保护、技术共享角度阐述我国"专精特新"企业面临的各类技术难题,总结我国"专精特新"企业在融资渠道、人才结构、专利保护等方面面临的要素制约。最后,从体制机制和市场结构角度论述了我国"专精特新"企业面临的环境制约。

第一节 "专精特新"企业发展面临的挑战

2012 年 4 月 19 日,国务院发布《国务院关于进一步支持小型微型企业健康发展的意见》(国发〔2012〕14 号),首次提出"鼓励小型微型企业发展现代服务业、战略性新兴产业、现代农业和文化产业,走'专精特新'和与大企业协作配套发展的道路,加快从要素驱动向创新驱动的转变"。目前,"专精特新"企业已留下十年的成长脚印,这十年中,我国从未松懈对"专精特新"企业的培育,企业自身也在探索中逐步发展壮大,但其发展环境也在不断发生变化。本节主要从国际发展格局和经济高质量发展新要求两个方面剖析目前我国"专精特新"企业发展面临的外部环境挑战。

一 "专精特新"企业面临严峻的国际局势

"专精特新"企业以"专业化""精细化""特色化""新颖化"

著称，企业专注于细分领域，追求"小而强""小而精"。随着经济全球化的发展，我国"专精特新"企业的国际化进程也不断加快，以高水平自立自强的"专精特新"企业不断对我国经济高质量发展形成支撑，这有助于增强我国的综合实力和抵御风险的能力，对于筑牢经济安全防线具有重要战略意义。"专精特新"企业的培育和发展正处于特殊的历史时期，面临巨大的考验与挑战。综合来看主要表现在以下三个方面：

第一，国际供应链成本和风险上升。2022 年年初俄乌危机导致的禁飞、禁运和油价飞涨拉动国际物流价格上调，供应链咨询公司 FourKites 的格伦克普克（Glenn Koepke）表示，海运费率可能从每 40 英尺集装箱 1 万美元的价格上涨两到三倍。面对由于俄乌冲突造成的全球供应链中断问题，联邦快递宣布上调国际包裹和货运的高峰附加费，多数亚太地区的高峰附加费提高 20—30 美分/公斤；欧洲的国际运费上涨 11 美分/公斤；印度次大陆、非洲和拉丁美洲的附加费也有所上调，该附加费也适用于 FedEx 欧洲内部物流网络。此外，波罗的海油轮欧洲航线运价上涨 3 万美元，至 24.1 万美元/天，创 2008 年以来的新高。据供应链物流服务提供商 FourKites 的数据显示，2022 年 2 月至 3 月间整个欧洲的港口转运停留时间增加了 43%。此外，马来西亚宣布实行严格的出入境管制措施，从 2022 年 3 月 18 日至 31 日期间禁止外国人入境，同时关闭部分国内生产工厂。马来西亚是全球第七大电子产品出口地，作为国际著名电子产业基地和半导体封测中心，管制措施升级可能会对国际供应链造成重大影响，导致本已极为紧张的国际供应链进一步失序，使得国际物流市场雪上加霜。全球航运巨头马士基预测，[1] 全球供应链 2022 年上半年远洋运输的运力、集装箱等依然会处在较为紧缺的状态。当前国际市场对供应链的担忧情绪弥漫至全球多个行业，企业成本压力空前，动荡局势下各国政策的不确定性也加大了全球供应链成本和风险。[2] 我国"专精特新"企

---

① 裴昱、郝成、颜京宁：《全球供应链何日恢复常态？马士基判断航运紧张下半年缓解》，《中国经营报》2022 年 2 月 14 日。

② 路虹：《俄乌局势再度绷紧国际供应链》，《国际商报》2022 年 3 月 11 日。

业主要聚焦于高新技术企业，面对全球供应链危机，其上下游产业受到一定的影响。在全球化趋势下，"专精特新"企业的产品研发、物料采购、生产制造、物流配送、销售及服务可能分布在不同国家和地区，高新技术企业生产制造所需要的核心原材料、核心零部件等通常来自外部经济体，全球供应链成本和风险上升给此类企业的生产制造带来较大不确定性；加之部分国家和地区核心技术出现"卡脖子"现象，企业产品研发进程受阻，影响了该部分企业的国际竞争力。此外，"专精特新"企业在进出口贸易中也面临运输成本上升、运输通道受阻、国际贸易管制措施等难题，企业的国际化进程有所放缓。

第二，国际能源供应紧张。2021年9月之后，以西欧、印度、东南亚为主要市场的能源价格出现大幅度攀升，连带导致北美地区能源价格迅速反弹。国际能源价格的攀升趋势和煤炭、石油、天然气等大宗原材料商品供应的局势，对正处于国内防疫形势明显向好、制造业需求旺盛和出口订单持续性增长以及国内城市纷纷启动夜间经济的国内企业产生了明显的外部影响。[①] "专精特新"企业正处于高速发展时期，对能源的需求量较大，在严峻的国际形势下，能源供应紧张对"专精特新"企业的日常运营、规模扩张以及市场拓展都会产生影响。以化工行业为例，化工行业是国民经济中不可或缺的重要组成部分，也是能源消耗巨大的行业。《2016—2020年中国精细化工行业投资分析及前景预测报告》显示，我国精细化工企业主要为中小型的民营企业，国内相关技术发展比较落后，而国外拥有先进技术的化工巨头又对外实施技术封锁，从而导致我国精细化工产业缺乏先进技术支持，精细化率较低。因此，化工企业的"专精特新"发展也被提上日程。化工类"专精特新"企业集聚地区资源优势，进行结构优化和市场拓展的速度较快，对能源的需求量越来越大，此外，化工类"专精特新"企业的日常运营、研发活动的开展都需要能源支持，国际能源供应紧张对此类企业来说无疑形成较大挑战。

第三，国际贸易保护主义加剧。在世界百年未有之大变局背景

---

① 王泠一：《今冬明春国际能源供应局势之分析》，《第一财经日报》2021年10月14日。

下，国际贸易保护主义加速演化，在保护手段、产业、对象、焦点、规则、国别格局、组织形态、不确定性、治理框架、后疫情特征等方面呈现出 10 大新动向[①]，对我国参与全球经贸合作和推动共建"一带一路"高质量发展构成明显挑战。贸易保护主义造成市场分割，使国界成为市场规模扩大的制约因素，导致生产分工和专业化程度难以快速提升；同时，贸易保护主义也导致全球资源配置扭曲，阻碍"专精特新"企业生产效率提升，其长远发展和规模化也受到一定影响，企业产品贸易渠道受阻，国际人才及资本流动放缓，企业创新动能有所减弱。

二 "专精特新"企业面临高质量发展的新要求

习近平总书记指出："经济发展是一个螺旋式上升的过程，上升不是线性的，量积累到一定阶段，必须转向质的提升。"[②] 在严峻的政治经济环境下，中国不能再走粗放型发展的老路，必须坚持创新驱动高质量发展，加快实现内涵型增长。[③] 在第四次工业革命到来之际，"专精特新"企业的发展面临巨大挑战，习近平总书记曾多次强调要加快建设以国内大循环为主体，国内国际双循环相互促进的新发展格局，这在一定程度上有助于"专精特新"企业应对国际变革，提高企业核心竞争力，实现长远发展。

在双循环战略背景下，高质量发展被提上日程，"专精特新"企业受到越来越多的关注，其发展质量直接影响我国社会经济高质量发展的效果。在当前社会经济形势下，"专精特新"企业的发展面临更多要求，主要表现在以下几个方面：

第一，"专精特新"企业要提高独立自主能力，避免过度依赖政策扶持。"专精特新"企业的发展离不开政策支持，但不能过度

---

① 原倩：《当前国际贸易保护主义的新动向及其影响和应对》，《中国物价》2022 年第 2 期。

② 习近平：《我国经济已由高速增长阶段转向高质量发展阶段》（2017 年 12 月 18 日），《十九大以来重要文献选编》（上），中共文献出版社 2019 年版，第 139 页。

③ 鲁保林：《以高质量发展应对百年未有之大变局》，《中国社会科学报》2022 年 2 月 23 日。

依赖政策而忽视了自身的成长。2011 年，工业和信息化部颁布了《"十二五"中小企业成长规划》，鼓励、支持和引导中小企业进一步优化结构，为促进中小企业形成"专精特新"竞相发展新格局奠定了基础。2021 年，财政部、工业和信息化部颁布了《关于支持"专精特新"中小企业高质量发展的通知》，支持中小企业高质量发展、助推构建双循环新发展格局。近年来，中共中央办公厅、国务院等部门也相继出台了一系列政策措施，多方面、多维度支持了"专精特新"企业的发展。但在高质量发展环境下，"专精特新"企业发展面临更高要求，需要不断提高独立自主能力，避免过度依赖政策的扶持。

第二，"专精特新"企业要夯实制造业发展基础，增强供应链自主能力。制造业是一个国家发展的根基，我国正由"制造大国"向"制造强国"转变，"专精特新"企业作为制造业的核心基础和关键支撑，肩负推动制造业转型升级、实现"制造强国战略"的重担。此外，"专精特新"企业是突破关键核心技术、提升产业链供应链稳定性和竞争力的重要力量，要充分发挥示范引领作用和杠杆效应，积极撬动社会资本，推动科技创新和技术研发，激发"链"上企业的创新活力和创新动能，从而促使我国产业链供应链高质量发展，增强产业链供应链的自主可控能力，满足经济高质量发展的新要求。

第三，"专精特新"企业要注重理性发展，深耕专业领域。在新经济背景下，社会创富速度加快，"专精特新"企业的发展面临一定诱惑和挑战。蔡洪平指出：企业家要"十年不抬头"，不去关注福布斯排行榜，要把关注点放在"事业"上，在专业领域不断深耕细作。① 因此，"专精特新"企业要坚持产品基础、技术领先，深耕专业领域，不过度依赖政府资源和自然资源；抓住第四次工业革命的机会，在内外双循环中实现"缺我不可"，契合生产关系和上层建筑的互动关系，保持企业生产力的理性发展。

---

① 蔡洪平：《大变局下的中国企业困惑和挑战》，《中国中小企业》2021 年第 12 期。

第二节 "专精特新"企业发展的技术难题

"专精特新"企业是实现高质量发展的重要力量,"创新"特性让此类企业对技术人才的依赖度更高,对技术保护和技术共享的需求更为迫切。本节主要从"专精特新"企业缺乏技术人才、亟须技术保护、呼吁技术共享三个方面阐述目前我国"专精特新"企业在发展过程中面临的各类技术难题。

一 "专精特新"企业缺乏技术人才

习总书记指出:"发展是第一要务,人才是第一资源,创新是第一动力。"在 2021 年中央人才工作会议上,习总书记更强调,要"深入实施新时代人才强国战略,全方位培养、引进、用好人才,加快建设世界重要人才中心和创新高地"。相对于普通的中小型企业,"专精特新"企业对人才的质量要求和依赖度更高,做好人才服务刻不容缓。助力"专精特新"企业发展,应充分发挥好人才的公共服务与人力资源市场服务的合力。

"专精特新"即专业化、精细化、特色化、新颖化,以专注铸专长、以配套强产业、以创新赢市场。人才是创新的第一资源,专业技术人才又是第一资源中的基础性资源,在推进大众创业、万众创新中发挥着重要作用。[①] 近年来,我国专注于培育"专精特新"企业,旨在以"专""精""特""新"赋能我国制造业发展,推动制造业转型升级,从而提升区域核心竞争力,保障我国的国际地位和大国优势。虽然我国政府在多方面对"专精特新"企业提供了支持和帮助,但随着新时代的到来,企业在发展过程中面临许多新挑战和新要求,尤其是在人才领域。目前,我国"专精特新"企业专注于细分领域,亟须技术人才加码,在引进技术人才、管理技术人才、打造人才中心方面面临一定困难。首先,如何引进技术人才,最大化开发技术人才的创新动能,并长久地留住技术人才是"专精特新"企业目前面临

---

① 王斌:《强化专业技术人才创新创业驱动力》,《山东人力资源和社会保障》2021年第 12 期。

的一大技术难题。其次，如何合规有序地管理技术人才，让技术人才团队活力持续提升也是"专精特新"企业需要思考的问题。最后，如何打造人才中心创新高地，实现人才、企业与产业的良性互动"正循环"也是摆在"专精特新"企业面前的难题。

近年来，我国日益重视加强技术人才的培养和建设，人社部出台相关政策大力支持技术人才创新创业，但与国家"在更大范围、更高层次、更深程度上推进大众创业、万众创新"的要求相比，技术人才的数量以及创新创业能力还存在较大差距，在保障"专精特新"企业长远发展方面尤显动力不足，主要原因总结为以下三个方面：一是技术人才甄选体系不完善。在招聘流程外包、高端人才寻访、人才测评、背景调查等方面没有有效结合"专精特新"企业的业务特点与人才需求，做到精准寻人、识人、选人，并从源头帮助企业判断候选人的能力、品质等，从而为"专精特新"企业搭建人才供给通道，实现精准招智引才。此外，高层次人才柔性引入机制有待改善，对于符合政策引进的高级管理人才、科技人才、海内外学者专家等要提供更加完善的创新创业专项服务。二是技术人才管理体系不健全。搭建科学、先进、专业化的技术人才管理体系是营造良好、可持续技术人才发展环境的重要前提，有助于帮助"专精特新"企业激发技术人才创新活力，保障"专精特新"企业依靠技术人才优势实现长远发展。培训发展、薪酬激励、绩效管理、劳动用工管理等咨询服务是技术人才管理体系建设的重要方面，目前，相关部门还未实现"专精特新"企业培训服务全覆盖，在推动更多中小企业聚集主业、强化创新、实现创新要素的深度融合发展方面也有待加强，"专精特新"企业内部公平公正的绩效管理体系和人才激励体系也有待完善，这对促进技术人才认可企业公平氛围，激发技术人才创新创造活力具有重要作用。三是科技人才服务体系不到位。完善健全的科技人才服务体系是"专精特新"企业留住技术人才的重要因素，目前，人力资源服务机构还未形成较为完善的人力资源综合解决方案。即围绕人才实际需要提供工作与生活类服务，包括：文件翻译、生活服务、商务注册代理及家政服务等；为人才子女上学提供解决方案，挑选合适的公立学校或国际学校，指导入学，提供更加便捷安心的服务；针对高端人才提供"管家式"服务，人才服务专员代办日常"琐事"，实现少跑腿、更省心，解决高端人才在工作与生活方面的后顾之忧。①

二 "专精特新"企业亟须技术保护

多项创新理论强调了技术创新对实现经济高质量增长的重要性。例如，熊彼特在《资本主义、社会主义与民主》一书中指出，创新通过创造性破坏促进经济增长。索罗的新古典增长理论将技术进步视为人均收入可持续增长的唯一源泉。罗默的内生增长理论认为，技术进步是经济增长的产物，同时它也是经济增长之源，二者形成一个良性循环。受创新经济学理论的影响，政策制定者纷纷把创新作为推动经济转型升级、实现又快又好发展的重要手段，并相应地推出各类政策工具促进企业创新。

"专精特新"企业的灵魂是创新，也是我国技术创新的源泉，其专注于细分市场，聚焦主业，在实现创新发展方面发挥示范带头作用，凭借技术创新成果引领企业发展进步。知识产权如专利、著作权、商业秘密等产出数量、质量，尤其是高质量发明专利的积累储备及运用效益，是评价"专精特新"企业创新能力和水平的重要指标，加强知识产权管理和利用、建立知识产权风险防范与纠纷应对机制及严格知识产权保护执法，能够为"专精特新"企业创新成果提供有力保护。同时，清晰界定知识产权权属、建立知识产权利益分配机制，有利于促进产业前沿技术、关键共性技术向"专精特新"企业传播和转移。

随着经济的发展进步，一批拥有高质量知识产权的"专精特新"企业正在涌现，成为掌握独门绝技的"单打冠军"和"配套专家"。相较于传统企业，"专精特新"企业的技术保护显得尤为重要，一旦核心技术泄露，"专精特新"企业在细分领域就失去了竞争优势。目前，我国在"专精特新"企业的技术保护方面尚显不足，主要表现在以下三个方面：一是技术保护管理体系不健全。大部分"专精特新"企业缺乏独立的技术保护管理机构，在科技成果权属、管理、权

---

① 《助力"专精特新"企业发展，打造人才中心创新高地》，《中国企业报》2022年3月8日。

益分配、处置及技术合同管理等方面难以做到统一部署，在生产、经营、研发、商业推广、产业化等生产经营环节中也没有专门的技术保护机制。① 二是"点对点"技术保护服务能力待提高。不同行业的"专精特新"企业以及"专精特新"企业发展的不同阶段都面临不同的技术保护需求，政府部门或行业协会需提高"点对点"技术保护服务能力，聚集同类企业或同发展阶段企业开展技术保护经验交流会，减少技术侵权纠纷，节约公共资源，促进"专精特新"企业利用原有技术不断开拓创新，提高创新成果的更新迭代效率。三是全链条技术保护需加强。"专精特新"企业技术研发周期长，现有法律法规主要针对技术创新成果进行保护，对于研发过程中取得的阶段性成果有所忽视，全链条技术保护需加强。

三 "专精特新"企业呼吁技术共享

在美国社会学家 Felson 和 Spaeth② 首次提出共享经济的理论框架后，伴随着信息技术的发展与成熟，共享理念在解决信息不对称、降低交易成本和减少碳排放等多方面都表现卓越，共享经济在物品循环利用、耐用资产共享以及时间与服务交换等领域得到了快速发展。中国共产党十八届五中全会公报中已明确提出"发展分享（共享）经济"的国家战略。未来 5 年，中国共享经济有望保持年均 10% 以上的高速增长，展现出巨大潜力，成为经济发展不可或缺的新动能③。科学技术的发展推动了多领域、多学科之间的交叉应用，技术创新不仅是企业竞争的有力手段，更关系到国家和地区的综合竞争力。当前我国正在从制造型强国向创造型强国转变，企业的技术创新能力直接关系到国家的进步和发展，对提升企业的国际的竞争力也起着至关重要的作用。基于此，近年来我国大力支持培育"专精特新"企业，

---

① 《加强知识产权保护和运用赋能"专精特新"企业》，中国经济新闻网，https：//cbgc. scol. com. cn/news/3428955，2022 年 3 月 22 日。

② Marcus Felson, Joe L. Spaeth, Community Structure and Collaborative Consumption：A Routine Activity Approach, American Behavioral Scientist, 1978, 21 （4）.

③ 陈琼娣、黄志勇：《共享经济视角下专利技术共享综述：主要模式及发展方向》，《中国发明与专利》2022 年第 19 期。

一批在"专业化""精细化""特色化""新颖化"方面有突出表现的企业入选"专精特新"企业名单，受到政府的关注和支持。技术创新是一种探索性、创造性的经济活动，其不确定性是由技术成果转化过程中可能发生的事件和结果导致的，不仅受到技术本身客观条件的限制，也涉及创新主体有限理性的决策行为的影响。由于这种不确定性还包含创新收益的不确定性，因此"专精特新"企业呼吁施行技术共享，搭建技术共享平台，促进企业间共担创新风险、共享技术创新设施，联合开发新产品项目。

"专精特新"企业大多属于中小型企业，在自身规模、技术攻关以及抗风险能力等方面存在局限，仅凭借"单兵作战"难以保持稳定的优势和持续不断的创新活力。这使得"专精特新"企业在研发创新活动中倾向于向外部资源寻求技术和资源的支持和共享，期望组建形成产学研相结合的稳定的创新联盟。协同创新联盟成员间的协同作用主要包括协同研发、合作研究、教育与技术产业化等模式，其目的在于减少创新成本、降低创新风险、合理配置创新收益，实现成员间创新资源的有效共享与优势互补。[1] 尤其是对于一些高风险、高科技的产品，其研发周期长、研发难度大，在产品投入使用和盈利之前，企业很容易面临资金链断裂的风险。同类"专精特新"企业或者同行业的"专精特新"企业如果能够齐心协力，共同组建协同创新联盟，不仅有利于提高创新成功率、降低创新风险、缩短研发周期，更为技术的融合、共享和进化提供了良好保障。在组建协同创新联盟和技术共享的过程中，各类"专精特新"企业成员间能够不定期进行技术创新和资源的交流与共享，这种定期的交互行为会对成员协同创新策略的选择产生一定影响。选择策略的不确定性会影响"专精特新"企业的长远发展，给企业的战略规划造成阻碍。

在共享经济的背景下，"专精特新"企业呼吁技术共享，企业间形成协同创新联盟，与各大高校和科研院所建立长远合作，共同助力协同创新成果转化率的提高，与此同时也能够促使"专精特新"企业的健

---

[1] 苏妮娜、朱先奇、史竹琴：《技术共享对科技型中小企业协同创新联盟稳定性的影响》，《工业工程与管理》2020 年第 25 期。

康成长与发展，对于形成良好的创新环境也具有重要的现实意义。

专栏一　　引光医药：攻克技术难题，引领行业发展

南京引光医药科技有限公司成立于 2016 年，是一家专注于为医药临床试验提供全过程专业服务和解决方案的合同研究组织（CRO）。临床 CRO 是药物研发产业链专业化、精细化分工催生的产业，于 20 世纪 80 年代兴起于美国，在国内于 20 世纪 90 年代起步。2003 年，国家药监局颁布《药物临床试验质量管理规范》（GCP），CRO 行业在法规层面得到认可，激活了 CRO 产业的迅速发展。2019 年新修订的《药品管理法》，2000 年修订的《药品注册管理办法》《药物临床试验质量管理规范》，对药物临床试验和 CRO 发展都提出新的更高要求。药物临床试验是药物在临床上（人体上）验证其安全性、有效性的试验，是药物许可上市的关键环节，引光医药就是为广大医药企业提供药物研发在临床试验阶段各项服务的 CRO 公司。

经 2017—2021 年的努力，引光医药实现了营收百万元级、千万元级到亿元级的跨越式发展，2019—2021 年累计签订合同额超 3.5 亿元，实现营收超 2 亿元。现有人员 130 人，本科学历占比 98% 以上，在上海、广州、南宁、贵阳等地均设有常驻办事机构。引光医药以"质量为本 客户为先"的经营理念，树立行业标准，引领行业发展，推动我国药物临床试验整体水平提升，不断缩小我国药物临床试验水平与国际标准之间的差距。

引光医药在走"专精特新"发展的过程中也遇到了一定的技术难题，公司一直致力于技术人才的培养，并呼吁政府在技术补贴和技术共享方面发力，助力"小巨人"企业高质量成长。

技术人才培养经验

引光医药作为专业的临床 CRO 公司，技术人才是公司生存和发展的根本，公司一直高度重视人才队伍和人才培养机制的建设，致力于构建"小分享＋大讲堂＋大牛之路＋走心团建＋管培生"的人才培养体系，将引光医药打造成临床试验人才的一所"大学"。

　　引光医药引进稻盛和夫的阿米巴经营哲学，塑造公司文化，实现价值观共有，注重"软文化硬推进"。各部门每天召开"三有早会"，学习阿米巴哲学，上线"哲学积分软件"，引导员工将价值理念变成实际行动。用小分享实现每天进步一点点。每天早会专门设置"分享"环节，分享工作中的成功案例，剖析工作中的实际问题，用每天的点滴成长积累、提升。用大讲堂打造核心管理团队。每周五开讲"引光大讲堂"，分享管理经验、案例等实在的"干货"，提升中高层管理人员管理能力，建设具有凝聚力、战斗力的管理层队伍。用"大牛之路"培养专业人才和骨干。每周一定期开讲"大牛之路"专业培训，并根据业务人员的学习成效，有计划地阶段性提高内容层次，将每个业务人员都培养成为自身岗位的"大牛"。

　　在人才成长上，引光医药坚持德才兼备、唯才是举、知人善任的人才理念，容人之短、用人所长，将对的人放在对的位置上，让每个人才在引光充分展现自身价值。

　　资料来源：企业调研。

第三节　"专精特新"企业发展的要素制约

　　2011 年起，中国工业和信息化部明确表示要把"专精特新"作为我国中小企业发展的一条重要途径。[①] 2018 年，工信部下发有关培育专精特新"小巨人"企业的工作通知，对制造业等重点领域的专业水平、创新能力等多个方面提出相应要求。[②] 然而，目前大部分中小型企业还处于"小而不精""大而弱"的局面，在人才、资金、技

---

　　① 工业和信息化部产业政策司、中国社会科学院工业经济研究所：《中国产业发展和产业政策报告（2011 年）》，中信出版社 2011 年版。

　　② 中华人民共和国工业和信息化部：《工业和信息化部办公厅关于开展专精特新"小巨人"企业培育工作的通知》，2018 年 11 月 26 日。https://www.miit.gov.cn/zwgk/zcwj/wjfb/zh/art/2020/art_9dee2248b9244816a2820f91f7886ecb.

术等方面稍显逊色,在市场上缺乏核心竞争力;已在"专业化、精细化、特色化、新颖化"方面做出成绩的"专精特新"企业也在融资、人才、专利保护等方面面临着发展困境。

一 传统融资渠道限制较多,企业融资难度大

"专精特新"企业整体融资渠道依赖于银行贷款,这与目前我国金融体系有关。① 首先,股权融资渠道的进入门槛较高,国内主板市场实行审批制度,上市条件较为严苛;创业板推行注册制时间不久,融资环境尚不明朗;加之退市制度和信息披露制度,对企业经营业绩有较大影响,因此银行贷款成为"专精特新"企业的主要融资渠道,也相应造成企业负债率偏高。其次,多样化融资渠道还未形成,区域平台公司设立的孵化器、种子基金等对"专精特新"企业的支持力度不足,资本市场上也出现了供需双方结构性难题。最后,银行贷款具有财务费率低、约束少、不会稀释股本、不会对股东权益造成影响等特点。对于"专精特新"企业来说,银行贷款自由度大,受限少,有资产重组的余地,成为多数"专精特新"企业的主要融资渠道。

从行业类别来看,首先,多数"专精特新"企业分布于制造业领域,设备制造成为其主要发展阵地。此类重资产行业虽然具备银行贷款的质押条件,但据部分企业反映,一些传统行业的"专精特新"企业(尤其是被列入高耗能名录的企业)由于碳排放不符合低碳经济的发展要求,部分银行在绿色金融发展背景下限制针对此类企业的贷款审批,而已获得贷款的企业也期望在未来发展中银行不断贷、不抽贷。比如南通市某船舶制造类"专精特新"企业属于当地优势产业和纳税大户,但也常被银行"拒之门外",申请贷款的门槛高、难度大。其次,科学研究和技术服务业等高新技术产业的"专精特新"企业数量位居第二,该类行业可能存在"重技术、轻资产"的情况。轻资产行业通常存在信用记录不足、缺乏抵押担保等情况,难以满足传统的融资服务要求;该类企业若要实现进一步发展,往往需要掌握

① 黄楷钦、李士华:《专精特新企业融资路径的研究》,《现代商贸工业》2020 年第 41 期。

该领域的核心技术，这意味着过程中伴随着较高的研发投资，而研发投资与一般的资本支出相比，往往具有不确定性大、投入高、资金回报周期长等特点，[①] 研发过程中存在的不确定性和风险性使得企业与银行之间的信息不对称加剧，进一步阻碍了银行贷款审批。虽然该类行业中不乏具有多项专利技术的科创型企业，但由于部分金融机构缺少对这一领域或这一技术发展方向的专业人士，导致银行难以对企业研发环节进行科学的风险评价，即使该类"专精特新"企业在效益、信用等方面都比较优质，在没有政策支持的情况下也较难取得贷款。

专栏二　百特元生物科技（北京）有限公司将技术"软实力"变成融资"硬通货"

百特元生物科技（北京）有限公司成立于 2014 年，是一家拥有完全自主知识产权的国家高新技术企业，也是北京市 2021 年第一批"专精特新"企业。"法庭科学 DNA 案件检测领域最初完全由美国公司垄断，我们希望研发出一款中国人自己的产品，进行国产替代。但在这个过程中，研发资金投入非常大，特别感谢建行的资金支持，不然我们真的很难持续研发。"百特元公司技术负责人冉凌飞提到，目前该公司研发的产品已打破美国公司在国内的技术垄断，成为国内唯一可以研发、生产高性能基因检测试剂、核心耗材产品的公司，为国家及各省市公安、司法等部门提供全国产化的基因检测试剂及核心耗材、实验室建设和配套检测技术服务。其实，早在 2020 年新冠肺炎疫情期间，建设银行就主动上门联系百特元，成为其首家授信银行。当时，情况紧、任务重百特元公司紧急研发新型冠状病毒 2019-nCoV 核酸快速检测试剂盒的核心试剂，急需资金投入。而建行仅用了 4 天时间，就为公司办理了 246 万元的小企业信用贷款，执行利率优惠政策，可谓雪中送炭。

建设银行创新推出的"科技企业创新能力评价体系"以知识产

---

① 钟熙、宋铁波、陈伟宏：《高管团队薪酬差距、董事会监督能力与企业研发投入》，《证券市场导报》2019 年第 7 期。

权为基础，通过大数据评估科技企业的持续创新能力并审批贷款，成为银行业中的一股"清流"，支持成千上万的科技企业将技术"软实力"变成融资"硬通货"。

资料来源：李丹：《将"技术流"变"资金流"——建设银行服务"专精特新"企业采访观察》，《中国金融家》2021年第12期。

二　人才结构性问题突出

人才缺乏为"专精特新"企业的可持续发展带来严峻挑战，一方面缺乏承载企业发展的专业技术人才，另一方面缺乏推动企业升级的高端人才，[①] 包括营销人才、管理人才等，人才匮乏直接影响企业的可持续发展。

首先，多数"专精特新"企业属于制造业企业，普遍面临的问题是缺乏流水线熟练工。近十年来，我国制造业工人群体占比呈下降趋势。从事制造业工人群体在城镇非私营企业、私营企业及个体就业中占比均呈波动下降趋。[②] 在我国经济增长波动时期，制造业尤其是劳动密集型制造企业的"用工荒"现象越来越严重。人力资源和社会保障部发布的2021年"全国招聘大于求职'最缺工'的100个职业排行"[③] 显示，制造业用工缺口最大，且缺工状况持续。通常流水线工人更注重熟练操作，不需要很高的技术技能，这也是造成非技能劳动者工资较低的重要原因；而非技能劳动者通常流动性较大，企业招聘新员工并将其培训为熟练工人需要一定的时间周期，导致企业在非技能劳动力招聘上投入大量时间成本。由于工作压力、薪资等问题，

---

① 赵绘存：《关于天津市科技小巨人企业升级路径的对策建议》，《天津经济》2016年第5期。

② 李培林、尉建文：《新的历史条件下我国工人阶级构成的变化和应对》，《学术月刊》2021年第53期。

③ 2021年全国招聘大于求职"最缺工"的100个职业排行，人力资源和社会保障部，数据来源于全国102个定点监测城市公共就业服务机构填报的人力资源市场招聘、求职数据。

员工辞职流失时有发生，导致企业生产效率受到影响。同时，由于环保因素导致员工产生健康问题等，员工需求的福利待遇也不断提升，企业用人成本和招聘难度加大。

其次，部分"专精特新"企业存在人员管理混乱的情况，为了降低运营成本，一人多岗，未做到专人专用，影响了员工的工作专业度和积极性；部分企业缺乏专业化培训，或是培训内容由高层依据市场需求来决定，未紧密结合员工岗位的职业发展规划，导致企业付出培训成本也未能提高效益；部分企业以结果目标为导向，采用奖励分红的方式激励员工，短期来看可以取得成效，从长远发展来看，注重物质激励忽视了精神激励的重要性，没有体现充分的人文关怀，很难培养员工的企业归属感。同时，受企业绩效波动、员工薪资期许、企业文化认同感等多方面因素的影响，员工流动性较大，培养自身的骨干力量有一定难度。

此外，"专精特新"企业人才引进难、留住难问题突出。在引进人才方面，部分受访企业反映，由于规模小、名气不足，加上身处三、四线城市，很多"双一流"高校毕业生和高层次人才望而却步，哪怕给出较高的薪资待遇也不愿意"委身落户"。在留住人才方面，存在高端人才子女择校选择情况单一、生活便利条件差等问题，这些问题导致部分地区的"专精特新"企业引进研发人才或高端人才成本较高，有些即使引进了或培育成功后也难以留住。

三 知识产权保护意识薄弱

企业调研结果显示，随着数字经济的快速发展，中小企业知识产权侵权案例越来越多，需政企联手打造良好的知识产权保护"生态圈"。在部分受访企业家看来，知识产权仅仅只是商标或者专利的注册申请，并不清楚如何运用这些商标专利来保护自己，导致系列负面影响。比如，部分"专精特新"企业拥有自主品牌却未注册商标；部分企业虽具有知识产权保护意识，但是缺乏知识产权布局理念，申请过程盲目；有的企业虽然注册申请了自主商标专利，但未进行持续维护，最终导致权利失效。

具体而言，首先，部分"专精特新"企业虽然具备一定的专利保护意识，但仅停留在申请注册商标的阶段，未能深入认识保护自身专利的重要性，也未在企业的日常运营管理中建立专利保护体系，没有设置专岗管理，为企业的市场经营活动埋下了知识产权风险和隐患。

其次，部分企业在知识产权保护上缺乏整体规划，未进行全局考虑，缺乏对技术的持续保护。专利申请往往是多个技术方案离散点，如果企业家未能将这些离散专利保护点形成面、织成网，便难以形成合力。更有部分企业专利申请是为了企业资质鉴定、个人职称评审等，因此只提交专利申请，而不太关注实际作用效果和保护范围，或授权后维持一两年就因停交年费而导致专利权终止，未能意识到高质量专利所能带来的无形价值。① 虽然多地政府已针对中小企业开展了一系列的保护知识产权的活动，如江苏省工信厅发布《关于印发江苏省中小企业知识产权战略推进工程实施方案（2018—2020年）的通知》，加强中小企业对知识产权保护的认知和规划，但是"专精特新"企业所处的发展阶段、行业领域、产业链位置等都存在一定差异，需要更个性化的"点对点"服务。

在知识产权的运用方面，多数"专精特新"企业对知识产权的运用仅限于将知识产权注册商标，用于自身产品的使用，在转让许可与产业化、质押融资与投资入股、风险预警与纠纷应对、品牌培育与推广等方面还不够完善。比如，知识产权作为无形资产也具有金融属性，企业可以通过许可、转让、出资等方式获得流动性，也可以通过知识产权获得质押融资，多方面推进"专精特新"企业创新业务。

第四节 "专精特新"企业发展的环境制约

2021年7月，中央政治局会议提出要强化产业链供应链韧性，加快解决"卡脖子"难题，发展"专精特新"中小企业。我国针对扶持"专精特新"企业发展的政策还在进一步完善，政策的精准度还需要进一步提高。从体制机制上来看，我国目前还缺乏完善的促进

---

① 李晓茜：《浅析中小企业专利管理工作的现状及对策建议》，《科技与创新》2019年第14期。

"专精特新"企业发展的制度环境；从市场结构上来看，我国市场开放问题还未得到彻底解决，而国内市场垄断问题也越来越突出，新旧市场结构制约着"专精特新"企业的成长之路。

一 "专精特新"企业的认定标准和扶持政策有待完善

在认定标准方面，从 2012 年开始，各地政府陆续认定多批次"专精特新"企业，但认定标准存在一定结构性问题。一是"专精特新"企业认定的时间标准不合理。比如部分省市"专精特新"企业认定瞄准初创期企业，其认证门槛是企业成立六年之内，但很多符合"专精特新"发展实质标准的企业已经成立十几年，这类时间门槛限制了该类企业申报。二是"专精特新"企业认定的产业标准有待细化。以江苏省为例，目前省级"专精特新"企业的认定基本遵循制造业的行业标准，分为制造类和创新类，其中制造类行业设有明确的数据指标，如上一年主营业务收入 5000 万元以上（含 5000 万元）等；① 但很多科技服务业（尤其是软件信息类企业）属于创新类行业，在进行"专精特新"企业认定时要先考量是否符合"四新"模式②，并预测下一年营业收入是否可达 5000 万元，该类企业在"专精特新"企业认定过程中面临困难。

在扶持政策方面，一是部分地区缺乏针对"专精特新"企业培育和发展的专门性政策。以江苏省为例，目前省级层面对"专精特新"企业的扶持措施基本是在"促进中小企业发展""推动普惠金融"等科技类或财政类的政策中顺带涉及，缺乏专门针对"专精特新"企业的发展规划和发展政策。二是服务不到位。比如江苏要求按照"分级服务，属地管理"原则，为每个国家级和省级"专精特新"中小企业配备 1 名服务专员，同时每名服务专员所对接的"专精特新"企业不能超过 5 家，因此原则上省内 1000 多家"专精特新"企业全部设有服务专员；但从目前企业调研结果来看，"专精特新"企业服务

---

① 江苏省工业和信息化厅：《关于申报推荐 2021 年度省级专精特新小巨人企业和组织开展有关复核工作的通知》，2021 年 10 月 26 日。http://gxt. jiangsu. gov. cn/art/2021/10/26/art_6278_10086082.

② "四新"模式：新技术、新产业、新业态、新模式。

专员的工作还未落到实处，在现实中并未发挥服务企业发展的实质性作用。

二 协同创新体系有待加强

首先，"产学研用融合"协同创新体系有待完善。一是基础科研成果对"专精特新"企业的服务能力不够强，相较于发达国家，我国在基础研究方面积累不足，在重点原创性科学理论和科学思想上还存在一定差距，导致"专精特新"企业在科技前沿的布局能力不强，限制了其在全球高精尖领域的竞争力和持续能力[①]。二是多地尚未形成规模性的科研支持系统，科技融资政策、科技贷款政策、科技人员补贴政策等科技创新政策缺乏体系化设置。三是部分地方政府在推进企业创新发展时存在误区，忽略了为本地中小企业提供技术支持的重要性；对技术创新中共性问题的关注不足，基础性、产业共性问题缺乏统一服务机制，使部分"专精特新"企业面临"从头干"问题，创新发展的平台基础有待加强。

其次，由于创新生态系统不健全，部分"专精特新"企业的发展动力和创新动力不强，企业家精神钝化，甚至陷入以往成果红利中，不愿意突破技术创新、承担风险，导致现有企业缺乏协同创新。此外，在目前已获认定的"专精特新"企业中，除了少数企业的产品和服务是直接面向消费者外，多数企业分布于产业链的某一中间环节或生产细分市场的某一中间产品，需要依托产业链上下游的大型龙头企业开展生产创新活动；在各条产业链中，整体协调效应尚不明显，社会化专业配套协作不频繁，合作交流与融合机制不完善，还未形成以龙头企业为主的开放式创新系统，"专精特新"企业在其中的角色不稳定。

三 "专精特新"企业数字化转型动力和能力不足

随着互联网、大数据、人工智能等数字技术与实体经济的深度融

---

① 董志勇、李成明：《"专精特新"中小企业高质量发展态势与路径选择》，《改革》2021年第10期。

合，数字赋能成为推动企业高质量发展的关键。企业的数字化转型过程具有投资周期长、转型成本高的特点。相较于大企业，"专精特新"企业在数字化转型中较为滞后，通过数字赋能优化产业链布局，进而发挥补链、固链、强链的作用显得尤为迫切。[①]

目前，"专精特新"企业数字化转型的障碍主要来自于企业对数字化的认识不足、技术基础薄弱、融资困难、人才缺乏等方面。多数"专精特新"企业属于制造型企业，工厂规模大、研发能力强，但对于数字化转型却很陌生；一线城市企业人才招聘相对容易，但处在二、三线城市的工厂则往往缺少数字化和电商人才。首先，部分"专精特新"企业在数字化转型方面具备的技术、资金、人才等相对匮乏，尝试成本高、转型风险高，面临"一转就死、不转等死"的问题。其次，部分"专精特新"企业对数字技术的应用前景不甚了解，对企业数字化转型效果存在担忧，对数字化转型路径无从着手，"不愿转""不会转"等问题尤为突出。

专栏三　1688为专精特新中小企业提供数字化平台

《"十四五"促进中小企业发展规划》明确提出，到2025年，通过中小企业"双创"带动孵化100万家创新型中小企业，培育10万家省级"专精特新"中小企业、1万家专精特新"小巨人"企业、1000家制造业单项冠军企业，逐步构建起"百十万千"的优质中小企业梯度培育体系。

以目前的数据来看，我国距离这个目标还有一大半的距离。值得一提的是，数字化将加快这一目标的实现。数字化转型升级已经是中小企业走向"专精特新"的必经之路。

全国政协委员、中央财经大学金融学院教授贺强表示："数字化转型有利于中小企业降低成本、提高效率、加速转型升级，有效增强企业的抗风险能力，提升企业的核心竞争力。目前，加快数字

[①] 董志勇、李成明：《"专精特新"中小企业高质量发展态势与路径选择》，《改革》2021年第10期。

化转型已成为中小企业摆脱困难、顺应环境求发展的必然选择。"

数字技术平台企业给予了"专精特新"企业优待。以 1688 平台为例，其凭借自身在技术、人才、网络和服务方面优势，聚合了先进性买家的规模化采购需求，搭建和设计了诸如"找工厂就上1688"的有心智的交易场景，并把专精特新工厂这类优质供给和头部产能对接给买家，加速买卖双方的数字化"化学反应"，更好地为中小企业提供数字化服务。

2022 年年初，中国工业互联网研究院与 1688 签署"专精特新"企业服务框架合作协议。基于协议，双方将进一步整合各类资源，叠加中国工业互联网研究院产业研究、企业数字化转型服务、大数据监测及 1688 在技术、人才、网络和服务方面的优势，最终实现"1 + 1 > 2"的效果，更好为中小企业提供公共服务，实现高质量发展。目前，已有近 500 家专精特新"小巨人"企业入驻 1688。这些"小巨人"企业在自己的 1688 平台主页上都有一个共同的标签——"国家级'专精特新'企业"。此外，还有近 2000 家省级"专精特新"企业入驻了 1688 平台。在国家的"专精特新"企业梯队培育计划中，还提出要培育 1000 个"单项冠军"企业，目前已经被认定的"单项冠军"企业中，有近 70 家入驻了 1688 平台。

资料来源：https://baijiahao.baidu.com/s?id=17221947869680591 15&wfr=spider&for=pc。

四　"专精特新"企业的核心竞争力有待提升

当前，我国"专精特新"企业市场结构比较简单，许多"专精特新"企业大多立足本省（区、市），跨省（区、市）的业务占比不高；少数"专精特新"企业国际市场开拓尚处于浅层国际化，即进行简单的进出口贸易。从本地竞争力来看，立足于省（区、市）内的"专精特新"企业不断面临新进入本地市场的竞品抢占需求的风险。从外部新市场开拓来看，在国内市场上，部分"专精特新"企业的国内市场开拓途径较少，难以打破现有的市场利益格局，在融入新的销售体系或大企业配套体系方面存在困难，因此，多数"专精特新"企业倾向于把更多精力和时间用在维持现有销售渠道上；在国际市场上，少数涉及出口贸易的"专精特新"企业产品结构过于单一，在面对市场风险时的风险管理能力有待提升，而国家政策调整以及市场供需变化等外部因素也经常制约其发展。

第十章 "专精特新"企业的
成长之"路"

"专精特新"企业是中小企业重点杰出代表，是我国科技自立自强的"排头兵"，是创新型国家的"动力源"，是高质量发展的"生力军"。作为极具发展潜力的群体之一，各级政府都十分重视"专精特新"企业的成长，比如 2021 年 11 月国务院专门印发《为"专精特新"中小企业办实事清单》（工信部企业〔2021〕170 号）。要多措并举，推动"专精特新"企业迈向高质量发展。

第一节 "专精特新"企业未来的发展抉择

专业化、精细化、特色化、新颖化是"专精特新"企业的基本内涵与特征，未来仍需要坚持这一发展方向，但伴随发展环境和自身成长的变化，"专精特新"企业也可能面临一些发展抉择。

一 区域内竞争与区域外竞争的抉择

企业拥有扩张的本能，尽管有些"专精特新"企业追求的是"小而强""小而精"，但在未来，更多的"专精特新"企业要考虑业务供需、国际化。

从省际看，"专精特新"企业要考虑业务供需。一方面，专注于本省（区、市）的供给是否要部分转移至省（区、市）外。"专精特新"企业所提供的产品或服务，在其他地区也有一定的市场需求，如果其他地区尚无供给，则可以直接占领当地市场，但如果其他地区已经存在或即将存在供给，"专精特新"企业则需要评估是否还有必要参与区域外的竞争。另一方面，省（区、市）外是否有新的供给抢占本省（区、市）的需求。尽管"专精特新"企业的竞争存在一定门槛，但根据马克思主义的利润平均化规律，如果有较大的利润可图，其他地区势必会出现可以用于替代的新的供给，给"专精特新"企业在本地区的竞争带来一定的挑战和压力。

从国际看，"专精特新"企业要考虑国际化的供需。以国际化视野谋划企业发展，是企业做大做强的重要保障。尽管"专精特新"企业并不单纯追求企业规模大，但必须具有极强的专业化程度，以专精特新"小巨人"为例，其专业化程度要求包括截至上年末，企业从事特定细分市场时间达到 3 年及以上，主营业务收入占营业收入达70% 以上，主导产品在细分市场占有率位于全省前 3 位，且在国内细分行业中享有较高知名度和影响力。① 能够达到如此强专业化程度的"专精特新"企业，其业务范围也不应再局限于某个或某些省（区、市），而是应立足国际化，德国的许多"隐形冠军"企业都是跨国企业，这些企业更加关注国际市场的目标客户群体。当前，我国"专精特新"企业的国际化水平不高，许多"专精特新"企业大多立足本省（区、市），甚至跨省（区、市）的业务都甚少涉及，少有的国际化也大都停留在浅层次，即进行简单的进出口贸易。未来，我国"专精特新"企业的国际化要向深层次发展，在海外设厂或广泛参与国际并购，设立海外研发中心等，这是"专精特新"企业需要考虑的问题。

二 "单打独斗"与集聚协同的抉择

"专精特新"企业通常是某一个企业专注于本细分行业的"单打独斗"，以此形成独特的竞争优势。但是，但单个企业的发展与其他企业、行业、产业密切相关，"专精特新"企业未来要面临是继续"单打独斗"，还是集聚协同的抉择，如果是集聚协同，主要有两种方式：

---

① 工业和信息化部办公厅：《关于开展第三批专精特新"小巨人"企业培育工作的通知》（工信厅企业函〔2021〕79 号），2021 年 4 月 19 日。

第一种方式是绑定大型龙头企业的集聚协同。在现有的"专精特新"企业中,除了少数企业可以提供直接面向消费者的产品或服务外,大多数企业都只是提供产业链的某一个环节、细分市场的某一个中间产品,需要依托产业链上下游的大型龙头企业开展生产创新活动。在德国和日本,大型龙头企业与中小企业之间构建了开放式的协同创新链条。对大型龙头企业而言,在产品研发设计阶段,大型龙头企业就可能邀请配套的中小企业参与,给予配套的中小企业足够的创新空间,保持配套的中小企业利润稳定;对中小企业而言,围绕大型龙头企业开展专业化创新,深耕于产业链环节、细分市场,专注于长期做配套。除此之外,德国和日本还推出面向中小企业的创新计划,在大型龙头企业与中小企业的协同创新中,不断推动创新的集群、集聚发展。①

第二种方式是依托产业园的集聚协同。产业的发展离不开产业集聚,新加坡、中国台湾地区等通过设计产业园、工业园、科技园等方式,获得了卓有成效的发展成就。借鉴这一方式,我国各级、各地方政府都规划了许多产业园,这是经济发展的重要依托。"专精特新"企业也可以依托产业园的方式,实现集聚协同。不过,由于"专精特新"企业的专业化程度较高,简单将相同领域的企业迁移至同一个产业园内,并不一定形成集聚协同效应。并且,大多数"专精特新"企业分布在东南沿海地区的城市,采取产业园集聚协同的方式,可能进一步加剧区域分布的不平衡性。

三 "专精特新"与综合发展的抉择

伴随市场占有率提高、企业规模扩大,"专精特新"企业取得初步成功后,在业务范围上面临两种选择,一种继续坚持"专精特新"业务,另一种是转向综合业务。日本许多长寿企业几十年甚至上百年表现出"专精特新"的特点,德国的"专精特新"企业也有不搞多元化发展的习惯,但我国"专精特新"企业很有可能在高成长、多

---

① 陈强、陈玉洁:《德国支持高成长性创新型企业发展的政策措施及启示》,《德国研究》2019 年第 1 期。

元化经营的冲动下，选择综合发展的策略。比如 1984 年成立的舜宇
光学，是全球领先的综合光学零件及产品制造商，实施"名配角"
战略，该定位完全符合"专精特新"企业的特征，但 2014 年提出了
千亿销售的目标，确定了"两个转变"的战略方向，即从光学产品
制造商向智能光学系统方案解决商转变，从仪器产品制造商向系统方
案集成商转变。① 尽管仍然深耕于光学领域，但已然显示出综合发展
的倾向。出现这一现象，主要有两个方面的驱动。

内在驱动方面，"专精特新"企业希望快速发展壮大。2016 年的
一份抽样调查显示，中国企业平均寿命较欧美国家短许多，中国民营
企业平均寿命为 3.7 年，中小企业更是仅有 2.5 年，美国的中小企业
平均寿命为 8.2 年；中国大型企业的平均寿命为 7—9 年，欧美大型
企业平均寿命长达 40 年。② "专精特新"企业大多是中小企业，在创
业者的先天劣势和不足、自我成长能力欠缺、外部环境不完善等多重
因素冲击下，往往也难逃企业生命周期的"宿命"。采取多元化的综
合发展策略，寻找新的利润增长点，可以在一定程度上延长企业寿
命。并且，中国拥有超大规模市场，这对包括"专精特新"企业在
内的所有企业都形成了强劲的吸引力，驱使企业在短期内快速做大，
而多元化的综合发展策略是快速发展的一种有效手段。

外在驱动方面，"专精特新"企业受困于股权投资的压力。融
资难、融资贵是我国企业普遍面临的一大难题，不过一些优质的
"专精特新"企业可以获得股权投资，缓解了资金短缺的问题。但
是从另一个角度来看，引入股权投资后，"专精特新"企业的话语
权体系发生了改变，股权投资人以实现资本增值为目标。如果"专
精特新"企业的主营业务能够持续带来稳定的回报，那么股权投资
人往往不会过多介入企业生产经营决策。但如果"专精特新"企业
的主营业务无法持续带来稳定的回报，那么股权投资人很有可能介
入日常的生产经营决策，可能迫使"专精特新"企业采取多元化的

---

① 参考舜宇光学科技（集团）有限公司概况。详见 http://www.sunnyoptical.com/
news/005001/index。

② 刘兴国：《中国企业平均寿命为什么短》，《经济日报》2016 年 6 月 1 日。

综合发展策略。

第二节 培育高效协同的创新能力

创新在我国现代化建设全局中占据核心地位，"专精特新"企业的灵魂是创新，没有强大的创新能力，"专精特新"企业就失去了核心竞争力，要不断提升自主化的协同创新能力。

一 建立"政产学研金"五位一体的创新体系

党的十九届五中全会提出"推进产学研深度融合"，企业是创新的主体，"专精特新"企业要发挥作为创新主体的作用，同时也需要政府发挥积极的作用，建立"政产学研金"五位一体的创新体系。

一是以"转化"为重点推动基础和应用研究。国家战略科技具有支撑性的力量，"专精特新"企业的评选对标《工业"四基"① 发展目录》所列的重点领域、制造强国战略明确的十大重点产业领域以及"补短板""锻长板""填空白"等关键领域，要加大对这些领域基础研究、应用研究的投入力度。更为重要的是，政府以"转化"为重点，培育和完善科技转化服务中心、科技咨询公司等专业的中介机构，灵活采用转让或许可、作价、投资、合作、合股多种市场化方式，大力推进科技成果转化，不断提高转化效率。

二是以"研"为抓手推进产学研深度融合。我国的"学"创造出了许多科学性的成果，但难以与"产"有效融合，很重要的原因在于"研"是短板。美国采取"产学对接"的模式，一流高校和国家实验室直接与大企业对接；英国政府实施联系计划（LINK），重点支持大学、科研院所与企业在商业化方面的合作研究开发。② 我国应以"研"为抓手，有针对性地选取已经取得一定成就的"专精特新"企业，作为重点扶持对象，以"专精特新"企业需求为导向，充分

---

① "四基"领域，即核心基础零部件、元器件，关键基础材料，先进基础工艺，产业技术基础。

② 范媛：《"政产学研金"拢指才成拳》，《中国经济时报》2017 年 9 月 25 日。

发挥产学研深度融合的潜力。

三是以"多元化"为方向发挥金融的作用。在经济全球化、技术国际化的背景下，科技创新逐步形成了以政府投入为引导、企业投入为主体、金融资本和民间资本广泛参与的投融资模式，呈现多元化的特征，比如浙江德清县就建立了"政府＋银行＋担保＋社会融资机构"的合作模式，量身定制"全链条"金融扶持机制。[①] 要以"多元化"为方向，广泛开展金融创新，充分发挥金融在"专精特新"企业创新中的重要作用。

二 构建围绕大型龙头企业的产业链协同创新机制

"专精特新"企业往往提供产业链中某个环节的产品或服务，要从产业链视角构建围绕大型龙头企业的协调创新机制。

其一，大型龙头企业要构建开放式的创新系统。从国家层面看，2021年我国研发投入与GDP之比达到了2.44%，尽管呈持续提升的趋势，但与发达国家动辄3%甚至5%的研发投入强度相比，仍然存在总量差距，并且研发投入的结构和效能也有一定不足；从企业层面看，2020年，我国规模以上工业企业研发费用平均支出占销售收入的比例为1.35%，企业总投入占全社会研发投入70%以上，与国际知名企业相比仍存在一定差距。[②] 大型龙头企业在创新中承担着重要的角色，一般都有自己的研发团队，要进一步鼓励其加大研发投入，参与国家重大专项和行业共性技术攻关。同时，鼓励大型龙头企业构建开放式的创新系统，以设备共享、产能共享、技术共享等多种模式，[③] 向"专精特新"企业开放资源要素，公开技术产品问题，组织"专精特新"中小企业等创新创业主体揭榜，形成产业链大中小企业融通创新。

① 参考《"政产学研金介用"协同创新破科技经济"两张皮"》，《科技日报》2017年11月8日。

② 李毅中：《成果转化要"政产学研用金"协作并举》，《中国科学报》2021年9月14日。

③ 吴锐、周师迅、张明海：《借鉴德国经验，加快培育上海"专精特新"企业》，上海市人民政府发展研究中心"决策参考信息"，2021年12月15日。详见http://www.fzzx.sh.gov.cn/jcckxx_2021/20211215/0731215fa7424815a8aa4ecb54dc75d4。

其二，"专精特新"企业要积极参与开放式创新系统。在产业链协同创新中，"专精特新"企业要做好三个重要事项：一是找准定位，围绕大型龙头企业所形成的产业链，"专精特新"企业要在产业群或产业链中找准位置，坚持"名配角"定位，做精、做强细分市场；二是用好专利，"专精特新"企业拥有不少专利，但不能短视地毫无节制地收取大量专利使用费，而是要从产业链协同创新的视角，建立合理利用专利的机制；三是加强合作，除了大型龙头企业，科研院所、高等院校等都是创新的重要参与者，"专精特新"企业要注重与之互动合作。

其三，要推动企业实现数字化转型。在新一轮科技革命和产业变革的浪潮下，数字化转型成为企业培育和巩固核心竞争力的重要方式。因此，不论是对大型龙头企业，还是对"专精特新"企业，都要以数字化推动转型升级。要发挥工业互联网、大数据、云计算等技术的优势，推动产业数字化、数字产业化。同时参考德国的经验，将"专精特新"企业与独角兽、瞪羚企业和 500 强企业有所区分，以"细分精英""配套专家""隐形冠军"等为标签，鼓励"专精特新"企业通过数字化转型继续深耕于"专精特新"领域。

三 加强知识产权保护和运用

衡量"专精特新"企业的创新能力，可从专利、版权、商业秘密等知识产权数量和质量视角，特别是高水平、先进性发明创造。加强知识产权保护和运用，是促进"专精特新"企业提升创新能力的有效举措。

一方面，搭建"一体化"的知识产权保护平台。对于现有平台，依托各级知识产权公共服务平台，完善为"专精特新"企业提供便捷的专利数据服务和检索、统计分析、专利战略组合与布局、知识产权交易和运营等功能的服务，满足"专精特新"企业个性化数据库定制需求，同时利用大数据、AI 等技术手段，实现平台升级，强化知识产权专业化、便利化、高效化服务支撑能力。对于新设平台，可在全国中小企业服务一体化平台下，设置知识产权保护版块，加强中小企业知识产权综合服务体系建设。

另一方面,提高"点对点"的知识产权服务能力。① "专精特新"企业所处的发展阶段、行业领域、产业链位置等都存在一定差异,除了共性化的知识产权保护措施,更需要个性化的知识产权服务。一是分类宣传培训。根据"专精特新"企业特点,分类型分主题开设专题培训班,重点针对管理及研发人员开展知识产权信息检索与分析、申请或注册登记、转让许可与产业化、质押融资与投资入股、风险预警与纠纷应对、品牌培育与推广等专项培训。二是定点培育。委派专人对接"专精特新"企业,开展知识产权保护能力提升工程,将其纳入各级知识产权优势企业培育对象;建立绿色通道,支持"专精特新"企业的快速审查、快速确权、快速维权需求。三是组建专家服务团。在各级知识产权局的指导下,组建知识产权专家服务团,为"专精特新"企业提供公益性知识产权咨询和信息服务。

第三节 创新多元化的金融服务体系

金融是经济的"血液",促进"专精特新"企业健康持续发展,离不开金融服务的支撑。要不断拓宽企业多元化融资渠道,提供信贷、股权、债券等多元化的金融服务体系。

一 提供个性化的信贷服务

在我国仍然以间接融资为主的金融生态下,银行信贷是"专精特新"企业融资的重要来源。与其他类型的企业相比,"专精特新"企业有着更为显著的个性特征,需要银行业金融机构推出个性化的信贷服务。

一是建立精准的资金供需匹配机制。从资金供给到资金需求方面,推动银行业金融机构应用金融科技手段,综合利用行内交易结算以及外部征信、税务、市场监管等信息,为"专精特新"企业描绘"自画像",根据"专精特新"企业生产经营状况和银行业金融机构的风险控制要求,精准匹配资金供需。从资金需求到资金供给方面,组织调研

---

① 郭锦辉:《加强知识产权保护和运用 赋能"专精特新"企业》,《中国经济时报》2022 年 3 月 22 日。

"专精特新"企业的资金需求，将这些需求精准推送共享至银行业金融机构，鼓励银行业金融机构为"专精特新"企业量身打造金融服务方案，在加大信贷支持力度的前提下，提供专属的信贷产品和服务。

二是制定生态链式的信贷支持政策。"专精特新"企业所处发展阶段不同，其金融需求也会有所不同，银行业金融机构可根据初创、成长、成熟这三个阶段，制定生态链式的信贷支持政策。初创期，提供"创业担保贷款"，既可以给"专精特新"企业提供信贷支持，又可以在一定程度上降低银行的风险；成长期，提供信用贷款、知识产权质押贷款、股权质押贷款等产品和服务，开展应收账款、存货、仓单融资等业务，设置风险相对可控的授信期限；成熟期，根据"专精特新"企业的发展需求，提供绿色信贷、投贷联动等产品和服务，助力"专精特新"企业不断发展壮大。

三是建立专门的信贷支持政策。针对"专精特新"企业的特殊需求，可建立专门的信贷支持政策。比如"专精特新"企业有技术改造和转型升级的需求，可由开发银行研究制定专门的信贷支持政策，提供"技术改造贷"等产品和服务。再比如"专精特新"企业有轻资产的特点，可由保险机构提供信用保险服务，增加"专精特新"企业的信用等级。

二 畅通市场化的融资渠道

股权融资和债券融资，是常见的市场化融资方式。对于"专精特新"企业而言，要充分利用好这两种市场化融资方式。

一方面，畅通股权融资渠道。股权融资不存在财务成本，借助投资方的资源，"专精特新"企业可以获得快速发展。其一，发挥中小企业发展基金的作用。各级政府的中小企业发展基金应加快推进子基金遴选，设立"专精特新"企业发展基金、"专精特新"产业专项发展基金和战略性新兴产业投资基金等，以政府资本引导社会资本，广泛参与"专精特新"企业的股权投资。① 其二，发挥新三板的作用。

---

① 吴晓峰：《金融赋能"专精特新"企业高质量发展》，《山西日报》2022 年 1 月 25 日。

2021年9月2日，习近平总书记作出"深化新三板改革，设立北京证券交易所，打造服务创新型中小企业主阵地"的重要指示，这为"专精特新"企业采取股权融资提供了历史契机。为"专精特新"企业在新三板挂牌融资开辟绿色通道，开展分类指导、精准培育、投融资对接，提供全流程、全周期咨询服务，鼓励和支持更多符合条件的"专精特新"企业上市。其三，发挥区域性股权市场的作用。选择一些区域性股权市场作为试点，在区域性股权市场中设立"专精特新"专板，增加"专精特新"企业股权融资的渠道。

另一方面，畅通债券融资渠道。债券融资存在一定的财务成本，但对于"专精特新"企业而言，也是一种较为便捷的市场化融资方式。其一，完善"专精特新"企业债券融资增信机制。"专精特新"企业大多为中小企业，其在采取债券融资方式时，面临信用不足的问题，可在各级政府设立专门用于"专精特新"企业的融资担保基金，增强"专精特新"企业债券融资的信用等级。其二，发行"专精特新"企业集合债券。单个"专精特新"企业发行债券的规模、信用可能难以达到要求，我国于2007年首次发行"08深中小债"，取得了较好的效果，可以将多个优质的"专精特新"企业进行捆绑，联合发行企业集合债券，为多个"专精特新"企业提供债券融资便利。

三 提供专项化的融资服务

除了常见的信贷、股权和债券融资方式，根据"专精特新"企业的特点，还可以提供一些专项化的融资服务。

一是开展供应链金融。"专精特新"企业是供应链中的一个环节，可以核心企业为基础，开展"M+1+N"模式的供应链金融，即围绕供应链上的核心企业"1"，基于交易过程向核心企业及其上游供应商"M"和下游分销商或客户"N"提供的综合金融服务。具体有三种模式：第一种为应收账款模式，在"专精特新"企业与供应链上下游企业签订买卖合同形成应收账款后，将应收账款单据转让至供应链企业，由供应链企业为"专精特新"企业提供信用贷款；第二种为存货融资模式，"专精特新"企业可用采取静态抵质押、动态抵质押和仓单质押等多种方式，对现有的存货进行资金提前套现；第三种为预付款融资模式，在供应链上游企业承诺回购的前提下，由第三方物流企业提供信用担保，"专精特新"企业以金融机构指定仓库的既定仓库向银行等金融机构申请质押贷款来缓解预付货款压力，同时由金融机构控制其提货权的融资业务。

二是开展知识产权资产证券化。"专精特新"企业拥有许多专利、著作权等知识产权，可以依托知识产权证券化，获得融资便利。2017年9月国务院印发《国家技术转移体系建设方案的通知》（国发〔2017〕44号），提出开展知识产权证券化融资试点，随后2018年12月北京市文化科技融资租赁公司的"第一创业—文科租赁一期资产支持专项计划"在深圳证券交易所上市，这是知识产权资产证券化的首次尝试。2021年，知识产权资产证券化取得了多个突破，"业达智融—烟台开发区知识产权（人力资本）资产支持专项计划"是国内首单人力资本资产支持专项计划；"福田区—平安证券—高新投知识产权2号资产支持专项计划（战略新兴）"是国内首单战略性新兴产业知识产权ABS；"罗湖区—平安证券—高新投版权资产支持专项计划"是全国首单以版权为主的知识产权ABS项目。①

三是开展"区块链＋"金融。大数据、云计算等新一代技术变革，可在金融服务"专精特新"企业中发挥重要的作用，可开展"区块链＋"金融。以物流龙头企业顺丰集团的"区块链＋供应链金融"为例，通过开发基于货权的仓储融资、基于应收账款的保理融资、基于客户经营条件与合约的订单融资和基于客户信用的顺小贷四个产品，叠加使用区块链技术，可形成针对供应商的应收账款电子凭证，并且可以流转、拆分、持有、融资，进而可实现为多级供应商融资，也将帮助产业链条获得更低成本的资金。

第四节 夯实制度化的综合保障机制

维持"专精特新"企业的健康持续发展，除了需要一些短期的应时政策，更需要一些长期的制度化政策，要不断夯实制度化的综合保

---

① 李波：《2021年资产证券化发展报告》，《债券》2022年第3期。

障机制。

一 形成制度化的财税支持机制

财政支持是激励市场主体的"强心针",减税降费是支持市场主体的"及时雨",要从财税上建立制度化的机制,支持"专精特新"企业稳健发展。

一是增加各级财政支持力度。中央财政层面,安排一定额度的财政资金,通过"点对点"服务的形式,助力"专精特新"企业高质量发展。地方财政层面,综合梳理各类专项基金,将与"专精特新"企业相关的基金进行整合,设立"专精特新"企业专项发展基金,加大地方财政对"专精特新"企业的支持力度,优化地方财政对"专精特新"企业的支持结构,提高地方财政对"专精特新"企业的支持效能。

二是加大减税降费力度。在制度性减税降费政策的指引下,继续加大针对"专精特新"企业的减税降费力度,可从两个方面发力。一方面,加大研发费用税前加计扣除比例。创新是"专精特新"企业的核心竞争力,为鼓励其加大研发投入,可进一步加大研发费用税前加计扣除比例。目前执行的是"研发费用未形成无形资产计入当期损益的,在按规定据实扣除的基础上,再按照实际发生额的100%在税前加计扣除;形成无形资产的,按照无形资产成本的200%在税前摊销"[1],未来可按年度进行动态调整,比如每年在现有基础上,再增加5%或者10%的加计扣除比例。另一方面,降低社会保险费率。现行的养老保险单位缴费比例为16%,可在"专精特新"企业中试点每年降低0.2个百分点,五年可降低1个百分点;现行住房公积金制度规定职工和单位住房公积金的缴存比例均不得低于职工上一年度月平均工资的5%,有条件的城市,可以适当提高缴存比例,可在"专精特新"企业中试点取消这一制度,直接转为职工收入。

---

① 参见财政部、税务总局、科技部《关于进一步提高科技型中小企业研发费用税前加计扣除比例的公告》(财政部、税务总局、科技部公告2022年第16号),2022年3月23日。

三是提升税费服务水平。针对"专精特新"企业，开通税费服务直通车，建立"一户一档"，实施"一户一策"，对"专精特新"企业进行滴灌式辅导培训，确保减税降费措施落到实处。

二 形成制度化的人才保障机制

全部科技史都证明，谁拥有了一流创新人才、拥有了一流科学家，谁就能在科技创新中占据优势。[①] 对于"专精特新"企业，要形成制度化的人才保障机制。

一是"引进一批"。要立足全球视角，加大人才引进力度。外部方面，从国际引进一批"专精特新"高层次人才。梳理"专精特新"企业关于人才的急迫需要，在"专精特新"企业能够担负高层次人才收入的前提下，地方政府采取"一人一议""一人一策"的方式，为国际高层次人才引进提供奖励、居住、医疗、配偶随迁、子女教育等方面的便利。内部方面，推动各地建设一批工程师协同创新中心。依托各地创新平台，建设工程师协同创新中心，推动"专精特新"人才集中、集聚，挖掘协同创新的潜力，发挥创新中心的作用。

二是"培训一批"。除了高层次人才，"专精特新"企业更需要具备"工匠精神"的职业人才，要加大培训的力度。现有职业人才方面，提供专业化的培训。各地可组织开展"专精特新"企业人才专题培训班，大力培训经营管理人才，实现培训服务全覆盖。同时，依托中国德国政府合作中小企业经营管理人员培训项目，适量吸收"专精特新"企业的经营管理人员。储备职业人才方面，加大职业教育发展力度。建立职业院校与"专精特新"企业协同办学的机制，从"专精特新"的需求出发，职业院校可制定个性化的教学、实践方案，将学生培训为可输送至特定行业的专业人才；"专精特新"企业可依托职业院校的教学条件，委托职业院校协助培训人才。同时，引入社会资本参与职业院校建设，构建劳动者终身职业培训体系，提升劳动者素质。

三是"服务一批"。高等院校、科研院所有着强大的专家学者团

---

① 习近平：《努力成为世界主要科学中心和创新高地》，《求是》2021年第6期。

队，在各自行业均有独到的建树，可发挥各行各业专家学者的积极作用，分行业、分专业推动各地建立专家志愿服务团或服务工作站，为"专精特新"企业提供多样化的专家辅导服务。

三 形成制度化的常态对接机制

与一般企业不同，"专精特新"企业具有一定的特殊性，有必要建立制度化的常态对接机制。

一是为"专精特新"企业配备服务专员。尽管从全国层面看，"专精特新"企业数量众多，但从区县层面看，一个县或区的"专精特新"企业数量则相对有限，区县一级地方政府可安排服务专员对接"专精特新"企业，一企一策，精准培育。同时，注重服务专员的常态化实地走访反馈，发挥地方政府贴近企业、了解企业的优势，为"专精特新"企业解决实实在在的困难。

二是为"专精特新"企业提供市场窗口。通过多种形式，助力"专精特新"企业开拓市场。在大型国际会展（如中国国际中小企业博览会、APEC中小企业技术交流暨展览会等）开设"专精特新"展区，鼓励和支持"专精特新"企业积极参与国内外各项会展。依托中小企业跨境撮合活动，帮助"专精特新"企业挖掘更加广阔的市场潜力。同时，发挥政策性出口信用保险作用，为"专精特新"企业产品和服务出口提供出口信用保险支持。

三是为"专精特新"企业进行宣传推介。在全国层面或重点省（区、市）层面，以"专精特新"企业的发展为导向，举办"专精特新"中小企业高峰论坛，建立政府、产业链企业、专家、媒体等交流平台。同时，编印"专精特新"企业典型案例，加强经验交流和宣传报道，进一步形成全社会支持"专精特新"企业发展共识。

附录一　专精特新"小巨人"企业发展大事记

发布时间	政策文件	主要内容
2011.09.23	工业和信息化部	《"十二五"中小企业成长规划》	鼓励、支持和引导中小企业进一步优化结构，把"专精特新"发展水平确认为主要目标之一。这为中小企业努力形成"专精特新"竞相发展新格局奠定了基础。
2012.04.26	国务院	《关于进一步支持小型微型企业健康发展的意见》	致力于解决小型微型企业面临经营压力大、成本上升、融资困难和税费偏重等问题。这在一定程度上鼓励了小型微型企业走"专精特新"和与大企业协作配套发展的道路，加快了其从要素驱动向创新驱动的转变。
2013.07.16	工业和信息化部	《关于促进中小企业"专精特新"发展的指导意见》	确定了中小企业"专精特新"发展的总体思路。这在一定程度上提高了中小企业的整体素质，明确了中小企业"专精特新"发展的总体思路、重要任务以及推进措施。
2015.05.12	国务院	《关于加快培育外贸竞争新优势的若干意见》	旨在巩固外贸传统优势、加快培育竞争新优势。这在一定程度上推动了各类外贸经营主体的协调发展，支持了中小企业走"专精特新"和与大企业协作配套发展的道路。

表格列标题对应说明：第一列为"发布时间"，第二列为发布单位，第三列为"政策文件"，第四列为"主要内容"。

续表

发布时间	政策文件		主要内容
2016.05.01	国务院	《国家创新驱动发展战略纲要》	鼓励企业开展商业模式创新。这在一定程度上推动了小微企业向"专精特新"发展，促使大批创新活力旺盛的小企业不断涌现。
2016.06.28	工业和信息化部	《促进中小企业发展规划》	明确了以提质增效为中心，以提升创业创新能力为主线，强调推动中小企业"专精特新"发展。这在一定程度上推动了供给侧结构性改革，优化了中小企业的发展环境。
2017.11.23	国务院	《关于创建"中国制造2025"国家级示范区的通知》	要求紧密结合"互联网＋"和大众创业、万众创新，大力改造提升传统产业。这在一定程度上加快了平台型大企业和"专精特新"中小企业的培育，有利于做强一批具有核心竞争力的新型制造企业。
2018.09.26	国务院	《关于推动创新创业高质量发展打造"双创"升级版的意见》	加大了对"专精特新"中小企业的支持力度，鼓励中小企业参与产业关键共性技术研究开发。这在一定程度上推动了创新创业的高质量发展。
2018.11.26	工业和信息化部	《关于开展专精特新"小巨人"企业培育工作的通知》	计划从2018—2020年，培育600家左右专精特新"小巨人"企业。这进一步推动了民营经济和中小企业的高质量发展，提高了企业专业化能力和水平。
2019.04.07	中共中央办公厅、国务院	《关于促进中小企业健康发展的指导意见》	从营造良好发展环境等六个方面，提出了23条针对性更强、更实、更管用的新措施。这有利于引导中小企业"专精特新"发展，有利于研究制定"专精特新"评价体系，建立动态企业库。

续表

发布时间	政策文件	主要内容
2019.12.04	中共中央办公厅、国务院	《关于营造更好发展环境支持民营企业改革发展的意见》	鼓励引导民营企业改革创新，引导中小民营企业走"专精特新"发展之路。这在一定程度上进一步激发了民营企业活力和创造力，在现代化经济体系建设中起着重要作用。
2020.01.17	国务院	《关于支持国家级新区深化改革创新加快推动高质量发展的指导意见》	旨在培育一批具有全球竞争力的"瞪羚"企业、新领军者企业、专精特新"小巨人"企业和细分领域"单项冠军"企业。这在一定程度上为打造实体经济发展高地，引领高质量发展奠定了良好的基础。
2020.07.03	工业和信息化部、国家发展和改革委员会等十七部门	《关于健全支持中小企业发展制度的若干意见》	强调要完善支持中小企业"专精特新"发展机制。这在很大程度上支持了中小企业发展的常态化、长效化机制，促进中小企业的高质量发展。
2020.07.06	工业和信息化部	《关于开展第二批专精特新"小巨人"企业培育工作的通知》	明确专精特新"小巨人"企业的培育条件以及工作目标，推动培育工作的组织实施。这标志着国家不断加大对专精特新"小巨人"企业的培育力度。
2020.07.30	国务院	《关于提升大众创业万众创新示范基地带动作用进一步促改革稳就业强动能的实施意见》	瞄准专业细分领域，培育专精特新"小巨人"企业、制造业单项冠军企业。这有利于提升双创示范基地对促改革、稳就业、强动能的带动作用。
2020.10.09	国务院	《关于进一步提升上市公司质量的意见》	旨在治理上市公司经营和治理不规范、发展质量不高等问题。这在一定程度上推动了上市公司做优做强，有利于培育科技型、创新型企业，支持专精特新"小巨人"等企业的发展壮大。

续表

发布时间	政策文件		主要内容
2020.12.24	国务院	《关于建设第三批大众创业万众创新示范基地的通知》	深入实施创新驱动发展战略，支持创新创业主体积极应对新冠肺炎疫情影响。这在一定程度上有利于加快培育成长型初创企业、"隐形冠军"企业和"专精特新"中小企业。
2021.02.10	财政部、工业和信息化部	《关于支持"专精特新"中小企业高质量发展的通知》	旨在支持中小企业高质量发展、助推构建双循环新发展。这有利于加快培育一批专注于细分市场、聚焦主业、创新能力强、成长性好的专精特新"小巨人"企业。
2021.03	中共中央政治局会议	"十四五"规划	强调简化市场主体发挥作用的内容，突出政府的责任。这有利于推动中小企业提升专业化优势，培育专精特新"小巨人"企业和制造业单项冠军企业。
2021.04.19	工业和信息化部	《关于开展第三批专精特新"小巨人"企业培育工作的通知》	旨在进一步促进中小企业的高质量发展，提出分层培育"专精特新"中小企业群体。这有利于加快完善优质企业梯度培训体系。
2021.06.01	工业和信息化部等六部门	《关于加快培育发展制造业优质企业的指导意见》	为推动以专精特新"小巨人"企业、制造业单项冠军企业、产业链领航企业为代表的优质企业的培育提出了10条指导意见。这在一定程度上为优质企业的发展提供了指引。

附录二 专精特新"小巨人"企业发展政策梳理

发布时间	政策文件		主要内容
2001.03.12	北京市人民政府	《北京市人民政府关于印发北京市国民经济和社会发展第十个五年计划纲要》	制定鼓励中小企业发展的政策措施，支持民营科技型企业发展，引导中小企业向"专、精、特、新"的方向转变。
2001.05.22	北京市人民政府	《北京市人民政府办公厅转发市经委关于鼓励和促进中小企业发展若干政策意见的通知》	北京市中小企业服务中心和各中小企业信用担保机构要为中小企业提供管理咨询、信息服务、市场开拓、人才培训、技术支持、创业辅导、资金融通和信用担保等为主要内容的全方位服务，促进中小企业向"专、精、特、新"方向发展，提高与大企业的配套能力。
2002.03.07	北京市人民政府	《北京市人民政府办公厅转发市计委关于进一步加快发展第三产业指导意见的通知》	鼓励和扶持民间创业活动，进一步放开搞活国有中小服务企业。采取改组、联合、兼并、租赁、承包经营、出售等多种形式对中小企业进行产权制度和经营机制改革。积极扶持和引导中小服务企业向"专、精、特、新"的方向发展。

发布时间	政策文件		主要内容
2010.09.01	北京市人民政府	《北京市人民政府办公厅转发市经济信息化委关于加强技术改造工作意见的通知》	积极通过金融信贷、信用担保等政策,支持中小企业引进先进技术、工艺和设备,向"专、精、特、新"方向发展;支持和鼓励中小企业集聚发展,并与大企业形成协作配套关系,提高应变能力和抗风险能力;支持建设中小企业公共技术服务平台;支持中小企业开展信息化建设和开拓国内、国际两个市场。
2010.10.12	北京市人民政府	《北京市人民政府批转市科委关于〈北京市促进设计产业发展的指导意见〉的通知》	扶持中小设计企业做专做精。努力解决中小设计企业面临的突出问题和困难,加大力度扶持各类中小设计企业的创业和创新发展,改善中小企业生存发展环境,帮助其加强专业服务能力建设,开拓国内外市场,培育一大批"专、精、特、新"并具有较强竞争力的小企业。
2012.07.30	北京市人民政府	《北京市人民政府关于印发北京市"十二五"时期中小企业发展促进规划的通知》	加大对初创期中小企业在技术研发、科技成果转化、知识产权申报等方面的支持。扶持优势中小企业,发展一批符合首都经济特点的"专、精、特、新"的优势中小企业。发展配套型中小企业,支持大企业通过协同研发、服务外包、订单生产等方式,向中小企业提供技术、设备、资金和市场支持,支持具有产业链协作配套关系的中小企业加强空间集聚,形成专业特色园区。
2012.09.07	北京市人民政府	《北京市人民政府关于加快发展体育产业的实施意见》	支持中小型体育企业发展。制定完善相关支持政策,加大对中小型体育企业的扶持力度,营造有利于中小企业发展的市场环境。鼓励和引导各类民间资本结合大众体育需求,发展"专、精、特、新"的中小型体育企业,完善基于社区的网络化体育服务供给体系。

发布时间	政策文件	主要内容
2012.12.28	北京市人民政府《北京市人民政府关于进一步支持小型微型企业发展的意见》	加大技术创新支持力度。充分利用市科技型中小企业技术创新资金,重点支持小型微型企业技术改造、结构调整和产业升级,引导小型微型企业向"专、精、特、新"方向发展,加快从要素驱动向创新驱动的转变。鼓励各类技术服务机构、技术市场和研究院所为小型微型企业提供优质服务,促进技术创新要素向小型微型企业集聚流动。市级各类科技计划在同等条件下对科技型小型微型企业的项目予以优先立项和支持。
2014.05.21	北京市人民政府《关于在中关村国家自主创新示范区深入开展新技术新产品政府采购和推广应用工作的意见》	以技术为核心,以市场为导向,支持一批科技型中小企业联合体参与首都经济社会发展和建设。建立面向科技型中小企业的新技术新产品供需对接机制,支持产业技术联盟组织科技型中小企业参与示范项目,支持科技型中小企业进入中央企业和市属国有(控股)企业采购供应系统,鼓励科技型中小企业与大型企业配套协作,开发推广专、精、特、新产品。
2015.03.31	北京市人民政府《北京市人民政府关于进一步优化企业兼并重组市场环境的实施意见》	支持符合首都城市战略定位的总部企业通过兼并重组,整合创新资源,在京设立研发创新中心,带动产业链上下游的中小企业走"专精特新"发展之路,形成总部企业主导、大中小企业协同发展的产业格局,提升总部经济对本市经济发展的影响力和贡献率。
2015.06.16	北京市科学技术委员会《北京市科学技术委员会关于促进北京市智能机器人科技创新与成果转化工作的意见》	推进重大科技成果转化,发展壮大一批"专、精、特、新"智能机器人技术研发和系统集成企业,形成中国智能机器人领域技术创新高地,在京津冀地区形成3—5个各具特色的机器人技术产业集群。

发布时间	政策文件	主要内容
2017.12.20	中共北京市委	《中共北京市委 北京市人民政府 关于印发加快科技创新构建高精尖经济结构系列文件的通知》	坚持壮大龙头企业与培育分领域冠军企业相结合。支持龙头企业做大做强，带动智能装备产业整体规模提升；发挥"专精特新"企业示范作用，培育一批分领域冠军企业，抢占国际竞争制高点。鼓励智能制造系统集成商与相关领域领先企业、细分领域"专精特新"企业协同发展。
2018.07.05	中共北京市委	《中共北京市委 北京市人民政府印发〈关于推进文化创意产业创新发展的意见〉的通知》	激发企业创业热情、创新活力，培育壮大多元文化市场主体。建立健全企业梯度培育机制，着力发展"大而强"，积极培育"小而优"，形成企业竞相发展的生动局面。开展"滴灌行动"，连续5年，每年选择支持200家创新性强、增长速度快、发展前景好、规模达千万元以上的优质中小企业，重点提供投融资、专业技术、政策服务，培育"专、精、特、新"文创企业。
2018.07.17	北京市人民政府	《北京市人民政府办公厅印发〈关于支持实体书店发展的实施意见〉的通知》	支持中小书店向"专、精、特、新"方向发展，细分市场，强化特色服务。完善税收金融政策。全面落实图书批发、零售环节免征增值税的政策，积极落实小微企业税收优惠政策。鼓励金融机构针对实体书店发展特点，实施差别化政策，确定合理的贷款期限和还款方式；创新抵押担保方式，加大对中小微、专精特书店的融资支持。探索建立实体书店发展基金，对实体书店业态更新、技术改造、房屋修缮及改扩建等给予适当支持。
2019.02.19	北京市人民政府	《北京市人民政府关于印发2019年市政府工作报告重点工作分工方案的通知》	中关村科学城要系统布局基础前沿和关键核心技术，构建城市创新文化和创新生态，努力培育世界一流研究所，培育和发展具有全球影响力的创新型领军企业和"专精特新"的隐形冠军。

发布时间	政策文件		主要内容
2019.12.30	北京市经济和信息化局	《北京市经济和信息化局关于印发〈北京市促进大中小企业融通发展2019—2021 年行动计划〉的通知》	建立北京市"专精特新"中小企业培育库，认定一批北京市"专精特新"中小企业，打造一批专精特新"小巨人"企业和制造业单项冠军企业，在全市形成大企业带动中小企业发展，中小企业为大企业注入活力的融通发展新格局。 推动龙头企业延伸产业链，带动北京市"专精特新"中小企业融入全球价值链，促进制造业单项冠军企业迈向全球价值链中高端，积极参与国际产业竞争。 组织宣传大中小企业融通发展典型案例，加大对各类融通发展模式、北京市"专精特新"中小企业和平台载体等的宣传力度。举办大中小企业融通发展模式交流活动，引导企业树立融通发展观念。
2019.12.30	北京市经济和信息化局等	《北京市贯彻落实〈关于促进中小企业健康发展的指导意见〉实施方案》	支持和引导北京市中小企业"专精特新"发展。大力实施北京市"专精特新"中小企业培育计划。认定和扶持一批在细分行业内技术实力强、产品质量好、服务水平优、市场份额高、品牌影响大、发展前景广且符合北京市高精尖产业方向的"专精特新"中小企业，建立"专精特新"中小企业培育库并安排财政资金支持。计划3年内培育认定"专精特新"中小企业近千家，重点打造一批主营业务突出、质量效益优、竞争力强、成长性好的中小企业，形成初创型企业、"专精特新"中小企业、专精特新"小巨人"企业、制造业单项冠军、隐形冠军等梯队发展模式，推动北京市中小企业不断做优做强。

发布时间	政策文件	主要内容
2020.02.08	北京市人民政府办公厅	《北京市人民政府办公厅关于应对新型冠状病毒感染的肺炎疫情影响促进中小微企业持续健康发展的若干措施》	支持"专精特新"中小企业健康发展。疫情防控期间,对符合本市高精尖产业发展政策的工业和软件信息服务业领域的"专精特新"中小企业,支持其围绕防控疫情所需物资实施技术改造提质增效增加产能,或通过新增防控疫情所需物资生产线快速形成产能,对相关有效释放产能的项目提供投资补贴或者贷款贴息。
2020.03.06	北京市科学技术委员会等	《北京市科学技术委员会 北京市经济和信息化局 北京市人力资源和社会保障局 北京市财政局关于印发〈北京市高精尖产业技能提升培训补贴实施办法〉的通知》	针对本市"专精特新"中小企业、专精特新"小巨人"企业,围绕高精尖产业技能提升培训;对于高精尖产业企业组织职工开展技能提升培训且经绩效考核合格的,给予企业补贴。采取后补贴方式,根据企业规模和年度内培训人次分档、限额进行补贴。对于参加社会培训机构的培训,且培训后在本市高精尖产业企业就业3个月以上的,按照每人每年合计不超过1万元的标准、不超过培训总费用50%的比例给予个人奖励补贴。每人每年可申请不超过3次,累计补贴金额不超过上述标准;同一培训项目不可重复享受。
2020.04.09	北京市推进全国文化中心建设领导小组	《北京市推进全国文化中心建设中长期规划(2019年—2035年)》	培育壮大民营文化企业,促进民营文化企业依法平等使用资源要素、公开公平公正参与竞争、同等受到法律保护,推动民营文化企业改革创新、转型升级、健康发展,持续实施"十百千"文化企业培育工程,打造具有全球竞争力的文化品牌和最强阵营。引导中小微民营文化企业走"专、精、特、新"发展之路。深化旅游领域供给侧结构性改革,培育一批"专、精、特、新"中小旅游企业。

续表

发布时间	政策文件	主要内容
2020.06.10	北京市委市政府	《中共北京市委北京市人民政府关于加快培育壮大新业态新模式促进北京经济高质量发展的若干意见》	建设生态系统基础设施。培育一批科学仪器细分领域隐形冠军和专精特新企业。鼓励建设共享产线等新型中试服务平台。支持各类共享开源平台建设，促进形成协同研发和快速迭代创新生态。加强特色产业园区建设，完善协同创新服务设施。 探索中小企业上云的典型场景及实施路径，积极培育相关平台型企业，支持企业向专精特新方向转型发展。
2020.10.09	北京市人民代表大会常务委员会	《北京市促进中小企业发展条例》	中小企业发展专项资金通过补助、贷款贴息、风险补偿、购买服务、奖励等方式，重点支持中小企业公共服务体系建设、融资服务体系建设、政府性担保体系建设、专精特新发展、创业创新、人才培训等事项。 区域性股权市场设立专精特新板，根据专精特新型中小企业特点，提供挂牌展示、托管交易、投融资服务、培训辅导等服务。 专精特新中小企业申请和维持发明专利的费用给予资助，具体办法由市知识产权部门会同有关部门制定。
2021.02.18	北京市地方金融监督管理局	《金融领域"两区"建设工作方案》	实施"钻石工程"，加大企业上市培育力度，优化企业上市数据库，明确各部门各区工作任务，推动更多独角兽企业、专精特新企业和高精尖行业优质企业登陆资本市场，落实上市公司奖励办法。深化新三板改革，提升新三板市场价值。加强四板市场与新三板的沟通衔接。积极推动基础设施领域不动产投资信托基金（REITs）试点工作。

发布时间	政策文件		主要内容
2021.04.20	北京市知识产权局	《北京市知识产权局关于印发〈北京市知识产权资助金管理办法〉的通知》	对符合以下条件之一的予以优先资助:国家知识产权示范和优势企业、北京市知识产权示范和试点单位、专精特新中小企业、小型微型企业以及其他需要重点支持单位的专利和注册商标。专精特新中小企业国内发明专利前十年年费,在享受国家减缴政策后按实际应缴金额予以资助,资助金额不超过年费标准值的30%。
2021.05.10	北京市经济和信息化局	《关于申报支持服务"专精特新"中小企业的中小企业公共服务示范平台有关工作的通知》	市经济和信息化局会同市财政局组织开展服务国家专精特新"小巨人"企业、北京市专精特新"小巨人"企业以及北京市"专精特新"中小企业的市中小企业公共服务示范平台申报工作。
2021.08.18	北京市人民政府	《北京市人民政府关于印发〈北京市"十四五"时期高精尖产业发展规划〉的通知》	实施专精特新企业培育计划,建立中小微企业梯次培育库,支持企业成长为专精特新"小巨人"、单项冠军、独角兽企业,做好高成长企业的跟踪服务、统筹布局以及空间保障。 促进大中小企业融通发展。实施企业"登峰"工程,加快构建以"链主"企业带动、单项冠军企业跟进、专精特新"小巨人"企业集聚梯次有序、融通发展的产业生态。 高水平推动国际合作产业园建设。重点推动中日、中德等国际合作产业园建设,努力建成我国对日、对德开放合作的重要窗口。探索园区国际化建设运营模式,完善类海外环境,创新产业发展、人才引进、金融服务、知识产权保护等方面政策。

续表

发布 时间	政策文件	主要内容
2021.07.19	北京市经济和信息化局	《北京市经济和信息化局关于第二批国家专精特新"小巨人"企业高质量发展项目和公共服务示范平台申报工作的通知》	北京市经济和信息化局会同市财政局组织开展第二批国家专精特新"小巨人"企业高质量发展项目和公共服务示范平台申报工作。
2021.09.16	北京市人力资源和社会保障局	《北京市人力资源和社会保障局关于印发〈北京市人力资源服务产业园建设发展办法（试行）〉的通知》	促进优质资源集聚。为园区入驻企业提供房租补贴、引才奖励、购买服务等支持政策，制定公共服务清单，集聚人力资源服务行业骨干企业、"专精特新"中小企业和高新技术企业等，合计数量应占园区入驻企业的50%以上。
2021.11.03	北京市委市政府	《中共北京市委北京市人民政府关于印发〈北京市"十四五"时期国际科技创新中心建设规划〉的通知》	推动5G与人工智能、工业互联网、物联网等深度融合的新型基础设施建设。更好发挥市场化平台作用，进一步整合创新资源，为创新创业主体赋能。加快构建"链主"企业—单项冠军企业—专精特新"小巨人"的融通发展格局，推广供应链协同、创新能力共享、数据协同开放和产业生态融通的发展模式。
2021.11.18	北京市发展和改革委员会	《北京市发展和改革委员会关于印发北京市"十四五"时期现代服务业发展规划的通知》	加强试点企业和项目培育。培育一批产业链龙头企业、"专精特新"企业、面向中小企业的制造服务解决方案供应商。持续开展先进制造业与现代服务业融合发展试点建设工作，认定一批市级先进制造业与现代服务业融合试点企业和园区。

发布时间	政策文件		主要内容
2021.12.24	北京市经济和信息化局	《北京市经济和信息化局关于印发〈北京工业互联网发展行动计划（2021—2023年）〉的通知》	培育工业互联网专精特新企业。建立专精特新企业储备库，持续跟踪服务。推动出台支持中小企业健康发展的政策措施，统筹用好中小企业发展基金、科技创新基金等政府引导基金，对接金融机构开发面向中小企业的特定金融产品。培育形成隐形冠军、专精特新小巨人和专精特新中小企业梯队。
2022.01.17	北京市科学技术委员会、中关村科技园区管理委员会	《关于加快建设高质量创业投资集聚区的若干措施》	建立由本市高新技术企业、专精特新企业、金种子企业、四板挂牌企业等组成的硬科技企业库，积极开展融资路演、企业对接等活动，引导创投机构在全市投资布局优质硬科技项目。
2022.01.18	北京市发展和改革委员会	《关于北京市2021年国民经济和社会发展计划执行情况与2022年国民经济和社会发展计划的报告》	全力支持北京证券交易所发展成为服务创新型中小企业主阵地，培育推动更多专精特新企业上市，发挥对新三板的"龙头"撬动和"反哺"作用，带动券商、资管、审计、法务等资本市场服务机构发展，提升专业服务业高端化、国际化发展水平。
2022.01.30	北京市人民政府	《北京市人民政府关于印发〈2022年市政府工作报告重点任务清单〉的通知》	全力支持新三板改革，用好北京证券交易所。完善多层次资本市场服务体系，推动北京证券交易所与区域性股权市场、私募股权份额转让平台等有效衔接，带动券商、资管、财务、法务等专业服务机构聚集发展。持续加大企业辅导和培育力度，推动更多专精特新等企业登陆资本市场。加强中小微企业政策集成服务，落实应对疫情防控常态化促进中小企业发展若干措施、促进专精特新中小企业高质量发展等相关政策措施，新增专精特新中小企业1000家以上。落实保障中小企业款项支付条例，用好国务院清欠机制，完善综合性贷款服务中心功能，帮助解决融资难、融资贵等问题。发挥政府采购政策功能，通过为中小企业预留采购份额等方式，支持中小企业发展。

发布时间	政策文件	主要内容
2022.03.30	北京市人民政府办公厅	《北京市人民政府办公厅关于印发〈北京市关于加快推进农业中关村建设的十条措施〉的通知》	支持农业科技企业集聚发展。对于农业中关村涉农新备案入库的瞪羚企业、新认定的国家级专精特新"小巨人"企业和新认定的国家级、市级农业产业化重点龙头企业,符合条件的给予资金支持。对于涉农独角兽企业、隐形冠军企业,建立市区联合服务机制。
2022.03.24	北京市发展和改革委员会	《关于印发深入打造新时代首都城市复兴新地标 加快推动京西地区转型发展行动计划(2022—2025年)的通知》	着力构建一体化产业生态。统筹外部要素,加强与"三城一区"及中关村分园互动,沿长安街承接梯次转移的适宜功能和产业,引导培育专精特新、独角兽企业聚集发展。
2011.11.12	江苏省人民政府办公厅	《省政府关于印发江苏省万企升级行动计划(2011—2015年)的通知》	促进中小企业创新发展。启动中小企业创新工程,加强分类指导,实施"专精特新"中小企业培育计划,培育壮大1万家"专精特新"中小企业。实施分类指导。针对不同地区、不同行业、不同规模的企业在转型升级中迫切需要解决的问题,实施分类指导。小微企业着力提升规模水平、走"专精特新"之路。
2012.03.19	江苏省人民政府办公厅	《省政府办公厅关于印发江苏省"十二五"工业经济发展规划的通知》	鼓励大企业与中小企业开展合作,促进科技型、高成长型中小企业走"专精特新"发展之路。支持产业上下游企业的协同联动发展,每年重点培育一批"专精特新"中小企业,引导企业进行生产组织模式创新,建设一批中小企业产业集聚示范区。

续表

发布时间	政策文件		主要内容
2012.04.16	江苏省人民政府办公厅	《省政府办公厅关于开展中小企业服务年活动的通知》	加强创业辅导服务，培育“专精特新”中小企业和特色产品，在战略性新兴产业领域扶持一批科技创业企业和企业家，打造引领产业发展、具有国际竞争力的创新型领军企业。鼓励中小企业加强创业投资，创业投资企业采取股权投资方式投资于未上市的中小高新技术企业 2 年以上，符合条件的，可以按照对中小高新技术企业投资额的 70%，在股权持有满 2 年的当年抵扣该创业投资企业的应纳税所得额，当年不足抵扣的，可以在以后纳税年度结转抵扣。
2012.05.15	江苏省人民政府办公厅	《省政府办公厅关于印发实施江苏省知识产权战略纲要 2012 年行动计划的通知》	加强专精特新产品认定工作，认定 100 个中小企业专精特新产品。
2012.12.14	江苏省人民政府办公厅	《省政府办公厅印发贯彻落实省政府关于进一步加强新技术新产品推广应用意见主要目标任务工作分工方案的通知》	大力推动中小微企业与大企业的配套协作，开发推广专精特新产品。
2013.02.25	江苏省人民政府	《省政府印发关于加快培育规模骨干工业企业意见的通知》	坚持协调发展。一手抓超百亿元大企业做大、做强、做优，一手抓“专精特新”中小微企业协作配套，形成以规模骨干工业企业为龙头，以产业链、供应链、价值链为纽带的企业集群和配套合作的企业群体，推动大中小微企业相互促进、协调发展。

发布时间	政策文件	主要内容
2013.09.18	江苏省人民政府	《省政府关于印发创新型省份建设推进计划（2013—2015年）的通知》	启动中小企业创新工程，实施科技小巨人培育计划，着力培育"专精特新"中小企业。推进科技企业孵化器建设，建立目标考核机制，提升专业化服务能力和水平，县（市、区）和各类开发区实现全覆盖。到2015年，建设400家面向中小企业的省级科技公共服务平台，新增孵化科技企业1万家以上，科技小巨人企业达2000家。
2017.03.20	江苏省人民政府	《省政府关于加快发展先进制造业振兴实体经济若干政策措施的意见》	培育行业单项冠军。实施单项冠军企业培育提升计划，建立专精特新小巨人企业培育库和咨询诊断平台，每年认定一批专精特新产品和小巨人企业。对国家认定的单项冠军示范企业，省级相关专项给予不超过100万元奖励。在政府采购和各项工程招标中，对单项冠军示范企业产品可给予适当技术加分。
2017.10.10	江苏省人民政府	《省政府关于做好当前和今后一段时期就业创业工作的实施意见》	实施科技企业培育"小升高"计划和中小企业创新工程，建设一批小型微型企业创业创新基地，培育一批"专精特新"小巨人企业，打造一批中小创新型企业集群。实施小微企业"创新之家"培育计划，引导企业建立研发准备金制度，支持知识产权运营机构组建专利联盟或专利池，鼓励龙头企业、高校和科研院所开放共享闲置专利，免费提供知识产权基础数据。

发布时间	政策文件	主要内容
2018.02.09	江苏省工信厅	持续提升中小企业融资平台服务水平。进一步发挥中小企业融资服务平台的普惠性和公益性作用，充实服务内容，丰富融资产品；宣传和推广"专精特新贷"信贷产品，支持小微企业向专精特新方向发展。 着力提高中小企业直接融资水平。推动省股交中心"专精特新板"建设，加强挂牌企业服务，帮助企业规范管理及转板上市。组织各地推荐的中小企业观摩新三板路演中心，引导优质中小企业在新三板挂牌。加快上市企业培育，各设区市要制定上市企业中长期规划和年度计划，通过挖掘拟挂牌上市企业，加大服务力度，引导企业规范公司治理结构及信息披露机制，积极协调企业上市过程中的各类问题，缩短挂牌上市时间。 推动落实普惠金融政策。进一步促进政银企合作，落实我委与有关金融机构签订的战略合作协议，各级经信部门要及时向金融机构宣传产业政策，推广"专精特新"和小巨人企业，促进政策措施和金融资源结合，引导金融机构加大对实体经济的服务力度。
2018.03.16	江苏省工信厅	开展省级专精特新小巨人企业认定。完善认定标准，认定一批省级专精特新产品、科技小巨人企业、"隐形冠军"企业和"隐形"小巨人企业。 加强专精特新小巨人企业宣传。与新华日报合作，选择一批专精特新小巨人企业和单项冠军企业，印制宣传画册，进行集中宣传，提升江苏专精特新小巨人企业的影响力。 抓好国家制造业单项冠军培育提升。组织召开单项冠军企业培育提升推进会，总结交流单项冠军培育经验，做好第三批国家单项冠军申报工作，争创15家国家制造业单项冠军示范企业（产品）。 抓好对专精特新小巨人企业的服务。认定一批技术服务示范平台，推进100家企业在"专精特新板"挂牌，推荐专精特新小巨人企业申请"专精特新贷"，支持专精特新企业家俱乐部开展活动。 实施中小企业知识产权战略推进工程。会同省知识产权局，抓好南通市、张家港市知识产权城市试点，提升中小企业知识产权创造、运用、保护和管理能力。

发布时间	政策文件	主要内容
2018.06.01	江苏省工信厅	《关于印发江苏省中小企业知识产权战略推进工程实施方案（2018—2020年）的通知》	开展重点企业"专利倍增"行动。强化各级企业知识产权战略推进计划、专精特新小巨人企业培育计划等项目对专利产出的导向，形成专利池，加大对专利大户的奖励力度。组织服务机构进园区、进企业，对中小企业专利申请、信息利用等提供高质量服务。 积极推进专利质押融资。深入实施中小企业融资"金惠行动"，把专利质押作为完善融资服务和担保体系的重要举措。会同银行业金融机构、担保机构，大力发展"专精特新贷""知识产权贷"等金融产品，大力发展"互联网＋知识产权＋金融"，鼓励各地级以上市设立专利权质押融资风险补偿金，建立"贷款＋保险＋财政风险补偿"的专利权质押融资模式，进一步畅通中小企业运用知识产权质押融资渠道。 深入开展知识产权管理"贯标"。将加强知识产权管理作为中小企业管理提升行动的重要内容，以专精特新小巨人企业为重点，推动中小企业贯彻实施《企业知识产权管理规范》国家标准。对通过贯标认证或省级绩效评价合格企业择优给予一定奖励。 开展知识产权咨询活动。将知识产权纳入中小企业专精特新发展咨询诊断内容，建立全省中小企业知识产权咨询专家库，实施专利特派员制度，采取"一企一策"机制，帮助企业解决创新中所涉及的知识产权问题，推动企业尽快熟悉并积极运用知识产权规则应对国内外竞争挑战。 开展企业知识产权人才培养。把知识产权培训作为省中小企业"百千万"培训计划的重要内容，提高中小企业知识产权战略意识。

发布时间	政策文件	主要内容
2018.08.24	江苏省人民政府	《省政府关于深入推进大众创业万众创新发展的实施意见》	强化创新示范企业培育。推动认定省级战略性新兴产业创新示范企业,实施"专精特新"企业培育计划,培育一批"专精特新"产品、科技小巨人企业和制造业单项冠军示范(培育)企业。实施重点骨干企业"双创"平台示范工程,打造龙头企业、中小企业协同共生的双创新格局。拓宽创业企业直接融资渠道。支持符合条件的科技型企业在中小板、创业板、新三板上市或挂牌。稳步扩大双创公司债券试点规模,鼓励双创企业利用短期融资券、专利质押、商标质押等方式融资。利用好区域性股权交易市场,充分发挥江苏股权交易中心"科创板"和"专精特新板"作用,为已完成股份制改造的双创企业提供区域性融资平台。鼓励保险公司为科技型中小企业知识产权融资提供保险服务,对符合条件的由地方各级人民政府提供风险补偿。支持政府性融资担保机构为科技型中小企业发债提供担保。鼓励地方各级人民政府建立政银担、政银保等不同类型的风险补偿机制。
2019.06.10	江苏省人民政府办公厅	《省政府办公厅关于印发江苏省高新技术企业培育"小升高"行动工作方案(2019—2020年)的通知》	加快发展高成长性科技型企业。实施科技企业上市培育计划,加强高新技术企业上市培育,引导其开展股改、建立现代企业制度,为其开辟上市绿色通道,支持其与多层次资本市场有效对接、做优做强,成为爆发式成长、竞争优势突出的瞪羚企业。实施千企升级行动计划,鼓励和引导中小企业专注细分领域精耕细作做精做强,支持企业进行"四化"升级,装备改造升级和管理创新升级,支持企业上云和互联网化提升,以高新技术企业为基础,培育认定一批专精特新"小巨人"企业,争创一批国家单项冠军企业。

发布时间	政策文件	主要内容
2019.08.27	江苏省工信厅	《关于印发〈江苏省促进大中小企业融通发展三年行动实施方案〉的通知》	培育1000家省级专精特新"小巨人"企业和100家制造业全国单项冠军企业。到2021年，形成大企业带动中小企业发展，中小企业为大企业注入活力的融通发展新格局。 实施专精特新"小巨人"企业培育计划。聚焦专业基础好、创新意识强、发展潜力大的高成长型企业，建立专精特新"小巨人"企业培育库，制定出台专精特新"小巨人"企业培育政策措施，形成一批在行业细分领域具有一定国际影响力的单项冠军企业，提高中小企业融通发展能力。 加强宣传推广。组织宣传大中小企业融通发展典型案例，加大对各类融通发展模式、专精特新"小巨人"企业、制造业单项冠军和平台载体的宣传力度。举办大中小企业融通发展模式交流，引导企业树立融通发展观念。
2020.03.27	江苏省人民政府	《省政府关于推进绿色产业发展的意见》	实施千企升级行动计划，培育一批专精特新"小巨人"企业。加大企业绿色技术改造力度，推动企业兼并重组，小散企业集聚提升，加快培育一批具有国际竞争力的大型环保龙头企业和环保标杆企业。实施中小企业清洁生产水平提升计划，搭建"互联网+"清洁生产服务平台。
2020.04.02	江苏省工信厅	《关于进一步落实惠企金融支持政策帮助中小企业缓解融资困难的通知》	摸清摸准融资需求。各地工信部门要深入一线，围绕重要产业链上的配套企业、供应链上下游已经复工复产的企业、已获得国内外订单的企业、"专精特新"中小企业、专精特新"小巨人"企业、制造业单项冠军企业、战略性新兴产业企业开展梳理摸排，全面了解复工复产过程中中小企业的融资需求，加强与金融机构交流沟通，开展清单式对接和差异化服务，重点企业可采取"一企一策"服务方案。

表格列标题：发布时间 | 政策文件 | | 主要内容

续表

发布时间	政策文件	主要内容
2020.05.02	江苏省人民政府	《省政府关于印发苏南国家自主创新示范区一体化发展实施方案（2020—2022 年）的通知》	实施创新型企业培育行动计划。深入实施高新技术企业培育"小升高"行动，大力推进创新型企业培育行动计划，在苏南地区打造一批研发实力与创新成果国际一流、产业规模与竞争能力位居前列的创新型领军企业。实施千企升级行动计划，建立全省万家专精特新小巨人企业培育库，省市县联动实行梯度培育，鼓励和引导中小企业专注细分领域精耕细作做精做强。到 2022 年，苏南地区力争高新技术企业达 2.1 万家，独角兽企业达 10 家，瞪羚企业达 360 家，培育认定 500 家省级专精特新小巨人企业，争创 50 家国家专精特新小巨人企业和单项冠军企业。
2020.06.30	江苏省人民政府办公厅	《省政府办公厅关于印发江苏省贯彻体育强国建设纲要实施方案的通知》	激发体育市场活力。增强体育市场主体能级，培育一批领军体育企业、独角兽体育企业和专精特新"小巨人"体育企业。
2020.10.08	江苏省人民政府办公厅	《省政府办公厅关于深入推进数字经济发展的意见》	积极发挥龙头企业带动作用，加快培育创新型领军企业，重点扶持一批细分领域的瞪羚企业，培育形成一批具有国际影响力的专精特新小巨人和制造业单项冠军企业。
2020.10.20	江苏省工信厅	《关于开展"千企升级"培育巡诊活动的通知》	根据企业需求，选择智能制造（精益生产）、财税筹划或人力资源三个专业方向其中之一开展诊断活动。专家团队分成两个小组，每家企业诊断时长约一天，每场诊断 10—12 家企业。诊断采取座谈、询问、生产现场评估等方式，通过诊断，发现企业经营中存在的难点、痛点。诊断结束后，专家组提供诊断报告，帮助企业突破发展瓶颈。

发布时间	政策文件	主要内容
2020.12.19	江苏省人民政府办公厅	《省政府办公厅关于印发江苏省"产业强链"三年行动计划（2021—2023年）的通知》	增强产业链细分领域主导能力。实施"千企升级"计划和"小升高"行动，支持中小企业技术创新、管理提升、直接融资、市场开拓，培育一批专注于细分市场、创新能力强、质量效益优的专精特新"小巨人"企业和掌握关键核心技术、市场占有率高的单项冠军企业。支持"链主企业"和隐形冠军企业直接融资，引导上市企业通过并购重组实现供应链优化和产业链整合。
2020.12.21	江苏省人民政府	《省政府关于进一步提高上市公司质量的实施意见》	培育上市后备资源。遴选治理结构完善、主营业务突出、竞争能力较强、具有发展潜力的重点企业，做好上市后备资源库梯队建设。对拟上市企业开展分类指导、精准培育，提高企业资本市场规则认知、规范化运作和利用资本市场的能力。对入库企业可以建立县（市、区）领导挂钩服务机制，鼓励金融机构为其提供投融资服务。发挥创业投资、股权投资机构和各级地方政府出资产业投资基金积极作用，加大培育科技型、创新型企业力度，支持制造业"隐形冠军""专精特新"企业、现代服务业领军企业等发展壮大。搭建多主体参与、高效便捷的企业上市孵化服务平台，引导江苏股权交易中心稳妥有序实施企业股改并发挥其融资功能，推动沪深交易所、全国股转系统江苏基地和省上市公司协会在培育企业上市挂牌中发挥更好作用。

续表

发布时间	政策文件	主要内容
2021.04.23	江苏省工信厅	《转发工业和信息化部办公厅 教育部办公厅〈关于开展 2021 年全国中小企业网上百日招聘高校毕业生活动〉的通知》	各地工信部门要积极组织有招聘需求的中小企业,特别是各类专精特新小巨人企业和单项冠军企业发布招聘信息,开展网络面试,与高校毕业生实现线上对接。
2021.06.08	江苏省工信厅	《关于开展全省中小企业服务月活动的通知》	加强对优质中小企业的辅导培育,组织对有挂牌、上市意向的专精特新"小巨人"企业开展专题培训。 搭建线上线下银企对接服务平台,联合金融机构举办银企对接会,推动中小企业线上融资服务平台建设,进一步提升小微企业融资服务覆盖面。 中小企业专精特新发展培育相关政策宣讲,指导各地开展专精特新项目和资金申报。 宣传专精特新"小巨人"企业创新发展案例,引导中小企业走"专精特新"发展道路。 持续实施"千企升级"行动计划,开展全省专精特新小巨人培育巡诊和学习交流活动。
2021.07.19	江苏省人民政府办公厅	《省政府办公厅关于印发江苏省"十四五"现代服务业发展规划的通知》	支持省市体育产业集团做大做强,培育一批领军体育企业和"专精特新"小巨人体育企业。
2021.08.10	江苏省人民政府办公厅	《省政府办公厅关于印发江苏省"十四五"数字经济发展规划的通知》	着力支持小微企业创业创新。强化小微企业、初创企业的政策支持和服务保障,实施专精特新"小巨人"成长计划,引导小微企业参与数字技术和产业创新活动。

发布时间	政策文件	主要内容
2021.08.16	《省政府办公厅关于印发江苏省"十四五"制造业高质量发展规划的通知》	培育享誉全球的"江苏制造"名企名牌。引导企业立足创新、追求卓越，牢固树立品牌意识，实施壮企强企工程，制定出台支持领军企业提升综合竞争力的若干政策措施、推动中小企业专精特新发展的指导意见，提升领军企业国际竞争力和影响力，形成专精特新"小巨人"企业集聚高地。对标"隐形冠军"，推进千企升级计划，引导企业坚守专业精神、工匠精神，持续专注技术和工艺优化、产品质量和性能迭代升级，锻造"独门绝技"，形成一批具有产业链关键环节掌控力的单项冠军和专精特新"小巨人"企业。引导各类企业重视管理创新和企业文化建设。发挥大企业引领带动作用，促进产业链上下游、大中小企业协同合作、融通发展。到2025年，新增省级以上专精特新"小巨人"企业1700家以上。
2021.08.26	《省政府办公厅关于印发江苏省"十四五"贸易高质量发展规划的通知》	推进重点民营企业人才人事综合改革，支持打造中小外贸企业集聚发展平台，着力培育新增主体，推动中小企业"抱团出海"，鼓励专精特新中小企业走国际化道路，稳步提高民营企业国际竞争力。推动企业创新发展。支持企业运用新技术、创新新模式、发展新业务，培育一批成长快、创新能力强、潜力大的新企业，实施"百企引航""千企升级"行动，建立万家专精特新"小巨人"企业培育库，培育认定千家省级专精特新"小巨人"企业。推动"百企引航"企业大力发展高质量、高技术、高附加值产品，支持符合条件的外贸加大对龙头型、骨干型外包企业支持，发展一批专精特新中小型服务外包企业。支持符合条件的企业申报技术先进型服务企业。

发布时间	政策文件		主要内容
2021.08.31	江苏省人民政府办公厅	《省政府办公厅关于印发江苏省"十四五"金融发展规划的通知》	充分利用多元化融资渠道。加强对先进制造业企业、行业隐形冠军、专精特新"小巨人"等辅导培育,支持符合条件的制造业企业充分利用多层次资本市场融资。
2021.09.03	江苏省工信厅	《关于印发江苏省"十四五"工业绿色发展等规划的通知》	支持差异化发展,引导中小企业向"专精特新"方向转型,围绕产业急需领域培育一批专精特新小巨人和单项冠军,形成龙头企业引领、中小企业配套、产业链协同发展的良好产业生态,促进节能环保产业健康发展。打造专精特新"小巨人"企业。实施高新技术企业培育"小升高"行动,培育一批拥有特色技术、高端人才的双创基地和创新型中小企业。健全企业梯度培育机制。制定骨干企业分类分策培育方案,建设规划布局内重点软件企业和专精特新软件企业培育库,予以分类分策精准扶持,形成品牌标杆。鼓励有条件的地区加大对独角兽企业、龙头企业、重点项目的招引力度,结合实际情况给予扶持。打造骨干企业雁阵群。以百亿级企业为头雁,聚焦细分领域打造专业化的"小巨人"企业和单项冠军企业,对接带动"专精特新"培育库中的相关企业,形成软件企业雁阵群体,持续推动大中小企业融通发展的良好格局。
2021.10.12	江苏省人民政府办公厅	《省政府办公厅关于印发江苏省"十四五"高质量就业促进规划的通知》	支持中小微企业走专精特新发展之路,培育"小巨人"企业,扩大高质量岗位供给。支持吸纳就业能力强的劳动密集型行业企业发展。优化市场主体服务保障,持续减轻企业负担。

发布时间	政策文件	主要内容
2021. 12. 19	江苏省人民政府办公厅	《省政府办公厅关于进一步推进工业用地提质增效的意见》	加大政策支持力度。全力服务重点项目建设，精准有效抓好要素保障。在市级计划保障的基础上，对列入国家和省重大项目清单的项目，实行用地计划"核销制"，做到"应保尽保"。对省确定的16个先进制造业集群，新一代信息技术、数字科技、高端装备制造、新材料、生物技术和新医药、绿色低碳、新兴服务业、未来产业等"7＋X"战略性新兴产业且用地集约的，在确定土地出让底价时，可按不低于所在地土地等别相对应的工业用地最低价标准的70%执行。各地要对专精特新中小企业、初创企业、小微企业使用高标准厂房给予倾斜支持。
2021. 12. 22	江苏省人民政府办公厅	《关于印发进一步推进工业用地提质增效实施细则的通知》	鼓励建设使用高标准厂房。高标准厂房用地容积率一般不低于2.0，各地对"专精特新"企业应在准入、租金、规划建设、配套服务等方面给予倾斜支持。
2021. 12. 30	江苏省人民政府办公厅	《省政府办公厅关于印发江苏省制造业智能化改造和数字化转型三年行动计划（2022—2024年）的通知》	创新金融服务。支持金融机构创新金融产品和服务，开设"专精特新"企业金融服务绿色通道，推动投贷联动。鼓励金融企业运用大数据探索产融合作新模式，推进基于工业互联网平台的产融协作服务创新。引导金融机构增加制造业中长期贷款，支持中小企业设备更新和技术改造。支持企业通过融资租赁方式开展"智改数转"，融资租赁费用可享受同等财政补助政策。

发布时间	政策文件	主要内容
2008.12.19	浙江省人民政府	《浙江省人民政府关于加快工业转型升级的实施意见》	加强企业组织结构创新。着力培育一批主业突出、核心竞争力强的大公司大集团,一批专精特新的行业龙头企业,一批拥有自主知识产权和自主品牌的创新型企业,使其成为引领浙江省工业转型升级的重点骨干企业。推动中小企业向专业化生产、精益化管理、自主化创新、集约化经营、信息化带动、品牌化运作等方向发展,着力抓好千家成长型中小企业、千家科技型中小企业和千家初创型小企业的培育工作。
2012.04.20	浙江省人民政府办公厅	《浙江省人民政府办公厅关于促进小型微型企业再创新优势的若干意见》	鼓励"专精特新"发展。引导小微企业从低价格、数量型的粗放式发展向专业化、精细化、特色化、高附加值质量效益型发展转变。引导企业适应市场变化,加强产品创新、服务创新或"产品/+服务"的商业模式创新,以更新的产品、更专业有效的服务来更好地满足消费者需求和产业升级的需求。引导制造企业改善工艺和装备,加强企业质量管理,积极采用先进的安全、卫生、环保、能耗、可靠性等标准,提高产品品质。引导服务企业提升服务队伍素质,健全标准化服务体系,加强业态创新和商业模式创新,提高服务品质和竞争力。
2013.08.26	浙江省人民政府办公厅	《浙江省人民政府办公厅关于促进小微企业转型升级为规模以上企业的意见》	深入贯彻《国务院关于进一步支持小型微型企业健康发展的意见》(国发〔2012〕14号)和全省个体经济及小微企业提升发展工作电视电话会议精神,进一步促进浙江省规模以下小微企业转型升级为规模以上企业,鼓励和引导小微企业走"专精特新"之路,推进全省小微企业创新发展、集约发展、提升发展,再创发展新优势,提出相应意见。

发布时间	政策文件		主要内容
2016.06.03	浙江省市场监督管理局	《关于印发浙江省广告产业"十三五"发展规划（2016—2020年）的通知（浙工商广〔2016〕6号）》	实施中小广告企业成长工程，支持技术型、全能型和数字型的创新创意广告企业向专、精、特、新方向发展，打造服务于中小广告企业的省级广告产业园区。培育一批创新创意强、细分市场占有率高、具有地方特色的广告企业。
2016.08.09	浙江省经信厅	《浙江省经济和信息化委员会关于培育隐形冠军，促进中小企业"专精特新"发展的通知》	贯彻落实工业和信息化部《关于促进中小企业"专精特新"发展的指导意见》（工信部企业〔2013〕264号）、《促进中小企业发展规划（2016—2020年）》（工信部规〔2016〕223号）和省政府《中国制造2025浙江行动纲要》（浙政发〔2015〕51号），进一步明确浙江省中小企业发展方向，弘扬工匠精神，提升发展质量和水平，形成"浙江制造"新的竞争优势，组织开展隐形冠军企业培育，促进中小企业"专精特新"发展有关工作。
2017.01.13	浙江省人民政府办公厅	《浙江省人民政府办公厅关于开展消费品工业"三品"专项行动营造良好市场环境的实施意见》	培育细分产业领域"隐形冠军"。推动中小微企业"专精特新"发展，着力支持中小微企业专注细分产品市场的创新，增强对特色技术、工艺的掌控能力，提高专业化生产和协作配套水平，做细分市场的领导者，重点培育一批产品市场占有率位居全国同行业前三位的"隐形冠军"企业。
2017.06.04	浙江省人民政府	《浙江省人民政府关于印发浙江省全面改造提升传统制造业行动计划（2017—2020年）的通知》	培育优质企业。加大传统制造业"三名"企业培育力度，完善"三名"企业省市县分级培育机制，鼓励和支持"三名"企业加大兼并重组力度，加快形成一批创新能力强、品牌贡献大、经济效益好、有国际竞争力的行业龙头企业集团。深入推进"小升规"十大专项行动，加快中小微企业"专精特新"发展，健全中小企业社会化中介服务体系，促进中小企业与大企业协作配套，大力培育一批国内细分市场产品占有率居前列的"隐形冠军"。

发布时间	政策文件	主要内容
2017.10.30	浙江省人民政府办公厅	《浙江省人民政府办公厅关于切实打好工业和信息化发展组合拳的若干意见》	充分发挥企业主体作用,以"智能化＋"为方向,推动企业综合运用"互联网＋""大数据＋""机器人＋""标准化＋""设计＋"等手段,改造传统商业模式、管理模式、生产模式、营销模式,优化企业组织结构、市场结构、产品结构,加快形成一批具有国际核心竞争力的大企业大集团、高新技术企业、科技型中小企业、专精特新企业和细分领域"隐形冠军"。
2018.01.23	浙江省人民政府办公厅	《浙江省人民政府办公厅关于印发工业和信息化部浙江省人民政府共同推进"中国制造2025"浙江行动战略合作协议实施方案的通知》	大力推进小微企业提质转型和"专精特新"发展。深入推动产融合作,抓好桐乡市、义乌市国家产融合作试点工作。开展全球产业合作精准对接,支持嘉兴深化中德中小企业合作区建设。推进国家小微企业创业创新基地城市示范建设。
2018.05.07	浙江省人民政府	《浙江省人民政府关于印发浙江省加快传统制造业改造提升行动计划（2018—2022年）的通知》	龙头企业与产业集群并重。注重发挥龙头企业在产业竞争中的支柱和引领作用,加快培育一批行业龙头企业集团和"专精特新"隐形冠军。充分发挥块状特色产业的集群优势,推动创新链、产业链、资金链融合衔接,加快打造各链条相互交织相互支撑、龙头企业与产业集群互促共进的先进制造业基地。培育优质企业。加快中小微企业"专精特新"发展,健全中小微企业社会化服务体系,培育国内细分市场产品占有率居前的隐形冠军。
2018.08.13	浙江省人民政府办公厅	《浙江省人民政府办公厅关于推动工业企业智能化技术改造的意见》	实施工业强基工程。开展重点产品示范应用,培育一批"专精特新"的单项冠军企业。

发布时间	政策文件		主要内容
2019.02.25	浙江省人民政府	《浙江省人民政府关于下达2019年浙江省国民经济和社会发展计划的通知》	实施"雏鹰行动",引导企业走"专精特新"发展之路,新增隐形冠军、单打冠军企业40家。培育壮大一批独角兽企业。
2019.04.19	浙江省人民政府办公厅	《浙江省人民政府办公厅关于开展"雏鹰行动"培育隐形冠军企业的实施意见》	开展"雏鹰行动",梯度培育中小微企业向"专精特新"发展,打造一批隐形冠军企业,经省政府同意,提出实施意见。
2020.12.24	浙江省人民政府办公厅	《浙江省人民政府办公厅关于印发浙江省科技企业"双倍增"行动计划(2021—2025年)的通知》	提升专业服务水平。鼓励小微企业园完善配套服务功能,培育一批"专精特新"高新技术企业。
2021.03.03	浙江省人民政府	《浙江省人民政府关于印发浙江省深入实施促进经济高质量发展"凤凰行动"计划(2021—2025年)的通知》	积极发挥区域性股权市场塔基作用。建立区域性股权市场普惠服务体系和规范培育治理体系,推动"专精特新"企业、"雏鹰"企业和高新技术企业在区域性股权市场挂牌,挖掘区域性股权市场拥有的创投公司、证券公司、银行、会计师事务所、律师事务所等专业机构会员优势,为挂牌企业提供上市前的规范辅导服务。
2021.04.27	浙江省经信厅(省中小企业局)	《关于印发浙江省山区26县生物科技产业发展行动计划(2021—2025年)的通知》	培育壮大企业协作群体。推动大中小企业融通发展,加快推进山区企业"专精特新"发展,引导企业重视技术创新、品牌创建,对接资本市场,增强研发与协作配套能力,培育一批"隐形冠军""单项冠军"。强化高新技术企业培育,推动企业加强与政府、高等院校、行业协会、投资服务机构等的紧密合作,鼓励争创国家级、省级产业平台和创新平台。

续表

发布时间	政策文件		主要内容
2021.05.18	浙江省发改委	《浙江省现代服务业发展工作领导小组办公室关于印发〈浙江省现代服务业发展"十四五"规划〉的通知》	大力扶持服务领域"专精特新"企业发展,加大各类创新研发平台开放服务力度,提升专业服务水平,加强与大企业融通发展。
2021.05.28	浙江省人民政府办公厅	《浙江省人民政府办公厅关于印发浙江省市场监管"十四五"规划的通知》	推动基层技术机构围绕市场监管履职和区域经济社会发展需求,加强基础性和特色性技术能力建设,支持具备条件的市县技术机构突出"专精特新"优势,加快培育细分领域的专业品牌。
2021.06.10	浙江省人民政府	《浙江省人民政府关于加快促进高新技术产业开发区(园区)高质量发展的实施意见》	建立科技企业梯度培育机制。培育专精特新"小巨人"、隐形冠军、单项冠军和"链主"企业,实现由小到大、由成长型到平台型和领军型梯次升级,打造科技企业"双倍增"主平台。围绕头部企业,构建中小微企业配套、相互支撑的产业发展和科技创新企业群,优化创新小环境,推动产业链上中下游、大中小企业融通创新。
2021.06.15	浙江省发改委	《省发展改革委省委组织部关于印发〈浙江省人才发展"十四五"规划〉的通知》	加强企业家教育培养。健全企业家培训体系,重点面向"隐形冠军""专精特新""小巨人""单项冠军""雄鹰""链主型"企业,开展畅通高端要素、资源要素、人才要素、产业要素循环和参与"一带一路"、RCEP和自贸区建设等方面培养培训,积极培养提升企业家发现机会、整合资源、创造价值、服务社会等能力和意识。建立健全创业辅导制度,支持发展创客学院,发挥企业家组织的积极作用,培养年轻一代企业家。拓宽企业家培训渠道,利用党校(行政学院)、干部学院、高等院校以及各类优质教育培训资源,加大对企业家的培训力度。搭建企业家学习交流平台,开展"企业家活动日"等常态化交流活动,引导企业家之间,企业家与科学家、投资家、教育家、艺术家等各方面人才交流互动、优势互补、共同提高。

续表

发布时间	政策文件	主要内容
2021.07.02	浙江省人民政府	《浙江省人民政府关于印发浙江省全球先进制造业基地建设"十四五"规划的通知》	加强企业梯度培育。深入实施"雄鹰行动""凤凰行动"、单项冠军培育行动、"雏鹰行动"、科技企业"双倍增"行动,梯次培育世界级领军企业、高市值上市企业、单项冠军企业、隐形冠军和专精特新"小巨人"企业、创新型中小企业。鼓励大企业与中小企业开展产业链上下游专业化协作配套,推进大中小企业融通发展,形成紧密型协作关系。
2021.10.23	浙江省人民政府	《浙江省人民政府关于印发浙江省新一轮制造业"腾笼换鸟、凤凰涅槃"攻坚行动方案(2021—2023年)的通知》	做专做精制造业创新主体。梯次培育世界级领军企业、高市值上市公司、单项冠军企业、隐形冠军企业和专精特新"小巨人"企业、科技型中小企业。每年培育单项冠军企业20家以上,专精特新"小巨人"企业100家、隐形冠军企业100家。分行业动态培育1000家高成长企业。实施科技企业"双倍增"行动,每年新增高新技术企业3000家、科技型中小企业8000家。
2021.12.31	浙江省人民政府办公厅	《浙江省人民政府办公厅关于印发浙江省扩大有效投资政策二十条的通知》	加快推进企业技术改造投资。省级统筹安排专项资金支持企业开展高端化、数字化、绿色化技术改造,对以专精特新为重点的中小企业技术改造实施贷款贴息政策。
2022.01.22	浙江省人民政府办公厅	《浙江省人民政府办公厅关于印发浙江省"4+1"重大项目建设计划2022年实施计划的通知》	统筹招大引强和激活民资。实施招商引资指导政策,建立健全全省统筹、省级部门分工合作、市县主动承接的协调机制,大力引进世界500强、中国500强、行业龙头、"隐形冠军"和"专精特新"等高质量企业和项目。

续表

发布时间	政策文件	主要内容
2022.01.28	浙江省人民政府办公厅	《浙江省人民政府办公厅关于减负强企激发企业发展活力的意见》	加大技术改造财政支持力度。省级统筹安排专项资金支持企业开展高端化、数字化、绿色化技术改造，对以"专精特新"为重点的中小企业技术改造实施贷款贴息政策。
2022.02.06	浙江省人民政府	《浙江省人民政府关于下达2022年浙江省国民经济和社会发展计划的通知》	强化龙头企业引领带动，深入实施"凤凰""雄鹰""雏鹰""放水养鱼"和单项冠军培育行动，力争新增上市公司70家，培育"雄鹰"企业10家、专精特新"小巨人"企业100家、单项冠军企业20家。强化链条式培育，推进创新链产业链融合发展，实施强链补链固链项目60项以上。强化集群式发展，培育"新星"产业群20个左右，积极建设国家战略性新兴产业集群。用好国家增值税留抵退税政策，重点支持企业技术改造，实现技改投资增长10%以上。
2022.04.05	浙江省人民政府办公厅	《浙江省人民政府办公厅关于大力培育促进"专精特新"中小企业高质量发展的若干意见》	深入贯彻习近平总书记关于培育"专精特新"中小企业的重要指示精神，全面落实党中央、国务院关于促进中小企业健康发展的决策部署，结合浙江省实际，经省政府同意，提出针对"专精特新"企业的培育意见。
2017.12.07	上海市人民政府办公厅	《上海市人民政府办公厅印发〈关于建设上海市企业服务平台的实施方案〉的通知》	建设市企业服务中心。设置沪央企、国有企业、外资企业、民营企业及"专精特新"企业宣传栏，反映本市产业经济转型升级成果。
2020.07.31	上海市人民政府办公厅	《关于加大支持本市中小企业平稳健康发展的22条政策措施》	加快创新企业培育。培育"专精特新"企业2500家，支持企业成长为专精特新"小巨人"和制造业单项冠军，区级财政按规定给予奖励。新认定高新技术企业5000家，2020年末有效期内高新技术企业总量达到15000家。

发布时间	政策文件	主要内容
2020.08.28	上海市人民政府办公厅	《上海市质量提升三年行动计划（2021—2023 年）的通知》	实施中小企业质量提升精准帮扶。组织开展中小企业技术性贸易措施等方面的公益培训。培养质量高端人才。鼓励中小企业积极开展质量攻关、引进先进质量管理体系、申报政府质量奖，打造一批创新能力强、质量竞争力强的"专精特新"中小企业、专精特新"小巨人"企业和"科技小巨人"企业。
2020.11.05	上海市人民政府办公厅	《上海市关于推进贸易高质量发展的实施意见》	培育一批具有国际竞争力的本土跨国公司。设立上海中小企业海外中心，实施"专精特新"中小企业培育工程。
2021.07.30	上海市人民政府办公厅	《全力打响"上海制造"品牌加快迈向全球卓越制造基地三年行动计划（2021—2023 年)》	做精"专精特新"企业。实施民营经济百强培育提升计划，支持中小企业深耕细分领域的研发制造、工艺改进和市场拓展，加快培育一批竞争优势突出、品牌影响力大、发展潜力强的隐形冠军，力争培育40家高端制造单项冠军企业，滚动培育4000家"专精特新"企业，其中"专精特新""小巨人"企业300家。
2022.01.16	上海市知识产权局办公室	《关于印发〈关于推进知识产权服务"专精特新"中小企业高质量发展的工作方案〉的通知》	深入贯彻国家支持"专精特新"中小企业高质量发展相关文件精神，认真落实《"十四五"国家知识产权保护和运用规划》，加大对本市"专精特新"中小企业的知识产权服务力度，帮助其提升知识产权能力水平实现高质量发展，市知识产权局制定如下《关于推进知识产权服务"专精特新"中小企业高质量发展的工作方案》

续表

发布时间	政策文件	主要内容
2022.04.09	上海市知识产权局	《上海市知识产权局关于印发〈全力抗疫情助企业促发展的若干知识产权工作措施〉的通知》	深化实施知识产权服务专精特新中小企业专项行动。支持鼓励知识产权服务机构为受疫情影响较大的中小微企业提供专利及商标代理援助、维权援助等服务。
2010.09.28	广东省工业和信息化厅	《印发关于促进我省优势传统产业转型升级指导意见的通知》	做强一批龙头企业。实施大企业、大集团培育计划,着力打造一批规模大、实力强的大企业集团,一批拥有自主知识产权和自主品牌的行业龙头企业,一批专、精、特、新的创新型企业,使其成为引领广东省传统产业转型升级的核心力量。
2015.07.31	广东省人民政府	《广东省人民政府关于印发〈广东省智能制造发展规划(2015—2025年)〉的通知》	以智能制造示范基地为载体,培育一批智能制造大型骨干企业,带动一批配套的中小微企业专精特新发展,形成一批产业链完善、辐射带动作用强的智能制造集聚区和产业园区。鼓励骨干企业加强与产业链的上下游企业、生态体系相关环节的纵向和横向协同合作,孵化培育基础较好、潜力较大、行业带动性较强的"专精特新"中小企业,共同提升智能制造生态体系发展水平。
2018.11.08	广东省人民政府办公厅	《省委办公厅、省政府办公厅印发〈关于促进民营经济高质量发展的若干政策措施〉》	遴选一批高成长中小企业,在政策服务资源方面给予重点支持,推动成为细分行业领域的专精特新企业。弘扬企业家精神。大力宣传优秀民营企业和企业家,对我省中国民营企业500强企业、高成长中小企业、专精特新民营企业和优秀民营企业家进行宣传报道。

续表

发布时间	政策文件		主要内容
2020.01.21	广东省工业和信息化厅	《广东省工业和信息化厅关于印发〈广东省工业和信息化厅专精特新中小企业遴选办法〉的通知》	广东省遴选专精特新中小企业的要求与办法。
2021.07.02	广东省工业和信息化厅	《广东省工业和信息化厅关于做好2022年省级促进经济高质量发展专项资金（民营经济及中小微企业发展）项目入库工作的通知》	支持工信部认定的专精特新"小巨人"企业、省认定的专精特新中小企业，对其获得商业银行人民币贷款并在2020年7月1日至2021年6月30日期间实际发生的利息总额达到30万元及以上的支出给予补助，补助额度按照单个企业的补助比例最高不超过利息的50%，补助金额最高不超过100万元。
2021.09.08	广东省工业和信息化厅	《广东省工业和信息化厅关于下达2021年中央财政资金支持"专精特新"中小企业服务项目安排计划的通知》	根据《财政部 工业和信息化部关于支持"专精特新"中小企业高质量发展的通知》（财建〔2021〕2号）、《财政部关于下达2021年中小企业发展专项资金预算的通知》（财建〔2021〕153号）、《工业和信息化部中小企业局 财政部经济建设司关于反馈支持"专精特新"中小企业高质量发展合规性审核意见的通知》（工企业函〔2021〕183号）的要求，下达广东省2021年中央财政资金支持"专精特新"中小企业服务项目安排计划。
2020.09.28	山东省工业和信息化厅	《山东省工业和信息化厅关于印发〈山东省"专精特新"中小企业认定管理办法〉的通知》	山东省认定专精特新中小企业的标准与办法。

发布时间	政策文件		主要内容
2022.01.14	山东省工业和信息化厅	《山东省"专精特新"中小企业培育方案》	深入贯彻党中央、国务院决策部署，进一步支持中小企业走"专精特新"发展之路，制定本方案。
2022.03.31	山东省人民政府办公厅	《海洋强省建设行动计划》	建立政策保障体系。对海洋领域"瞪羚""独角兽""专精特新"中小企业等高成长性企业，省级财政择优采取股权投资等方式给予支持。
2022.04.07	山东省人民政府	《山东省人民政府关于印发 2022 年"稳中求进"高质量发展政策清单（第二批）的通知》	积极推进"专精特新"企业上市融资，省级财政通过委托投资等形式，对高成长性、上市意愿强烈、近 3—5 年可能上市的"专精特新"企业给予股权投资支持，参股比例原则上不超过投资企业总股本的 25%，并视其提前退出时间给予让利。其中，在上市前退出的，约定回报率一般不高于退出时上月一年期贷款市场报价利率（LPR）的 1.1 倍；上市后退出的，省级财政可在投资收益范围内按中介机构服务费用的 20% 给予让渡，最高不超过 200 万元。
2018.06.08	安徽省人民政府	《安徽省人民政府关于进一步推进中小企业"专精特新"发展的意见》	加快中小企业发展，是建设制造强省、发展实体经济、培育新动能的重要支撑。为贯彻中央及省委关于扶持中小企业发展的决策部署，加强对中小企业创新创业支持，现就进一步推进中小企业"专精特新"发展提出意见。
2019.01.04	安徽省人民政府	《安徽省人民政府关于推动创新创业高质量发展打造"双创"升级版的实施意见》	加大对"专精特新"中小企业支持力度，对省认定的专精特新和成长型小微企业，分别给予每户一次性奖补 50 万元。对在省股权托管交易中心挂牌的专精特新企业，每户给予一次性奖补 20 万元。

发布时间	政策文件	主要内容
2020.02.09	安徽省人民政府办公厅	《安徽省人民政府办公厅关于印发应对新型冠状病毒肺炎疫情若干政策措施的通知》	发挥政策性金融机构作用。配合国家开发银行安徽省分行设立应急专项信贷资金,对疫情防控物资、设备生产企业,以及疫情发生前3个月生产经营正常但受疫情影响暂遇困难的中小微企业和省专精特新中小企业,以优惠利率与优惠贷款条件提供直接贷款,或通过合作银行提供转贷,符合条件的担保贷款纳入"4321"新型政银担风险分担机制。 强化融资担保增信。对2020年1月1日起新发生的、无须提供抵质押作为反担保、年化担保费率不超过1.2%的省专精特新中小企业融资担保业务,省财政按照每年担保贷款实际发生额的1%给予融资担保机构担保费补贴,对单一融资担保机构单户企业担保贷款业务的补贴最高可达10万元。
2020.03.24	安徽省人民政府办公厅	《安徽省人民政府办公厅关于进一步发挥专精特新排头兵作用促进中小企业高质量发展的实施意见》	为深入贯彻落实习近平总书记关于中小企业要聚焦主业,加强自主创新,培育一批"专精特新"中小企业冠军的系列重要指示精神,全面贯彻党中央、国务院关于促进中小企业健康发展的决策部署,经省政府同意,现就进一步发挥专精特新中小企业"排头兵"作用,推动安徽省中小企业高质量发展,提出实施意见。
2020.07.06	安徽省人民政府办公厅	《安徽省人民政府办公厅关于促进线上经济发展的意见》	加强政策、资金、项目扶持,支持企业做大做强,培育一批拥有核心技术、用户流量、商业模式的线上经济领域创新型头部企业和领军企业。推动线上经济中小微企业向"专精特新"发展,培育一批中小微创新型企业集群。

发布时间	政策文件	主要内容
2021.02.18	湖南省工业和信息化厅 《湖南省专精特新"小巨人"企业培育计划（2021—2025)》	深入贯彻落实党的十九届五中全会和习近平总书记在湖南考察时的重要讲话精神，根据中共中央办公厅、国务院办公厅《关于促进中小企业健康发展的指导意见》（中办发〔2019〕24号）以及工业和信息化部等十七部门《关于健全支持中小企业发展制度的若干意见》（工信部联企业〔2020〕108号）有关要求，按照省委省政府推动制造业高质量发展的工作部署，结合我省实际情况，制定本培育计划。
2019.08.27	湖南省工业和信息化厅 《关于印发"专精特新"企业融资促进方案（2019—2021年）的通知》	省工信厅和省中行发挥各自优势，推进各地工信部门和省中行辖内机构建立政银合作机制。省中行面向"专精特新"企业推出"专精特新"系列专属产品，三年累计投放授信约200亿元，三年累计服务企业1500家以上，促进"专精特新"企业健康发展。
2021.01.23	湖南省工业和信息化厅 《关于支持"专精特新"中小企业高质量发展的通知》	通过中央财政资金引导，促进上下联动，将培优中小企业与做强产业相结合，加快培育一批专注于细分市场、聚焦主业、创新能力强、成长性好的专精特新"小巨人"企业，推动提升专精特新"小巨人"企业数量和质量，助力实体经济特别是制造业做实做强做优，提升产业链供应链稳定性和竞争力。
2021.12.21	湖南省工业和信息化厅 《关于做好2022年湖南省"专精特新"中小企业领军人才培训工作的通知》	进一步加强全省中小企业经营管理人才培训，着力培养一支优秀中小企业家和经营管理人才队伍，全面提升中小企业经营管理水平和核心竞争力，推动中小企业专精特新高质量发展，举办湖南省"专精特新"中小企业领军人才专题培训班。

发布 时间	政策文件	主要内容
2021.12.24	湖南省工业和信息化厅	《关于深入开展"专精特新"中小企业线上服务有关工作的通知》	充分发挥全省中小企业公共服务平台网络功能,聚集各类服务资源,针对专精特新"小巨人"企业实际需求,采取"线上培训 在线诊断 精准培育"的形式,为专精特新"小巨人"企业免费提供线上服务。
2020.12.29	湖北省人民政府办公厅	《省人民政府办公厅关于印发支持新一轮企业技术改造若干政策的通知》	对获得国家"专精特新"小巨人企业,给予一次性奖补50万元。对获得国家制造业单项冠军及国家智能制造、服务型制造、绿色工厂等试点示范的企业,给予一次性奖补100万元。对获得国家中小企业公共服务平台、国家新型工业化示范基地,给予一次性奖补500万元。对成功创建国家级制造业创新中心的企业,给予1000万元奖励。
2021.03.05	湖北省人民政府办公厅	《省人民政府办公厅关于印发进一步加快推进企业上市若干措施的通知》	加强专项政策扶持。符合条件的重点上市后备企业,在省制造业高质量发展专项资金上给予重点支持,优先纳入省级专精特新"小巨人"企业和省级隐形冠军企业,并积极推荐为国家级专精特新"小巨人"和制造业单项冠军企业。
2021.04.30	湖北省人民政府办公厅	《省人民政府办公厅关于印发湖北省制造业产业链链长制实施方案(2021—2023年)的通知》	积极引导中小企业围绕重点产业链头部企业和领军企业需求,提供配套产品和服务,培育一批专精特新"小巨人""隐形冠军"、制造业单项冠军,每年打造30个专注于细分市场、技术或服务出色、市场占有率高的"隐形冠军"示范企业。加大政策奖补,每年培育引导1000家成长性好的小微企业向专业化和价值链高端延伸,尽快实现升规入统。

续表

发布时间	政策文件	主要内容
2021.05.13	湖北省人民政府	《湖北省实施〈中华人民共和国中小企业促进法〉办法贯彻实施工作方案的通知》	完善支持中小企业"专精特新"发展机制。健全"专精特新"中小企业、专精特新"小巨人"企业和制造业隐形冠军企业梯度培育体系、标准体系和评价机制,引导中小企业走"专精特新"之路。
2021.11.02	湖北省人民政府	《省人民政府关于印发纾解全省中小微企业融资难融资贵问题若干措施的通知》	要推动建立完善的知识产权价值评估体系和金融服务体系,引导金融机构基于科技企业轻资产、重技术的特点设立"专精特新"专属产品。
2022.01.06	吉林省人民政府	《关于实施"专精特新"中小企业高质发展梯度培育工程的意见》	重点实施六大工程,即分级培育工程(培育优质种子企业、培育市(州)级"专精特新"中小企业、培育省级"专精特新"中小企业、培育国家级"专精特新"小巨人企业和"单项冠军"企业、分类分级奖补政策、进行考评表彰、建立分级培育运行监测平台)、创新提升工程、金融服务工程、创业孵化工程、人才培育工程、公共服务工程。
2022.02.15	吉林省市场监督管理厅	《关于印发〈培育壮大市场主体进一步激发市场主体活力的若干措施〉的通知》	减免市场主体检验检测费用。2022年12月31日前,对市级以上"专精特新"企业、省部级重大科研项目检验检测费用,减按70%收取。
2022.03.02	吉林省人民政府	《吉林省人民政府关于印发吉林省促进工业经济平稳增长行动方案的通知》	开展吉林省银行业金融机构支持"专精特新"中小企业高质量发展专项行动,建立"专精特新"中小企业"企业名单+信息档案"共享机制,组织银行业金融机构开展融资对接,加大信贷投放力度。
2022.04.20	吉林省人民政府办公厅	《吉林省人民政府办公厅关于统筹做好疫情防控有序恢复经济发展秩序若干措施的通知》	充分发挥区域股权市场服务功能。实施优先挂牌服务,国家级和省级"专精特新"企业可先挂牌后补资料;全额免除上述企业发行审核费用、当年年费,备案服务费减按50%收取。

发布时间	政策文件	主要内容
2022.04.25	吉林省人民政府办公厅	《吉林省人民政府办公厅关于积极应对新冠肺炎疫情影响着力为中小企业纾困若干措施的通知》	发挥"金融援企机制"效能，依托省"专精特新"中小企业融资服务中心，开展线上线下常态化融资对接服务活动。进一步完善"吉企银通"首贷、续贷、信用贷、"专精特新"贷等板块功能，积极推进政务信用信息共享，加大平台推广应用力度，切实提升中小企业融资服务质效。
2017.05.24	天津市人民政府办公厅	《天津市人民政府办公厅关于印发天津市新一轮中小企业创新转型行动计划（2017—2020年）的通知》	鼓励中小企业研发"专精特新"产品。在市中小企业发展专项资金中，安排中小企业"专精特新"项目，支持中小企业研发"专精特新"产品（技术），扩大产品生产规模，提升产品质量。四年安排专项资金1.5亿元。
2017.06.09	天津市人民政府办公厅	《天津市人民政府办公厅关于转发市工业和信息化委市发展改革委拟定的天津市贯彻国家信息产业发展指南实施方案的通知》	培育制造业"单项冠军"。实施新一轮中小企业创新转型行动计划，引导中小企业向"专精特新"方向发展，培育一批国内及国际"隐形冠军"。引导企业长期专注于信息产业细分产品市场的创新、产品质量提升和品牌培育，带动和培育一批企业成长为"单项冠军"企业。
2019.05.30	天津市人民政府	《天津市人民政府关于印发天津市创新型企业领军计划的通知》	推进企业技术与产品创新。建立企业研发补贴机制，引导企业加大研发投入。鼓励企业承担各级科技计划项目，争取国家科技重大项目支持，开展"卡脖子"关键核心技术、战略性前沿技术和颠覆性技术攻关，取得一批引领"四新经济"发展的重大科技成果。支持企业研发"撒手锏"产品、重点新产品和"专精特新"产品。对首次获批的国家高新技术企业给予奖励。

发布时间	政策文件	主要内容
2021.05.26	天津市人民政府	《天津市人民政府印发关于落实国务院〈政府工作报告〉重点工作任务分工的通知》	着力巩固"三去一降一补"成果。推动龙头企业与"专精特新"中小企业合作,加快形成创新协同、产能共享、供应链互通的产业生态。实施"智汇天津"三年行动计划,加快建设一批产业技术基础公共服务平台,开展"专精特新"中小企业梯度培育工作。
2021.06.26	天津市人民政府办公厅	《天津市人民政府办公厅关于印发天津市制造业高质量发展"十四五"规划的通知》	着力发展"专精特新"企业。重点建设"专精特新"中小企业种子库、天津市"专精特新"中小企业库、国家专精特新"小巨人"企业库,深入发掘一批成长性好、发展潜力大的"专精特新"中小企业,逐步形成种子期、培育期和发展期的培育格局,推动企业专业化、精细化、特色化、新颖化发展,带动全市中小企业提档升级、做优做强。
2021.08.19	天津市人民政府	《天津市人民政府关于印发天津市加快数字化发展三年行动方案(2021—2023年)的通知》	引导数字经济领域企业依托"雏鹰—瞪羚—领军"梯度培育机制创新发展。支持符合条件的企业申报国家专精特新"小巨人"企业,力争培育更多国家专精特新"小巨人"企业;支持数字经济领域的制造业企业申报国家制造业单项冠军,形成一批制造业单项冠军。
2022.03.25	天津市人民政府办公厅	《天津市人民政府办公厅印发关于助企纾困和支持市场主体发展若干措施的通知》	对国家级专精特新"小巨人"企业进入天津滨海柜台交易市场(OTC)挂牌展示的费用给予全额补助,对市级"专精特新"中小企业和"专精特新"种子企业挂牌展示的费用给予补助。对在库的市级"专精特新"中小企业、"专精特新"种子企业分别给予累计不超过50万元、10万元的融资贴息贴保补贴。

续表

发布时间	政策文件	主要内容
2022.02.16 重庆市人民政府办公厅	《重庆市人民政府办公厅关于印发重庆市推进"专精特新"企业高质量发展专项行动计划（2022—2025年）的通知》	培育壮大一批专注细分市场、创新能力强、质量效益高、产业支撑作用大的"专精特新"中小企业，引领带动全市中小企业高质量发展，根据中共中央办公厅、国务院办公厅《关于促进中小企业健康发展的指导意见》精神，结合重庆实际，制定本行动计划。
2021.06.22 四川省人民政府	《四川省人民政府印发关于进一步支持科技创新的若干政策的通知》	完善创新型领军企业培育机制。对领航企业、制造业单项冠军企业给予专项资金支持，对新认定的专精特新"小巨人"企业、新备案入库的瞪羚企业给予50万元至100万元的后补助支持。
2021.12.31 四川省人民政府办公厅	《四川省人民政府办公厅关于加快发展新经济培育壮大新动能的实施意见》	培育市场主体。编制新经济典型案例、供给清单和机会清单，适时发布全省新经济发展重点领域导向目录，引导社会资源向新经济领域集聚。开展全省新经济企业示范，分类培育一批"专精特新"企业、瞪羚企业、独角兽企业、高新技术企业、单项冠军企业、服务型制造示范企业。
2022.01.10 四川省人民政府办公厅	《四川省人民政府办公厅关于推动实现2022年一季度工业良好开局的通知》	强化资金协调，保障企业需要。做好"专精特新"企业北京证券交易所上市辅导培训。充分发挥"园保贷"财政资金杠杆作用，扩大"园保贷"服务工业企业范围。强化政策落实，稳住市场主体。加大对中央和省近期出台的一系列减税降费惠企政策的宣传落实力度，努力做到应知尽知、应享尽享。

续表

发布时间	政策文件	主要内容
2022.01.24 四川省人民政府办公厅	《四川省人民政府办公厅关于印发〈增强协同创新发展能力行动方案〉的通知》	强化企业创新主体地位。川渝协作建立以企业为主体、市场为导向、产学研深度融合的技术创新体系。实施高新技术企业倍增计划、科技型中小企业和专精特新"小巨人"企业培育计划,培育一批创新型中小企业、创新型头部企业、单项冠军企业和隐形冠军企业。鼓励引进创新型企业,支持大中小企业融通发展,推动企业与高校院所共建联合实验室或新型研发机构。
2022.02.25 四川省人民政府办公厅	《四川省人民政府办公厅关于印发四川省制造业企业"贡嘎培优"行动计划的通知》	支持对标先进。重点支持培优企业对标国家标准,申报创建一批国家级产业链"领航"企业、国家级制造业单项冠军企业(产品)和国家级专精特新"小巨人"企业,对创建成功的,省级相关专项一次性给予400万元、200万元和50万元财政资金奖补支持。
2022.03.07 四川省人民政府办公厅	《四川省人民政府办公厅印发关于支持医疗健康装备产业高质量发展若干政策措施的通知》	支持企业登峰发展。对国内外医疗健康装备标杆企业和头部企业来川设立地区总部、研发中心、生产基地等,纳入招引重点,加强地方配套支持。对医疗健康装备"贡嘎培优"企业、"单项冠军"企业和专精特新"小巨人"企业,按有关规定给予奖补。

参考文献

陈春花：《危机自救：企业逆境生存之道》，机械工业出版社 2020
　　年版。

程仲鸣、夏银桂：《基于生命周期的中小企业融资问题探讨》，《商业
　　研究》2008 年第 4 期。

戴靓、曹湛、朱青、殷亚若：《中国城市群知识多中心发展评价》，
　　《资源科学》2021 年第 5 期。

董志勇：《科技创新与现代化经济体系》，《经济科学》2018 年第
　　6 期。

董志勇、李成明：《"专精特新"中小企业高质量发展态势与路径选
　　择》，《改革》2021 年第 10 期。

董志勇、李成明：《全球失衡与再平衡：特征、动因与应对》，《国外
　　社会科学》2020 年第 6 期。

范旭、刘伟：《中国光纤产业关键核心技术自主可控实现之路》，《科
　　学学研究》2022 年第 1 期。

高保中：《中小企业发展制约因素的结构性影响：一种经验评判》，
　　《经济学家》2012 年第 12 期。

郭矫、苏慧文：《论中小企业的利基战略——以日本 YKK 公司为例》，
　　《中国海洋大学学报》（社会科学版）2009 年第 5 期。

韩晶：《推动"专精特新"中小企业持续健康发展》，《人民论坛》
　　2022 年第 7 期。

［德］赫尔曼·西蒙：《隐形冠军：未来全球化的先锋》，杨一安等
　　译，机械工业出版社 2019 年版。

黄恒学：《市场创新》，清华大学出版社 1998 年版。

江小涓、孟丽君：《内循环为主、外循环赋能与更高水平双循环——国际经验与中国实践》，《管理世界》2021年第1期。

金灿荣：《疫情之下的国际格局新变化》，《人民论坛》2022年第2期。

金晶：《韩国中小企业扶持政策与对策研究》，《亚太经济》2013年第1期。

李海舰、田跃新、李文杰：《互联网思维与传统企业再造》，《中国工业经济》2014年第10期。

李金华：《我国"小巨人"企业发展的境况与出路》，《改革》2021年第10期。

李培林、尉建文：《新的历史条件下我国工人阶级构成的变化和应对》，《学术月刊》2021年第9期。

李平华、宋灿：《人力资本集聚、空间溢出与城市生产率》，《现代经济探讨》2020年第11期。

李琼、汪德华：《支持中小微企业创新的财税政策：现状、经验与启示》，《财经问题研究》2021年第12期。

李琼、汪德华：《支持中小微企业创新的财政税收政策梳理与借鉴》，《财经问题研究》2022年第3期。

李森、吴德龙、夏恩君、赵轩维：《国外隐形冠军研究综述与展望》，《技术经济》2020年第1期。

李万、常静、王敏杰、朱学彦、金爱民：《创新3.0与创新生态系统》，《科学学研究》2014年第12期。

李晓茜：《浅析中小企业专利管理工作的现状及对策建议》，《科技与创新》2019年第14期。

李毅中、赵广立：《成果转化要"政产学研用金"协作并举》，《中国科学报》2021年9月15日第003版。

李宇凯、翁明静、杨昌明、陈懿：《我国资源型企业可持续发展制约因素与对策研究》，《中国人口·资源与环境》2010年第S1期。

林江：《培育和扶持更多专精特新"小巨人"企业》，《人民论坛》2021年第31期。

林敏：《中小企业技术创新的国际镜鉴》，《改革》2017年第5期。

林雪萍：《灰度创新》，电子工业出版社 2020 年版。

刘昌年、梅强：《"专精特新"与小微企业成长路径选择研究》，《科技管理研究》2015 年第 5 期。

刘志彪：《产业政策转型与专精特新中小企业成长环境优化》，《人民论坛》2022 年第 3 期。

刘志彪、徐天舒：《培育"专精特新"中小企业：补链强链的专项行动》，《福建论坛》（人文社会科学版）2022 年第 1 期。

鲁保林：《以高质量发展应对百年未有之大变局》，《中国社会科学报》2022 年 2 月 23 日。

陆岷峰、徐阳洋：《构建我国中小企业高质量发展体制与机制研究——基于数字技术应用的角度》，《西南金融》2022 年第 1 期。

路虹：《俄乌局势再度绷紧国际供应链》，《国际商报》2022 年 3 月 11 日。

芮夕捷：《从经济逻辑与产品知识创造看企业技术创新》，《西北大学学报》（哲学社会科学版）2022 年第 1 期。

施展：《中国制造未来史》，中信出版社 2020 年版。

史冬梅、刘冀龙、甄子健：《日本隐形冠军企业市场和技术创新经验及对我国的启示》，《科技与管理》2021 年第 3 期。

苏妮娜、朱先奇、史竹琴：《技术共享对科技型中小企业协同创新联盟稳定性的影响》，《工业工程与管理》2020 年第 2 期。

孙早、许薛璐：《前沿技术差距与科学研究的创新效应——基础研究与应用研究谁扮演了更重要的角色》，《中国工业经济》2017 年第 3 期。

万兴亚、许明哲：《中国中小企业成长及软实力建设》，中国经济出版社 2010 年版。

王成仁：《发展"专精特新"中小企业提升产业链供应链现代化水平》，《经济参考报》2021 年 1 月 19 日第 007 版。

王泠一：《今冬明春国际能源供应局势之分析》，《第一财经日报》2021 年 10 月 14 日。

王义桅、廖欢：《改变自己，影响世界 2.0——双循环战略背景下的中国与世界》，《新疆师范大学学报》（哲学社会科学版）2022 年第 4 期。

吴价宝、卢珂:《层级视角下的组织学习知识场效应模型研究》,《中国管理科学》2013 年第 S2 期。

项国鹏:《创新生态系统视角的企业核心技术突破机制——以华为基带芯片技术为例》,《技术经济与管理研究》2020 年第 10 期。

姚东旻、李静:《"十四五"时期财政支持国家创新体系建设的理论指引与取向选择》,《改革》2021 年第 6 期。

于畅、邓洲:《工业化后期国产替代的方向调整与推进策略》,《北京工业大学学报》(社会科学版)2021 年第 1 期。

张兵、梅强、李文元:《江苏省中小企业专精特新发展影响因素研究——以镇江市为例》,《科技管理研究》2014 年第 11 期。

张璠、王竹泉、于小悦:《政府扶持与民营中小企业"专精特新"转型——来自省级政策文本量化的经验证据》,《财经科学》2022 年第 1 期。

张其仔、许明:《中国参与全球价值链与创新链、产业链的协同升级》,《改革》2020 年第 6 期。

张睿、石晓鹏、陈英武:《"专精特"小巨人企业培育路径研究——以苏南地区为例》,《中国工程科学》2017 年第 5 期。

张夏恒:《中小企业数字化转型障碍、驱动因素及路径依赖——基于对 377 家第三产业中小企业的调查》,《中国流通经济》2020 年第 12 期。

张妍:《市场创新活动中的技术机会》,《科技管理研究》2011 年第 3 期。

赵剑波:《企业数字化转型的技术范式与关键举措》,《北京工业大学学报》(社会科学版)2022 年第 1 期。

周军:《互联网经济垄断:结构的合理和行为的危害》,《经济与管理》2021 年第 4 期。

Biesalski A. , *Studien Trailer*, *Die Marken der Hidden Champions 2015*, Munich: Biesalski & Company, 2015.

Briance M. , "The Industry-focused International Strategy", *Management International Review*, Vol. 53, No. 2, 2013.

Chesbrough H. , "The Future of Open Innovation: The Future of Open Innovation is More Extensive, More Collaborative, and More Engaged with a Wider Variety of Participants", *Research-Technology Management*, Vol. 60, No. 1, 2017.

Collis D. J. , Montgomery C. A. , "Competing on Resources", *Harvard Business Review*, Vol. 73, No. 4, 1995.

Cui, Ye, Teo, et al. , "Information Technology and Open Innovation: A Strategic Alignment Perspective", *Information & Management*, Vol. 52, No. 3, 2015.

Echols A, Tsai W. , "Niche and Performance: The Moderating Role of Network Embeddedness", *Strategic Management Journal*, Vol. 26, No. 3, 2005.

Fernandez-Starkk, Gereffig. , *Handbook on Global Value Chains*, Massachusetts: Edward Elgar Publishing, 2019.

Frietsch R. , *Global Champions und Hidden Champions: Internationale Konzerne und KMU im Innovation swettbewerb*, Karlsruhe: Fraunhofer Institute for Systems and Innovation Research, 2015.

Graham C. H. , Patrick J. , Hutchinson, Nicos M. , "Determinants of the Capital Structures of European SMEs", *Journal of Business Finance & Accounting*, Vol. 31, No. 5 – 6, 2004.

Hermann S. , *Out-innovating the Competition*, Munich Economic Summit, Munich, 2015.

Kathrin P. , Gisela L. , *Company-specific Quantitative Evaluation of Lean Production Methods*, Prod. Eng. Res. Devel. , No. 5, 2011.

Khoe, Kyung-ll. , "The Activation Plan of Government Supporting Loan for Development of Digital Contents Industry and Case Study", *Journal of CEO and Management Studies*, Vol. 18, No. 2, 2015.

Mascarenhas B. , "The Founding of Specialist Firms in a Global Fragmenting Industry", *Journal of International Business Studies*, Vol. 27, No. 1, 1996.

Nguyen T. H. , Alam Q. , Prajogo D. , "Public Policy for the Development of Private Sector and SMEs in a Socialist Market Eonomy", *Journal of Academic Research in Economics*, Vol. 1, No. 1, 2009.

Norton E., Tennenbaum B. H., "Specialization versus Diversification as a Venture Capital Investment Strategy", *Journal of Business Venturing*, Vol. 8, No. 5, 2002.

Noy E., "Niche Strategy: Merging Economic and Marketing Theories with Population Ecology Arguments", *Journal of Strategic Marketing*, Vol. 18, No. 1, 2010.

Simon H., *Hidden Champions of the Twenty-first Century: The Success Strategies of Unknown World Market Leaders*, New York: Springer Science & Business Media, 2009.

Suk L. S., Kyaei C. Y., "A Study on Development Strategy of Korean Hidden Champion Firm: Focus on SWOT/AHP Technique Utilizing the Competitiveness Index", *Journal of International Entrepreneurship*, No. 16, 2018.

Swaminathan A., "Resource Partitioning and the Evolution of Specialist Organizations: The Role of Location and Identity in the US Wine Industry", *Academy of Management Journal*, Vol. 44, No. 6, 2001.

Teece D. J., Pisano G., Shuen A., "Dynamic Capabilities and Strategic Management", *Strategic Management Journal*, Vol. 18, No. 7, 1997.

后　记

三年来，在江苏省政府研究室和南京市委宣传部的倾力支持下，依托南京市社会科学院成立的"江苏省高成长企业研究博士工作站"和"南京高成长企业研究博士工作站"，长期关注高成长企业发展研究，为高成长企业高质量发展建言献策。工作站坚持"制度立站""研究兴站""人才强站"理念，实施"一十百千万"工程（即聚焦"讲好中国民营企业家创新创业故事"这一核心，开展"民企十部曲""民企百家行""民企千家言""民企万家卷"），推进各项工作有序开展。2020年工作站撰写出版专著《高成长企业发展研究——以南京为例》，2021年出版专著《高成长企业发展研究——江苏省高成长企业空间集聚与关联》，由《新华日报》《南京日报》等媒体报道，并被学习强国转载，引起广泛关注。2022年，工作站又完成高成长企业发展研究系列丛书第三本著作《"专精特新"企业成长之道》，旨在深入探讨"专精特新"企业内在成长机制和创新发展之路，助力江苏省经济更好更快发展。

构建新发展格局是党中央正确把握国内国际形势做出的重大战略决策。新时代，江苏省锚定创新，筑牢现代化经济战略支撑，加快塑造现代化经济体系的核心竞争优势，将"链主"领军企业、行业隐形冠军、专精特新"小巨人"作为提升江苏在全球产业链、供应链、价值链中位势和能级的主力军。长期以来，江苏省高度重视引导中小企业走"专精特新"发展道路，2012年就率先在全国开始尝试培育"专精特新中小企业"，2013年起专门给予"专精特新发展"项目支持，2020年出台《江苏省"千企升级"三年行动计划》，建立省市县优质企业梯度培育机制。"专精特新"中小企业是中小企业中的优质群体，亟须加大"专精特新"中小企业培育力度，扩大企业数量，增强供应链产业链韧性，引导中小企业走"专精特新"发展道路，推动实现高质量发展。

回顾书稿的撰写过程，工作站成员一起深入调研企业获取一手资料，讨论研究书稿大纲，互商互助、共同努力、汇智汇力共同完成今日这本著作，探索"专精特新"企业的创新成长之道，在高成长企业高质量发展研究中又迈出重要一步，欣喜感激之情溢于言表。感谢江苏省政府研究室和南京市委宣传部对工作站建设的悉心指导，感谢江苏省工信厅、江苏省工商联、南京市工商联、南京市独角兽瞪羚企业俱乐部为本书提供的翔实材料，并在企业调研、问卷发放方面给予的大力支持。感谢南京市社会科学界联合会、南京市社会科学院、江苏省扬子江创新型城市研究院的领导对工作站一如既往的关心和帮助。由衷感谢曹劲松研究员、季文研究员、张鸿雁教授等多次对工作站和课题组给予系统化的指导，提出诸多建设性的意见。同时，江苏省委《群众》杂志社副总编李程骅教授、江苏省政府研究室副主任臧建东、江苏省政府研究室经济发展研究中心处长吴江、中国社会科学院城市竞争力中心主任倪鹏飞教授、南京大学商学院范从来教授、沈坤荣教授等，为工作站的建设和发展提出了很多宝贵建议。在此，课题组表示衷心的感谢。

得益于各方面的支持与帮助，工作站不断发展壮大，目前已经吸纳30位高校和科研院所青年科研人员，他们以不同形式参与工作站的工作。本书的研究和撰写工作离不开课题组成员的集思广益和团队合作，课题组核心成员郑琼洁（南京市社会科学院副研究员）、李祎雯（河海大学副教授）、戴靓（南京财经大学副教授）、姜卫民（南京林业大学助理研究员）、王高凤（南京大学博士）、周晓平（江苏省委党校教授）、魏尉（南京林业大学博士后）、王学凯（中国社会科学院博士后）、黄婷婷（南京大学博士）、钱晓燕（河海大学博士）、吴慧娟（南京林业大学博士）等参与书稿的主要撰写工作，在企业调研、数据处理、案例剖析方面投入了大量精力，河海大学研究生杨俊艳、刘一凡、吴叶林、许薇、施宇、任晓翔，西北大学博士生万伟等参与了本书资料搜集和整理，做出了重要贡献。

毋庸置疑，本书仍存在诸多不足，敬请各位读者多加评点。令人欣喜的是，工作站在高成长企业研究探索之路上又向前迈进了一步。我们将持续地对高成长企业进行跟踪研究，挖掘更多可借鉴的理论逻辑和发展启示。课题组全体成员将不忘初心，在探寻高成长企业发展之路上扎实前行。前路多风雨，邀君共论道。创新无止境，成长以致远。

高成长企业研究博士工作站课题组

2022 年 5 月 5 日